文琢之

文琢之工作照

文琢之和学生

川派中医药名家系列丛书

文琢之

艾儒棣　主编

中国中医药出版社
·北　京·

图书在版编目（CIP）数据

川派中医药名家系列丛书．文琢之 / 艾儒棣主编．—北京：中国中医药出版社，2018.12（2021.5 重印）

ISBN 978－7－5132－5007－8

Ⅰ．①川…　Ⅱ．①艾…　Ⅲ．①文琢之（1911–1991）—生平事迹　②中医临床—经验—中国—现代　Ⅳ．① K826.2　② R249.7

中国版本图书馆 CIP 数据核字（2018）第 108523 号

中国中医药出版社出版

北京经济技术开发区科创十三街 31 号院二区 8 号楼

邮政编码　100176

传真　010–64405721

廊坊市祥丰印刷有限公司印刷

各地新华书店经销

开本 710×1000　1/16　印张 15　彩插 0.5　字数 247 千字

2018 年 12 月第 1 版　2021 年 5 月第 3 次印刷

书号　ISBN 978－7－5132－5007－8

定价　65.00 元

网址　www.cptcm.com

社 长 热 线　010-64405720

购 书 热 线　010-89535836

维 权 打 假　010-64405753

微信服务号　zgzyycbs

微商城网址　https://kdt.im/LIdUGr

官 方 微 博　http://e.weibo.com/cptcm

天猫旗舰店网址　https://zgzyycbs.tmall.com

如有印装质量问题请与本社出版部联系（010–64405510）

《川派中医药名家系列丛书》编委会

总 主 编：田兴军　杨殿兴

副总主编：杨正春　张　毅　和中浚

编写秘书：毛黎黎　邢　军

《文琢之》编委会

主　　编：艾儒棣

编　　委：方　明　艾　华　陈明岭

雷　晴　谭　强　雷　雨

总序——加强文化建设，唱响川派中医

四川，雄居我国西南，古称巴蜀，成都平原自古就有天府之国的美誉，天府之土，沃野千里，物华天宝，人杰地灵。

四川号称“中医之乡、中药之库”，巴蜀自古出名医、产中药，据历史文献记载，自汉代至明清，见诸文献记载的四川医家有 1000 余人，川派中医药影响医坛 2000 多年，历久弥新；川产道地药材享誉国内外，业内素有“无川（药）不成方”的赞誉。

医派纷呈　源远流长

经过特殊的自然、社会、文化的长期浸润和积淀，四川历朝历代名医辈出，学术繁荣，医派纷呈，源远流长。

汉代以涪翁、程高、郭玉为代表的四川医家，奠定了古蜀针灸学派。郭玉为涪翁弟子，曾任汉代太医丞。涪翁为四川绵阳人，曾撰著《针经》，开巴蜀针灸先河，影响深远。1993 年，在四川绵阳双包山汉墓出土了最早的汉代针灸经脉漆人；2013 年，在成都老官山再次出土了汉代针灸漆人和 920 支医简，带有“心”“肺”等线刻小字的人体经穴髹漆人像是我国考古史上首次发现，应是迄今我国发现的最早、最完整的经穴人体医学模型，其精美程度令人咋舌！又一次证明了针灸学派在巴蜀的渊源和影响。

四川山清水秀，名山大川遍布。道教的发祥地青城山、鹤鸣山就坐落在成都市。青城山、鹤鸣山是中国的道教名山，是中国道教的发源地之一，自东汉以来历经 2000 多年，不仅传授道家的思想，道医的学术思想也因此启蒙产生。道家注重炼丹和养生，历代蜀医多受其影响，一些道家也兼行医术，如晋代蜀医李常在、李八百，宋代皇甫坦，以及明代著名医家韩懋（号飞霞道人）等，可见丹道医学在四川影响深远。

川人好美食，以麻、辣、鲜、香为特色的川菜享誉国内外。川人性喜自在休闲，养生学派也因此产生。长寿之神——彭祖，号称活了 800 岁，相传他经历了尧舜夏商诸朝，据《华阳国志》载，“彭祖本生蜀”，“彭祖家其彭蒙”，由此推断，彭祖不但家在彭山，而且他晚年也落叶归根于此，死后葬于彭祖山。彭祖山坐落在成都彭山县，彭祖的长寿经验在于注意养生锻炼，他是我国气功的最早创始人，他的健身法被后人写成《彭祖引导法》；他善烹饪之术，创制的“雉羹之道”被誉为“天下第一羹”，屈原在《楚辞・天问》中写道：“彭铿斟雉，帝何飨？受寿永多，夫何久长？”反映了彭祖在推动我国饮食养生方面所做出的贡献。五代、北宋初年，著名的道教学者陈希夷，是四川安岳人，著有《指玄篇》《胎息诀》《观空篇》《阴真君还丹歌注》等。他注重养生，强调内丹修炼法，将黄老的清静无为思想、道教修炼方术和儒家修养、佛教禅观会归一流，被后世尊称为“睡仙”“陈抟老祖”。现安岳县有保存完整的明代陈抟墓，有陈抟的《自赞铭》，这是全国独有的实物。

四川医家自古就重视中医脉学，成都老官山出土的汉代医简中就有《五色脉诊》（原有书名）一书，其余几部医简经初步整理暂定名为《敝昔医论》《脉死候》《六十病方》《病源》《经脉书》《诸病症候》《脉数》等。学者经初步考证推断极有可能为扁鹊学派已经亡佚的经典书籍。扁鹊是脉学的倡导者，而此次出土的医书中脉学内容占有重要地位，一起出土的还有用于经脉教学的人体模型。唐代杜光庭著有脉学专著《玉函经》3卷，后来王鸿骥的《脉诀采真》、廖平的《脉学辑要评》、许宗正的《脉学启蒙》、张骥的《三世脉法》等，均为脉诊的发展做出了贡献。

昝殷，唐代四川成都人。昝氏精通医理，通晓药物学，擅长妇产科。唐大中年间，他将前人有关经、带、胎、产及产后诸症的经验效方及自己临证验方共378首，编成《经效产宝》3卷，是我国最早的妇产科专著。加之北宋时期的著名妇产科专家杨子建（四川青神县人）编著的《十产论》等一批妇产科专论，奠定了巴蜀妇产学派的基石。

宋代，以四川成都人唐慎微为代表撰著的《经史证类备急本草》，集宋代本草之大成，促进了本草学派的发展。宋代是巴蜀本草学派的繁荣发展时期，陈承的《重广补注神农本草并图经》，孟昶、韩保昇的《蜀本草》等，丰富、发展了本草学说，明代李时珍的《本草纲目》正是在此基础上产生的。

宋代也是巴蜀医家学术发展最活跃的时期。四川成都人、著名医家史崧献出了家藏的《灵枢》，校正并音释，名为《黄帝素问灵枢经》，由朝廷刊印颁行，为中医学发展做出了不可估量的贡献，可以说，没有史崧的奉献就没有完整的《黄帝内经》。虞庶撰著的《难经注》、杨康侯的《难经续演》，为医经学派的发展奠定了基础。

史堪，四川眉山人，为宋代政和年间进士，官至郡守，是宋代士人而医的代表人物之一，与当时的名医许叔微齐名，其著作《史载之方》为宋代重要的名家方书之一。同为四川眉山人的宋代大文豪苏东坡，也有《苏沈内翰良方》（又名《苏沈良方》）传世，是宋人根据苏轼所撰《苏学士方》和沈括所撰《良方》合编而成的中医方书。加之明代韩懋的《韩氏医通》等方书，一起成为巴蜀医方学派的代表。

四川盛产中药，川产道地药材久负盛名，以回阳救逆、破阴除寒的附子为代表的川产道地药材，既为中医治病提供了优良的药材，也孕育了以附子温阳为大法的扶阳学派。清末四川邛崃人郑钦安提出了中医扶阳理论，他的《医理真传》

《医法圆通》《伤寒恒论》为奠基之作，开创了以运用附、姜、桂为重点药物的温阳学派。

清代西学东进，受西学影响，中西汇通学说开始萌芽，四川成都人唐宗海以敏锐的目光捕捉西学之长，融汇中西，撰著了《血证论》《医经精义》《本草问答》《金匮要略浅注补正》《伤寒论浅注补正》，后人汇为《中西汇通医书五种》，成为“中西汇通”的第一种著作，也是后来人们将主张中西医兼容思想的医家称为“中西医汇通派”的由来。

名医辈出　学术繁荣

中华人民共和国成立后，历经沧桑的中医药，受到党和国家的高度重视，在教育、医疗、科研等方面齐头并进，一大批中医药大家焕发青春，在各自的领域里大显神通，中医药事业欣欣向荣。

四川中医教育的奠基人——李斯炽先生，在 1936 年创立了“中央国医馆四川分馆医学院”，简称“四川国医学院”。该院为国家批准的办学机构，虽属民办但带有官方性质。四川国医学院也是成都中医学院（现成都中医药大学）的前身，当时汇集了一大批中医药的仁人志士，如内科专家李斯炽、伤寒专家邓绍先、中药专家凌一揆等，还有何伯勋、杨白鹿、易上达、王景虞、周禹锡、肖达因等一批蜀中名医，可谓群贤毕集，盛极一时。共招生 13 期，培养高等中医药人才 1000 余人，这些人后来大多数都成为中华人民共和国成立后的中医药领军人物，成为四川中医药发展的功臣。

1955 年国家在北京成立了中医研究院，1956 年在全国西、北、东、南各建立了一所中医学院，即成都、北京、上海、广州中医学院。成都中医学院第一任院长由周恩来总理亲自任命。李斯炽先生继创办四川国医学院之后又成为成都中医学院的第一任院长。成都中医学院成立后，在原国医学院的基础上，又汇集了一大批有造诣的专家学者，如内科专家彭履祥、冉品珍、彭宪章、傅灿冰、陆干甫；伤寒专家戴佛延；医经专家吴棹仙、李克光、郭仲夫；中药专家雷载权、徐楚江；妇科专家卓雨农、曾敬光、唐伯渊、王祚久、王渭川；温病专家宋鹭冰；外科专家文琢之；骨、外科专家罗禹田；眼科专家陈达夫、刘松元；方剂专家陈潮祖；医古文专家郑孝昌；儿科专家胡伯安、曾应台、肖正安、吴康衡；针灸专家余仲权、薛鉴明、李仲愚、蒲湘澄、关吉多、杨介宾；医史专家孔健民、李介民；中医发展战略专家侯占元等。真可谓人才济济，群星灿烂。

北京成立中医高等院校、科研院所后，为了充实首都中医药人才的力量，四川一大批中医名家进驻北京，为国家中医药的发展做出了巨大贡献，也展现了四川中医的风采！如蒲辅周、任应秋、王文鼎、王朴城、王伯岳、冉雪峰、杜自明、李重人、叶心清、龚志贤、方药中、沈仲圭等，各有精专，影响广泛，功勋卓著。

北京四大名医之首的萧龙友先生，为四川三台人，是中医界最早的学部委员（院士，1955 年）、中央文史馆馆员（1951 年），集医道、文史、书法、收藏等于一身，是中医界难得的全才！其厚重的人文功底、精湛的医术、精美的书法、高尚的品德，可谓“厚德载物”的典范。2010 年 9 月 9 日，故宫博物院在北京为萧龙友先生诞辰 140 周年、逝世 50 周年，隆重举办了“萧龙友先生捐赠文物精品展”，以缅怀和表彰先生的收藏鉴赏水平和拳拳爱国情怀。萧龙友先生是一代举子、一代儒医，精通文史，书法绝伦，是中国近代史上中医界的泰斗、国学家、教育家、临床大家，是四川的骄傲，也是我辈的楷模！

追源溯流　振兴川派

时间飞转，掐指一算，我自 1974 年赤脚医生的“红医班”始，到 1977 年大学学习、留校任教、临床实践、跟师学习、中医管理，入中医医道已 40 年，真可谓弹指一挥间。俗曰：四十而不惑，在中医医道的学习、实践、历练、管理、推进中，我常常心怀感激，心存敬仰，常有激情冲动，其中最想做的一件事就是将这些中医药实践的伟大先驱者，用笔记录下来，为他们树碑立传、歌功颂德！缅怀中医先辈的丰功伟绩，分享他们的学术成果，继承不泥古，发扬不离宗，认祖归宗，又学有源头，师古不泥，薪火相传，使中医药源远流长，代代相传，永续发展。

今天，时机已经成熟，四川省中医药管理局组织专家学者，编著了大型中医专著《川派中医药源流与发展》，横跨两千年的历史，梳理中医药历史人物、著作，以四川籍（或主要在四川业医）有影响的历史医家和著作为线索，理清历史源流和传承脉络，突出地方中医药学术特点，认祖归宗，发扬传统，正本清源，继承创新，唱响川派中医药。其中，“医道溯源”是以民国以前的川籍或在川行医的中医药历史人物为线索，介绍医家的医学成就和学术精华，作为各学科发展的学术源头。“医派医家”是以近现代著名医家为代表，重在学术流派的传承与发展，厘清流派源流，一脉相承，代代相传，源远流长。《川派中医药源流与发展》一书，填补了川派中医药发展整理的空白，是集四川中医药文化历史和发展现状之大成，理清了川派学术源流，为后世川派的研究和发展奠定了坚实的基础。

我们在此基础上，还编著了《川派中医药名家系列丛书》，汇集了一大批近现代四川中医药名家，遴选他们的后人、学生等整理其临床经验、学术思想编辑成册。预计编著一百人，这是一批四川中医药的代表人物，也是难得的宝贵文化遗产，今天，经过大家的齐心努力终于得以付梓。在此，对为本系列书籍付出心血的各位作者、出版社编辑人员一并致谢！

由于历史久远，加之编撰者学识水平有限，书中罅、漏、舛、谬在所难免，敬望各位同仁、学者提出宝贵意见，以便再版时修订提高。

中华中医药学会　副会长
四川省中医药学会　会　长　杨殿兴
四川省中医药管理局　原局长
成都中医药大学　教授、博士生导师
2015年春于蓉城雅兴轩

序 言

古有三坟之书，史载三皇论医。周代始分内外，皮肤科古归疡医。《内经》有上工说，善治者治皮毛；病虽发于皮表，其病则源于内；故有先治其内，后治其外为次。秦朝律论麻风，汉代活人解剖[①]。隋唐研究病源，始创病禀赋说。晋龚氏纂外科，鬼遗内外合治。汉唐论破伤风，孙思邈著《千金》。宋首创外科书，且内外治并重。明清学术发展，名医著作如林；外科三大流派，促进学科发展；皮肤病专论立，薛氏《疠疡机要》；陈氏《霉疮秘录》，创花柳病专著；专著专病均有，始立皮肤专科。今我省中管局，发扬川派中医，倡导传承整理，弘扬先贤学术，解决乏术乏人，吾师文老在列。将整理其经验，出版学术专著；光大老师思想，造福患者健康。我等学习前辈，先学习其思想；传承高尚医德，治病救人为先。挖掘经验摘菁，规范辨证论治；提高中医疗效，推广老师经验。学术代代相传，造福人民健康。繁荣中医学，何乐而不为？

文老琢之教授，四川外科名宿。早年蜀中名家，外科典型代表。剪影好评如潮，戏称上界下凡。生于 1905 年，初出四川射洪，后来迁居安县，成年定居成

---

① 见《汉书・王莽传》："翟义党王孙庆捕得，莽使太医、尚方与巧屠共刳剥之，量度五脏，以竹筳导其脉，知所终始，云可以治病。"（北京中华书局 1962 年版铅印平装本《汉书》第 12 册 4145 页）

都。吾师幼时家贫，生性敏而好学；十岁师从名师，入佛门习仁术。吾师学有渊源，师事灵溪上人，上人之师更著，为天应大和尚，乃清时大国手。应清廷召入宫，为慈禧治背痈，瘥而名扬四海。释师擅内外科，及诸疑难杂证；亲制膏丹丸散，一一传授吾师。侍奉释师八年，尽得上人真传；悬壶于成都市，治病颇多效验。为求艺精益人，又师从冯尚忠，研习脉学三年；冯乃蜀中大医，尽得其艺精华，遂精通内外科。其后医术更精，救人于垂危时，往往应手而愈，以医蜚名于川。文老热爱中医，献身岐黄事业，终身未能还俗，行医兼办杂志。五六年办大学，调来教书医疗；爱学生尤如子，视患者如己亲。曾著《霍乱集粹》，又有《药物辟谬》《医林人物剪影》《医学心悟注释》。书中文采飞扬，用词妙趣横生。可惜出书不久，即逢十年动乱；遍寻香港书店，吾未见其踪影。七四年病中风，不顾有病之身；坚持带病上班，治病传承并举。空时口述经验，指导学生临床；将毕生之法宝，尽数传与学生。学生渐渐成长，不断书写文章；整理学术经验，出版专集发扬。

吾跟师近廿载，时时耳提面命；聆听老师教诲，心习方目习证。自幼生性鲁钝，勤动手目补拙；余虽强闻博记，也难挂一漏万。得到老师支持，从陈老② 习内科，跟张老③ 炼丹术，随罗老④ 骨外科。四老教导愚生，渐渐得以寸进；内修外炼并举，骨科炼丹同修。吾临床四十多年，医技渐渐长进；牢记治病救人，不负诸师教诲。今日获得寸进，是师摄受之功；师一百零八岁，聊以此文记之。

心中滔滔万言，怎奈纸短情长，短文难表万一，吾虽言微位轻，斗胆冒昧写之，书数句弁书端，是为序。

艾儒棣

癸巳年九月寒露日谨识于芙蓉城西浣花溪畔耕读斋

---

② 陈老，陈源生研究员，国内中医内科大家。

③ 张老，张觉人教授，国内中医丹道大家。

④ 罗老，罗禹田教授，国内中医外骨科名家。

编写说明

2015 年 12 月底，终于将《川派中医药名家系列丛书——文琢之》完成了。这是四川省中医药管理局的课题，在各级领导的关怀下，在课题组全体同仁的共同努力下，完成了对我老师的经验总结，这是对文老诞辰 110 周年最好的献礼！

在本书的编撰过程中，有的资料时代较久，比如《医林人物剪影》是 1947 年出版的，多处查阅无果，四川大学、成都中医药大学等图书馆也没有完整资料，只好在网上购买，颇费周折才完成了任务。通过这件事情，我们体会到一定要把文老的经验传承好，不要把文老的好经验湮没了，这是我们当学生的责任。

本书得到了四川省中医药管理局、成都中医药大学及医院有关领导和有关部门的大力支持，对领导的关心、支持和鼓励表示感谢。课题组的同志们努力工作，夏不惧暑，冬不畏寒，利用休息时间将任务完成，个中艰辛，自不待言。我谨对他们付出的辛勤劳动表示感谢。

在整理文老的资料中，得到了成都市卫生局原赵文副局长的关心和支持，并为我们的序言修改润色，在此表示深深的谢意！

感谢我的同门师兄严素芳研究员的大力支持！

感谢雷雨主治医师为查证古代文献所做的大量工作！

在校稿时，得到了我的硕士研究生尤雯丽、易景媛、周倩同学的帮助，在此表示感谢。

在编写本书的过程中，最辛苦的要数方明博士了，她要查资料、买资料、打印、复印、校对等，真所谓：事非经过不知难！从大的方面讲，她是应该的，因为她是我的学生，同时又是我的家传学术传承人之一，而且还是我的儿媳妇。所以，辛苦一些是应该的，对我来讲，还是心存感激的。

本书的内容选择，主要是以文老在世时就已经发表的文章，以及已经出版的著作为主要资料，因为这部分内容是被文老认可的，同时又能够反映文老的学术思想，而这部分内容，大多是由我执笔的。书中的内容、用语基本保持了过去的风格，更真实地反映了文老的学术思想，特此说明。

我怀着感恩的心情来回忆老师对我的教育和培养，老师的恩情终身不忘，一日为师，终身为父！永远牢记师恩，发扬老师做人、做事、治病救人的精神。

书中资料没有全部反映文老的学术思想，其他内容留待以后逐步刊出，以贡献社会。文中错误请同道批评指正，不胜感激！

乙未年腊月小寒日

艾儒棣

谨识于芙蓉城西浣花溪畔耕读斋

目　录

川派中医药名家系列丛书

文琢之

生平简介

文琢之（1905—1991），享年 86 岁。四川省射洪县人，后来因故随父亲举家移居安县，成人后安居成都。13 岁时，四川流行霍乱，四处可见患者，死者不计其数，荒郊野外随处可见病尸。其父不幸染疾，一病不起，在从成都回安县的路上，病逝于落凤坡（即三国时刘备军师庞统遇难处）对面的小山上，因为疾病突然去世，仓促间，买床草席，埋在山上大路边。数十年后，文老亲身前往，只能辨其方向，不可确认具体坟位，实乃一大憾事！

文师事佛心诚，终生未娶，文师又十分孝顺，一直与母亲同住，以便天天请安。对母亲关怀备至，不管多么繁忙，文师都要亲自关心母亲的饮食、安寝之事，时时亲手制做美食奉请母亲，文师母亲享年 103 岁，成为广大同行及患者传诵的子孝母寿的佳话。

文师幼时家贫，体弱多病，多方治疗，效果不显。适遇四川方外名医释灵溪上人施药治病，其父请大师为文老治病，并许下诺言，若病愈则将吾师投佛以济苍生。服药则效，疾病消除，身体日渐强壮。文老父亲果如其言，将吾师送至释灵溪上人处，削发出家，侍奉佛祖，自 10 岁师从释灵溪上人学医。释氏擅长内外科及杂证，亲制各种效灵之膏丹丸散。释氏之师天应大和尚为外科名家，曾应清廷之召入宫为慈禧太后治背痈瘥而名扬四海，释氏为其高足，尽得其传。文师入室学业 8 年，勤奋努力，深得释师喜爱，将毕生本领尽数传与文老。出师后悬壶成都，颇多效验。1925 年，在成都开业行医后，又继续深造，考入成都中医学校再学习，毕业后执医于成都。后又师从蜀中名医冯尚忠研习脉学三年，出师后医术更精，精通内外科，求医者络绎不绝，门庭若市，患者广传其医德而蜚名于川。新中国成立前文老除悬壶济世外，还积极写稿宣传中医药知识及治疗疾病的经验，参加四川省、成都市中医师公会的公益活动。特别是在伪政权时期取消中医药的议案提出后，全国人民坚决反对，全国中医药界人士游行示威，文老奔走相告，邀约当时名医张觉人、李重人、张赞臣、沈仲圭等，在南京、成都、上海、重庆参加集会，抗议取消中医药提案取得成功，为中医药事业做出了杰出贡献。60 多年前，文老编写了《医林人物剪影》一书，向全国介绍了当时四川省的名中医，语言生动活泼，妙趣横生，刻画入木三分，犹如一一幅十分珍贵的图画，受到同行好评，社会上好评如潮，使全国人民了解到四川省有如此多的名医，川派中医有了较早的传播专著，也表明了四川中医流派乃全国最早形成的地方中医流派之一。

1957 年文老调入成都中医学院（现成都中医药大学）任教，曾在学院教授中医诊断、内科等课程。因医院发展需要，1963 年调成都中医学院附属医院，创建中医外科，亲手制作各种膏、丹、丸、散达数十种，并配置了传统外科换药室，制作各种外用药物及药捻，使成都中医学院附属医院中医外科业务开展地有声有色，在广大患者中享有很高的威望。在 1985 年的中医工作检查中，文老创建的外科有外用药物 40 余种，居全国先进行列，受到表扬。由于文老传出的药物疗效十分明显，而且价格低廉，曾经被广大同行尊称为“多宝和尚”。文老积极传播中医药经验，而且不保守，积极与全国同行联络，与当时的全国外科名家都有很多的交流，比如肤灵膏来自河北石家庄，文老用狐臭粉与之交换，打破了保守的习俗，在当时起到了很好的示范作用。骨科的秘方也是与骨科好朋友交换，如骨科名家杨天鹏等。文老曾担任成都市国医公会、中医师公会和全国中医师公会联合会理事、四川省医药学术研究会、四川省中医师公会常务理事等职；还担任过《健康报》《四川医药特刊》《四川省医药学技术研究会特刊》主编；曾在成都益中医学讲习所、国医学校伤科训练班担任中医内科、外伤科的教学工作。

文老严于律己，有高度的科学精神，临证治病，尤其疑难之证，每治一例，必总结其成功或失败，以传其经验或告戒后学；在繁忙的诊务中，必向同学讨论得失，既不保守，又不故意炫耀，真是诲人不倦。文老年过古稀，且又瘫痪多病之身，手足不便，但教导后进仍孜孜不倦。晚间夜深博览医籍，并研究新知，常彻夜不眠，朋辈屡劝其注意身体，多加休息，文老则高兴地说：“年迈七十不为老，手足虽残志更坚。愿为四化添砖瓦，吐尽蚕丝娱晚年。”

文老生病之后，身体刚刚有了起色，不顾病后手脚不便，为了将毕生经验传出，便口述学生笔记，带病在临床教授，传授独特经验，带领学生完成了经验总结，于 1982 年由科技文献出版社重庆分社出版了《文琢之中医外科经验论集》，受到同行的好评，同时参加了国际书展，扩大了影响。文老还担任了中国人民政治协商会议成都市委员会政协第二、三、四届委员，四川省中医药学会理事等职。同时文老还是我院第一批招收研究生的导师之一，为成都中医学院中医外科的发展培养了大批学生，同时也培养了接班人，文派学生目前分布在全国大多省、市级中医院，成为了骨干力量。今天，成都中医药大学的中医外科有四川省重点学科、四川省精品课程、四川省重点专科、国家中医药管理局重点专科、研究生硕士授位点、博士授位点、国家中医药管理局文派传承工作室等，文老功不可没。

文老的一生都在为中医药事业和患者的健康而奋斗，待患者如亲人，医德高尚，至今仍为广大患者称颂，是我们终生学习的榜样。文师已谢世 20 多年，学生时刻怀念老师的教诲之恩，患者思念老师的救命之德，歌颂老师的恩德。正如评价他的一幅对联所说："命系素问灵枢终生奋斗不息，生为病家患者一世勤勉无休。"这正是对文师一生的最好写照。

临床经验

川派中医药名家系列丛书

文琢之

一、医案

本节医案大部分选自科学技术文献出版社重庆分社1982出版的《文琢之中医外科经验论集》，由文老亲自指导，艾儒棣教授编撰而成。在本次编写时做了修改、补充，加了部分按语，以期更准确、全面地反映文老的学术思想。

1. 痈（2例）

【例1】冷某，男60岁，初诊：1978年5月。

患者颈部生对口疮10余日，红肿疼痛，夜不能寐，心烦易怒，纳减，体温：38.5℃，在其他医院治之无效，肿痛日增，诊视其疮，后颈正中偏左有一大痈，脓点七八个，红肿高突，质硬、根盘大，肿块大小约8cm×8cm。舌苔黄腻，舌质红而干，脉弦数。

诊断：偏对口疽（脑后发）。

辨证：湿热交蒸，火毒炽盛。

治则：清热解毒，除湿消肿。

方剂：仙方活命饮合四妙散加减。

药物：忍冬藤、连翘、防风、白芷、赤芍、乳香、没药、陈皮、苍术、黄柏、薏苡仁、牛膝、黄连、蒲公英。服2剂。

外治：金黄散围敷。

二诊：2剂后疼痛明显减轻，夜间可安睡4小时，肿势高突，纳稍增。余症同前，药已中症，宗上方加黄芪、当归托毒外出。仍外用金黄散围敷。

三诊：2剂后脓头穿溃七处，疼痛减，肿势稍减，每日纳增6~7两，心烦消失，已不发热，舌苔薄黄，质红，脉弦，拟扶正祛邪解毒为法。方用四君子汤加黄芪、当归、天花粉、蒲公英、千里光、夏枯草、白芷。外用三仙丹盐纱条引流，金黄散仍围敷。

疗效：上方进数剂后，腐肉已脱，剪去脓腐其疡面大约6cm×6cm×2cm，诸症大减，肿势渐消，颈部活动不便。仍以补益气血，托毒生肌为法，用八珍汤加味内服，外用九一丹化腐生肌，五妙膏盖贴，历时 1 月余而愈。

【例 2】蒋某，女，46 岁，初诊：1978 年 6 月。

患者背部生大疮肿痛五日，全身不适，纳减，心烦，疲乏，疮肿不高，红肿宽，灼热，有脓点未溃，病前曾有情感不畅，舌苔薄，质红，脉弦。

诊断：背痈（下搭手、背搭）。

辨证：气郁化火，外越肌肤。

治则：清热解毒，疏肝理气。

方剂：仙方活命饮加味。

药物：忍冬藤、连翘、防风、白芷、赤芍、制乳香、制没药、陈皮、蒲公英、青皮、香附。服 2 剂。

外治：金黄散围敷。

二诊：疮势高肿，色红灼热，疼痛，仅心烦减，仍感疲乏，舌质红，苔薄白，脉弦，前方已奏效，今日守方再进。上方加生黄芪以托毒外出。外用金黄散围敷。服 2 剂。

三诊：2 剂后，疼痛减，精神佳，脓已出，肿势未减，舌苔薄，质红，脉细弦。治宜扶正托毒为法，方选排脓内托散（出自《外科正宗》）加减。药物：黄芪、当归、党参、白术、茯苓、白芷、赤芍、陈皮、香附、桔梗、牛膝、川芎、肉桂、甘草。上方去牛膝、川芎、肉桂，加蒲公英、忍冬藤以解毒，服 2 剂。外用三仙丹盐纱塞创口，再盖金黄膏。

四诊：疼痛基本消失，神佳纳增，脓出畅，肿势消退，此乃正气渐复、邪毒消退之良好表现，仍守上方再进 2 剂。外用九一丹盐纱，五妙膏盖贴。

疗效：上方加减连进约 6 剂，脓腐脱尽，新肉生长，顺利愈合，历时近月。患者身体较前好转，精神好，纳增，正值此时伤口旁有一皮脂腺囊肿又感染化脓，仍以内外合治而迅速获愈。

按语：痈是外科常见的一种证候。痈者壅也，指出痈是由于气血壅遏阻滞而造成，本病分内痈、外痈两种。内痈另文讨论，本文只谈外痈。外痈为内脏之毒腾于肌腠。其来势猛，初起局部红肿疼痛，皮肤光亮，所患部位浅，故易化脓，易破溃，也易愈合。此证发无定处，以所患部位而命名，据文献记载者不下数十种。如患在人体上部的有颈痈、锁喉痈、背痈等，患在人体下部的有骑马痈、臀痈等，患在四肢的有肘痈、腿痈、胯腹痈、委中毒等。

一般痈证初起，以“无头、红肿、烧灼、疼痛”8字可概括其特点。如来势迅猛而大于痈者称之为发，所谓“发”，就是“急性发作”的意思，与近代的“急性蜂窝组织炎”相似，中医仍以患病部位命名，如“脑后发”“发背”“手背发”等。“痈”与“发”同属一个病，只是“发”来势较痈迅猛。所以二者合并讨论。

痈初起局部红肿热痛，光亮无头，有局限性的红肿，范围不大，继之则硬块出现，或发初起粟粒样白头，继则红肿范围扩大，中央形成脓头，周围组织红肿硬结，疼痛剧烈。痈证轻微者多无全身症状，重者则伴恶寒发热，头昏，头痛，一身酸软，如热毒重者则全身壮热，大便秘结，小便赤短，从舌脉上亦可辨识，初起舌质如常，苔薄白，脉滑数或微弦，继之舌红苔黄，脉洪数，将溃之时脉滑数，溃后脉转平和，全身症状亦消失。

痈的病因有四：①过食肥甘厚味、辛辣、炙煿、醇酒等，使湿热火邪郁遏，造成气血壅滞而发痈证；②体内早伏有火毒之邪，又遇昆虫蛰伤或轻微触伤等外因引诱而发；③外感风热及湿毒之邪积聚体内，正不胜邪时，随时可发生本病；④由于内藏伏热，再加肝郁怒火，亦易导致成痈。由于因素不同，发于人体之部位亦有所不同。一般来说，痈发于人身上部的多为风热证候，是本“风性上行”之义；痈发于人身中部的多为郁怒之火引起，是本“气火俱发于中”之义；痈发于人身下部的多为湿热所致，是本“湿热下迫”之义。

辨痈证病邪的深浅，当以发病的轻重和快慢来区别。病浅的来势迅猛，红肿热痛的部位一开始就很明显，病邪深的反而来势较缓，而且局部的红肿热痛症状初期多不明显。由于痈所生部位不同，出现的症状亦有差异，预后也不一致。如颈痈则头部转侧困难，肘痈、腿痈可影响四肢活动。如痈患在腘窝处，又称委中毒，溃后容易造成筋脉挛缩，此处为关节活动及经络汇集处，肌肉少且不易被保护，所以容易伤经断络。又如胸腹壁之痈，脓腔过大过深有穿入胸腹腔之危险，对生命亦有威胁。总之，临证时要及时而正确地治疗，以期改变预后。痈证在初发之时，症状不十分厉害，内服外敷治疗可以很快消散；若已溃，脓稠者，全身症状已大减，为易愈之征；若溃后症状不减为变证之兆；若脓未熟而妄施刀割者，最易造成疮毒内攻，危及生命。所以必须坚持四诊合参，在此基础上辨证施治，方能收到良好效果。

痈证属阳，在表、实证、为热，所以内治法应从“表、实、热”3字入手，常以疏风清热、活血解毒为法随症加减。一般初起者，以文老常用方加减仙方活命饮[1，本书附录方剂编码，下同]治疗。

药物：金银花、菊花、防风、白芷、木香、陈皮、赤芍、乳香、没药、浙贝母、天花粉、薄荷、瓜蒌皮、夏枯草、蒲公英、山药、甘草。

方解：本方系《证治准绳》原方加减而来。方中金银花疏风清热解毒；菊花清热解毒；防风、白芷、木香、陈皮通络理气散滞；赤芍去血热破瘀结；乳香活血定痛；没药破血散结；浙贝母豁痰解邪；天花粉生津降火；薄荷疏风解表；瓜蒌皮清肺火，解肝郁，行痰滞；夏枯草解毒软坚；蒲公英清利湿热解毒；佐山药以健脾胃；甘草和中。全方共奏疏风清热，解毒活血，消肿散结之效。由于一切痈肿，无非因经络中气郁血结，热毒积蓄而成。仙方活命饮有外科首方之称，云其功效有“肿而未脓者可散；肿而有脓者可溃；已溃者可敛”。但方中之穿山甲、皂角刺乃攻托之品，当归活血补血，皆非早期痈疮所宜，故去之。加入菊花、薄荷、山药、夏枯草、蒲公英诸药，且蒲公英为公认的“疮家圣药”。根据文老经验，凡疮疡愈合后皮肤多留瘢痕，或硬肿块难消，在痈证初期至中、后期，都常重用夏枯草，已成硬块者再加郁金，能收疏肝散结、愈后不留瘢痕之良好效果，这点是文老的独特疗法。本方之加减法介绍于下。

（1）风热重者加荆芥、大青叶；

（2）湿热重者加苍术、焦黄柏、萆薢、马齿苋；

（3）肝郁重者加乌药、郁金、神曲；

（4）痰郁重者加白芥子；

（5）热毒重者加栀子、枯芩、黄连、大青叶；

（6）毒邪重者加土茯苓、蕺菜、紫花地丁；

（7）体虚者加沙参；

（8）患处在身体上部者加荆芥；

（9）患处在身体下部者加牛膝；

（10）若溃后气虚而致脓清稀者可加黄芪、当归；

（11）津液干枯而大便秘结者可加玄参、火麻仁、郁李仁；

（12）若溃后疮口久不愈合者可用八珍汤[3]加山药、黄芪。

总之，临证变化无穷，难以一一举例，全凭医者辨证施用。需要注意的是，在使用内服药的同时，可采用外治法，内外兼施，效果更佳。①痛未成脓者敷金黄散[83]，以蜂蜜10：2调金黄散敷患处，围敷必须留顶，以利驱邪外出。若农村乏药，可用芙蓉花叶或野菊花叶捣烂围敷留顶，亦效。②如已开始化脓，敷千捶膏[64]，敷时留顶敷上。③如已溃者，用红升丹[75]撒布，外贴五妙膏[61]；如疮深者，红升丹捻条或纱布条插入引流，外贴五妙膏，脓少后改用海浮散[81、86两方合用]撒布，五妙膏外贴直至痊愈。

2. 疽（2例）

【例1】李某，男，45岁，初诊：1978年3月11日。

左侧臀部长阴疽，穿溃1年未愈。1年前打青霉素后，左臀部外侧有一包不消退，不红不肿，历时数月化热，红肿疼痛，化脓切开引流后1年未愈。伤口不痛不痒，色发紫，局部肌肉消瘦，有一瘘管，约2cm深，经X片证实为：左侧髂骨骨髓炎，有小死骨形成。患者体壮，余无不适。舌苔薄，质红，脉弦。

诊断：附骨疽（左髂骨慢性骨髓炎）。

辨证：气血凝滞化毒，伤筋损骨。

治则：调和营卫，补肾强筋，除湿通络。

方剂：阳和汤加味。

药物：熟地黄15g，麻黄绒3g，白芥子9g，桂枝6g，鹿角胶9g，炮姜6g，赤芍9g，地龙9g，红花9g，牛膝9g，黄芪12g，透骨草15g，寻骨风15g，木香9g，甘草3g。服8剂。

外治：用盐水洗净伤口，用药捻粉加地牯牛粉拌匀做捻条，插入伤口，再撒布拔毒散，外盖五妙膏，每日1次。

二诊：上方服8剂后，感伤口疼痛，余无不适，用探针探得死骨渣已将伤口堵塞，遂用刀将伤口扩大，取出小死骨数块，用盐纱引流。内服中药仍守上方去桂枝，加山药15g以健脾益胃，服8剂。次日外用盐水洗净伤口，用盐纱条拌退管药粉上伤口，外撒拔毒散，盖五妙膏，每日1次。

三诊：伤口肿胀消，疼痛已解，每日换药仍有豆渣样物随脓而出，余无不适。

舌脉正常，内服药仍以上方再进 8 剂。外用五妙膏盖贴，每日 1 次。

四诊：伤口逐渐缩小，脓稠减少，仅能上药捻，伤口四周下陷，疡面红活新鲜，饮食、睡眠均如常，舌脉正常。故仍守上方去麻黄绒，加天花粉 15g，再进 8 剂。外用药捻拌药捻粉插入，再盖五妙膏，每日 1 次。

疗效：患者以加减阳和汤内服，共 40 余剂，外用盐纱或捻条拌退管药将伤口之死骨排出，而致伤口愈合，前后治疗近 2 月而获痊愈，患者高兴异常，索方巩固疗效，以加味虎潜丸与之，嘱其服丸药 1 料即可，愈后随访未复发。

【例 2】王某，女，35 岁，初诊：1978 年 10 月 25 日。

左手食指外伤后数天而发红肿疼痛 10 多天，20 多天前因砍猪骨头，不慎将左手食指根部划伤一小口，有少许鲜血流出，用布包扎后无症状。数天后局部红肿疼痛，在某诊所治疗 10 多天后其症有增无减，始来我院诊治，左手食指红肿痛剧，全身发冷发热，头昏重，纳少，局部肿胀灼热，经 X 片证实为骨髓炎，无死骨形成。舌苔黄干，质红，脉滑数。

诊断：附骨疽。

辨证：伤口染毒，气血凝滞化热而伤筋骨，遂成附骨疽。

治则：表现为阳证热毒炽盛，治以清热解毒，行气活血为法。

方剂：仙方活命饮加减。

药物：忍冬藤 30g，连翘 10g，野菊花 15g，防风 9g，白芷 9g，赤芍 15g，木香 9g，陈皮 9g，天花粉 10g，山药 12g，透骨草 20g，桑枝 60g，土茯苓 15g，甘草 3g。服 4 剂。同时内服犀黄丸，每日 3 次，每次 6g。

伤口正化脓，切开引流，伤口用盐纱拌九一丹上入，外盖五妙膏，每日 1 次。

二诊：患者发热已退，左手食指红肿明显减轻，伤口脓多，仍疼痛，纳少，舌苔薄黄，质红，脉弦数，仍守上方加生黄芪 15g，服 8 剂。因症状减轻，停服犀黄丸。外用盐纱拌九一丹纱条纳入伤口，外盖五妙膏，每日 1 次。

三诊：服上方 8 剂后，伤口红肿已消，疼痛减轻，伤口脓少而稠，舌脉正常，仍守上方加当归 10g 以养血活血，促其早愈，服 8 剂。外用海浮散撒布伤口，盖五妙膏，每日 1 次。

疗效：三诊后脓将净，伤口新鲜红活，是将愈之兆，乃用当归补血汤加味内服，外用海浮散撒布疡面，再盖紫草油纱，治疗数日而愈。此证前后治疗历时近1月，服药20余剂而告痊愈。是文老掌握病机，辨证施治的必然结果，如果只注意病名为疽，而不注重临床表现的阳证之特点，岂能应手而效。

按语：疽病一名，在过去的中医外科书中多与痈病混淆不清，如把疽分为“有头疽”“无头疽”两大类。有头疽实为痈之范围内，如把“脑后发”（对口疽）、“背搭”（即背痈）二证列入有头疽。此二证在痈证中是较为严重的一种，有的书上把脑后发列为“对口疽”，把背痈列为“发背疽”，是名称上的差异。脑后发和背痈为阳，发病迅速，严重时可致三陷证，即现代医学的脓毒败血症，可危及患者生命。疽证属阴，发病较慢，病位深，治疗困难。此证可以下陷肌肉，枯竭筋髓，耗伤气血，使筋骨肌肉多受损伤。如“附骨疽”“乳岩”“失荣”“石疽”“鹤膝风”“骨槽风”等均属疽证。实际上，现代医学所称之“肿瘤类”“骨髓炎”“骨结核”等，即是中医的疽证。文老一再强调：辨痈与疽，不在名称，而在细查病位属脏属腑，再别其阴阳，四诊合参，辨证施治，方能收到良效，刻舟求剑式的治疗必酿坏证。

疽就是俗称为“阴证”的疾患，其特征是“发无定处，漫肿无头，不红，不热，初无疼痛感，继则痛在筋骨间”。疽与痈应当鉴别，“局部红肿为痈，白色漫肿为疽”。疽证病邪深在筋骨间，或附骨而生，或从骨髓中发病，因此，本病可以损害筋骨，这里以附骨疽为例叙述如下。

本病好发于股骨、胫骨、肱骨等部位，常常是与扭、拧、闪、挫损伤有关。患者多见于儿童及青年，其病因有三：①由于外伤兼感受风湿热毒，致使瘀血阻滞经络凝聚筋骨，或由于本身正气不旺，营卫气血周流不畅，再加外来跌打损伤，会造成气血凝滞经络，窜及骨骼。儿童气血不足，此类型更为多见。②由于人体气血不足，又感风寒湿邪，入于脉络，结于筋骨，寒湿化热则发为本病。③由于湿热致病，初时未治或医治失误，造成湿热蕴结于营血，营卫失调，湿热下注而成本病。以下肢发者为多。

附骨疽即今之骨髓炎，可分急性和慢性，亦可分为阴证、阳证两个类型，我们从阴证和阳证两方面来辨证治疗。

（1）阴证

凡风寒湿邪引起的证候，在初发时局部不红、不肿、不灼热，只有筋骨间隐隐作痛，由于病深，故重压方显疼痛，时有锥刺状痛，很快便消失，唯患肢活动稍受限。初如感冒状，亦有无全身症状出现，舌质淡，苔白，脉弦迟或微紧。待过六七周左右，寒湿之邪郁久，逐渐化热，则腐骨肉化瘀血，为脓毒由骨外达于肌表，由阴证而转为阳证，局部发热、泛红、痛苦难受，舌质红，苔黄，脉弦紧数，影响食欲及睡眠，身体日渐消瘦，须待脓溃死骨脱尽方能愈合。

（2）阳证

凡湿热酿毒或损伤染毒引起本病者，发病则高热、寒战、口干、小便短赤、局部痛彻骨髓，难以忍受，不能活动，局部红肿热痛明显，舌红，苔黄，脉弦数。此证迁延 3～4 周，症状有增无减，体虚者可致毒邪内攻，容易导致死亡。此病发病急须及时治疗，脓溃死骨出后，方易愈合。

本病患处若不在关节，则预后多佳；在关节处若损伤筋脉，多会导致愈后关节变形，影响活动。愈后加强锻炼可减少并发症的出现（本病在关节处之病变，常为外伤所致）。

由于附骨疽一病分为阴阳二证，故治疗各异。

阴证治法：温经通阳，活血逐瘀，祛风除湿，方以阳和汤[4]加减治疗。

药物：熟地黄、麻黄绒、白芥子、炮姜炭、鹿角霜、桂枝、赤芍、地龙、红花、当归、细辛、木通、木香、威灵仙、续断、防风、汉防己、透骨草、甘草。

方解：本方乃《外科证治全生集》疗阴疽方化裁而来。方中肉桂易为桂枝，可增温通经脉之力；鹿角胶以鹿角霜代替，则更增温通阳气之功；再加祛风除湿之品及透骨草，引药达病所，即成全方，临证加减，随病情而易。此方不特治疗附骨疽之阴证效捷，对其他阴疽临床疗效亦佳。临床加减举例如下：患处在上肢者加羌活、独活；患处在下肢者加牛膝；患处在关节者加松节；寒热往来者加荆芥；胃纳不佳者加鸡内金、山药；化脓期加黄芪、穿山甲、皂角刺；若寒邪化热者，去姜、桂、鹿角霜等，加金银花、蒲公英、夏枯草等清热解毒之品；溃后去辛燥温通之药，加四君、四物、黄芪之类；初期可合醒消丸[9]或中九丸[122]同服；各期皆可用服骨痨散[11]至愈；溃后可加服加味虎潜丸[5]以助筋骨生成。

阳证治法：清热除湿，活血解毒，方以仙方活命饮[1]加减治疗。

初起去方中攻托之品，可加土茯苓、车前草、透骨草、草藤、地龙、红花等，以增强清热除湿、活血解毒之功效；成脓时可用透托之品，亦可自己服中九丸、犀黄丸[13]、骨痨散等；溃后宜调补气血、补益脾胃为主，善后可用加味虎潜丸[5]治之。

加味虎潜丸（《丹溪心法》方加味：黄柏、知母、熟地黄、锁阳、当归各45g，陈皮、白芍、牛膝各31g，虎骨31g，党参、黄芪、杜仲、菟丝子、茯苓、补骨脂、山药、枸杞子各62g（虎骨可用猪骨31g代之）。

外治方面，阴证初宜用冲和散[105]外敷：阳证初宜金黄散外敷。脓成皆可开刀，伤口大者用盐纱布条引流，伤口小用红升丹药捻条引流，外撒拔毒散贴五妙膏。若有死骨者，用药捻粉加地牯牛粉上入伤口内，如死骨大者可开刀取出。伤口不上药捻时，去拔毒散，只用药捻粉，直至愈合为止。

3. 疖（3例）

【例1】侯某，女，成年人，初诊：1978年8月。

患者全身泛发疖疮数月，曾在当地治疗。用青霉素、链霉素、氯霉素、红霉素、卡那霉素、庆大霉素等抗生素药物治之不效。面、背、胸部疖疮尤多。纳差，消瘦，此愈彼起，非常痛苦。舌苔薄质淡，脉细。检查：面、颈、背、胸部等处疖疮较多，小粒色红，白色脓头。

诊断：多发性疖疮。

辨证：脾虚而导致卫弱血虚，既不能润养肌肤，又不能抗御外邪，故疖疮反复发作。

治则：健脾除湿，解毒消肿。

方剂：四君子汤合仙方活命饮加减。

药物：沙参、茯苓、白术、忍冬藤、连翘、防风、白芷、赤芍、陈皮、乳香、没药、蒲公英、山楂、甘草。服8剂，药渣煎水洗澡。

二诊：服上方8剂后，疖疮明显减少，服药后用药渣煎水洗澡，面部及背部等处明显减轻，因通信授处方，故舌、脉变化未记录。仍以上方去乳香、没药，加黄芪益卫固表，增强抵抗力，再进10剂。

疗效：患者来信，称疖疮在服中药治疗的情况下，未用任何其他药物治疗，前后服药共18剂而疖疮痊愈，来信致谢，次年2月出差来蓉，随访仍未复发。

【例2】谢某，男，成年。

患者颈部反复长疖疮1月。后颈部长疖三四枚，顶高色红疼痛，往年经常长，颈部不能转侧，纳可，眠可，舌苔黄腻，质红，脉滑。

诊断：疖疮。

辨证：湿热熏蒸。

治则：清热除湿。

方剂：四妙散合藿香解毒汤加减。

药物：苍术、黄柏、薏苡仁、牛膝、藿香、菊花、防风、白芷、赤芍、马齿苋、蒲公英、千里光。服 2 剂。

外治：外用金黄散敷。

二诊：服 2 剂后症状大减，疼痛减轻，颈部现可转动，色红范围缩小，仍宗上方再进 2 剂。外敷金黄散。

疗效：共服 4 剂药而告痊愈，愈后未复发。

【例 3】王某，男，6 岁，初诊：1978 年 6 月 26 日。

患者头上长疖疮已 20 天。初起头上长了几个小疖疮，逐渐窜生满头，色红灼热，脓血痂多黏发而臭，疼痛难受，小儿晚上睡不安，食少，消瘦。舌苔黄腻质红，脉弦数。

诊断：蝼蛄疖。

辨证：湿热化火，复受暑热而成。

治则：清热除湿解毒为法。

方剂：藿香解毒汤。

药物：藿香、香薷、金银花、连翘、土茯苓、蕺菜、马齿苋、佩兰、赤芍、防风、白芷、夏枯草、蒲公英。服 2 剂。

外用药时，先剃尽头发，用药渣煎水洗净脓痂，用九一丹外敷于溃疡面，金黄膏盖贴，疖肿用金黄散外敷。

二诊：上方服用 4 剂，诸症大减，头顶内疮小者已消，溃后的已愈。仅有五六个大者肿势未消，纳增，已不剧痛，二便正常，眠好，舌苔薄黄，质红，脉弦。仍守方再进，去香薷，外敷金黄散。服 2 剂。

三诊：上方服 2 剂后疖疮已愈，唯因食生冷食物而腹泻，用藿香正气散和中化浊以善其后。

患者其父来转告，腹泻已愈，疖疮未复发，一切恢复正常。

按语：疖疮是一个常见病，在外科疾病中是一种轻小疾患。其证属阳，多发生于夏秋季节，尤以小儿、青年染病最多。若以其证候来分，可用硬疖、软疖概括，不必多立名目，且病因病机也多属一致，治法也统一。所谓“疖”，即是指初起皮下有一硬疖出现，随处可生，发无定处，现代医学认为此证属急性化脓性炎症的范围。

疖疮一般多出现于头、面、背、臀等处，四肢则少。硬疖初起皮下突出一尖头圆形硬结，色红疼痛，肿见于皮肤之间，浮而无根或根小而局限，在疮顶有小脓头，2～3天溃后症状消失，愈合也易。以上两种疖疮，或发一个，或发十多个、数十个不等，可同时出现，也可陆续发生，轻者无全身症状，重者有烦热不舒之感觉。

本病之因归纳起来有四：①由于烈日暴晒、感受暑毒而成；②天热地湿，暑湿阻遏于肌腠间，使汗出不畅，郁而化火化毒乃成本病；③由于痱子被抓破染毒而成；④湿热之邪久客肌腠不出，形成疖疮，此愈彼发，缠绵难愈，此种疾患即现代医学的“多发性疖疮”。

本病多发于夏秋季，若冬春气候干燥，其人湿热火邪重者，亦有发生，以小儿青壮年及新产妇患疖疮的较多。因这三种人热邪较重，前两种人暴晒日光较多，后者食温燥之品较多，故本病多发于此三者。所发部位以头面、背、臀部等阳处为多，少则几个，多则数十个不等，发于阴部较少。初期皮肤潮红，继则出现疖子，高出皮肤，发生红肿烧痛，大约二三天成脓，自行溃破1周内痊愈。轻者无全身症状，重者出现发热发冷，或高热口渴、舌红、溲赤等症状。若疖疮生于头面口鼻附近者，脓未成切不可破损，脓成亦不可挤压，否则毒散内攻，可危及生命。若生于面部，治疗不及时易转为疔疮。若生于头部，需引流通畅，否则脓水浸淫头皮，会形成“蝼蛄疖”（蟮拱头）而缠绵难愈，治疗此证，除按疖疮治疗外，尚需剃尽头发，伤口勤换药，保持清洁。

内治以清热解毒为法，常用经验方藿香解毒汤[18]治疗。

药物：藿香、香薷、金银花、连翘、土茯苓、蕺菜、马齿苋、佩兰、赤芍、防风、白芷、夏枯草、蒲公英、钩藤。

方解：方中藿香、香薷解暑热之邪；金银花、连翘清热解毒祛风；土茯苓、蕺菜解毒利湿；佩兰芳香化浊；赤芍清血分之热，散瘀活血；防风、白芷、钩藤疏风解表；夏枯草软坚解毒；蒲公英清利毒邪；马齿苋散血消肿，解毒除湿热。故全方共奏清热除湿、解毒消肿之效。文老对马齿苋评价甚高，临床验证其治疗疖疮效果明显。马齿苋味微酸，性寒，功能清热解毒，袪风除湿，散血消肿。因其苗肥厚多汁，能抵制日晒，民间称为“晒不死”，夏秋作蔬菜食用，可预防肠胃疾病；可单用或配合治疗痢疾、腹泻；捣烂外用解毒消散功效明显；可治疗多种阳性疮疡。

文老经验方加减：热毒炽盛者可加栀子、黄连、黄芩、黄柏、龙胆草；湿邪甚者可加萆薢、车前草、木通；脓水多浸淫成湿疹者可加地肤子、白鲜皮、桑白皮、苍术、焦黄柏等；若已成多发性疖疮者可加大剂量野菊花；大便秘结者可加生大黄、芒硝；小便赤灼者可加车前草、六一散；脾胃有热者可加石膏、知母、玄参等。

外治方面，未溃用马齿苋捣烂外敷，或金黄散外敷；已溃撒布海浮散外敷金黄膏[70]至愈。本病外治可尽量避免油膏类贴，以免郁遏湿热，而致反复难愈。

4. 疔（2例）

【例1】刘某，男，7岁，初诊：1975年7月6日。

左手小指长疔疮4天，切开排脓后1天半发热至41℃，左肩胛部及背部各长一肿块，灼热疼痛，纳少，神差，检查：左手小指伤口红肿，无脓，色紫，整个手掌肿甚，胀痛难忍，舌苔黄，质红，脉数。

诊断：疔疮走黄。

辨证：热毒炽盛，走黄内窜入营而毒注肌表。

治则：清热凉血，护心解毒。

方剂：犀角地黄汤合五味消毒饮加味。

药物：水牛角、生地黄、赤芍、牡丹皮、忍冬藤、野菊花、蒲公英、紫花地丁、黄连、白芷、甘草。服2剂。

外治：用野菊花叶、芙蓉花叶洗净，捣绒敷患处。

二诊：高热已退，体温降至38℃，两处红肿之包块未发展，仍灼热疼痛，精神已好，可随处走动，左手小指伤口仍无脓，色紫红，纳增，舌苔黄，质红，脉数。仍守上方再进加谷芽以助胃气而抗邪毒。外用鲜野菊花叶、芙蓉花叶，洗净，捣绒敷患处。

三诊：上方又进2剂，患儿体温降至正常，两处红肿包块渐消，仍灼热疼痛，纳增，小指伤口已化脓，色仍紫，舌苔薄黄，质红，脉弦细。治以托毒外出为法，方用五味消毒饮加黄芪、天花粉、当归、皂角刺内服，外用鲜野菊花叶、芙蓉花叶捣绒敷患处。

四诊：上方进3剂，肿块已消，左手指脓稠而少，色转红，纳正常，余无不适，舌脉正常。内服上方，外用海浮散，紫草油纱盖贴4日而愈。

【例2】唐某，女，41岁，初诊：1978年12月29日。

昨晚左手无名指突然疼痒交作后约1小时，末节内侧长一黄水疱，如米粒，当晚疼痛眠差，清晨黄水疱如小胡豆大，四周红晕，灼热疼痛剧，微恶寒热，坐卧不安，心烦，食减，舌苔薄，质红，脉弦。

诊断：水疔疮。

辨证：三焦湿热火毒炽盛。

治则：清热解毒除湿。

方剂：仙方活命饮合四妙散加减。

药物：忍冬藤、连翘、防风、白芷、赤芍、陈皮、乳香、没药、苍术、黄柏、薏苡仁、蚤休、蒲公英、甘草。服2剂。

外治：外敷金黄散。

二诊：水疔范围扩大，红肿范围宽，灼热疼痛仍剧，心烦眠差，已不恶寒热，食稍增，舌苔薄，质红，脉弦数。仍用上方加栀子以清利三焦湿热，使邪毒从小便去。服2剂，外敷金黄散。

三诊：服上方2剂后，红肿范围缩小，疼痛减轻，黄水疱大小未变，已有脓液，心烦消失，眠可，舌苔薄，质红，脉弦数。上方已显效，仍守上方再进。外用金黄散外敷。

四诊：水疔已成脓，肿势高突，余症减轻，舌苔薄，质红，脉弦数。内服上方去苍术，外用空针抽去脓液，盖以金黄膏，3日而愈。

按语：疔疮是中医外科特有的病名，以形小、根深、毒盛、易变为特征，是外科常见而且危险性较大的一种急性疾患。以头面及四肢为多发，尤以头面部发势迅速，危险性大，因头面部络脉较多，多通往颅脑内，故易毒邪窜入脑内而引起生命危险。《外科正宗·卷之二·疔疮论第十七》云："夫疔疮者，乃外科迅速之病也，常朝发夕死，随发随死……”又《外科启玄·卷之六·疔疮》云：“疔也，若不及早图之，恐其毒气归心，千金莫救。”这都说明疔疮的严重性。疔疮一证名目繁多，有以色命名者，有以疔形命名者，有以部位命名者，不下百种。总之，以生于头面、胸背者为最急，生于四肢者稍缓，以辨证施治为要，而不拘泥于命名。文老介绍识疔缓急经验：疔疮在根附近又生小疮者叫“应候”；疔疮根四周发生多个小疮者叫“满天星”；疔疮根脚红肿不散漫者叫“护场”，此之者较缓，其余皆急。有时疔未明显出现时，即有全身不适，畏寒发热，心情烦躁，舌红口干，面及舌质青紫，精神困倦，此时要仔细检查有无疔疮出现，因疔贵在早治，古有“早治十全，迟治全七，失治全一二”之说。文老鉴别疔与疖的经验：令患者嚼生黄豆，如无生豆味便是疔，若有豆味则非疔疮，此法简便，可在临床推广和研究。又有名叫红丝疔者，实则是现代医学的“急性淋巴管炎”，及时治疗则红丝退、症亦减；若红丝不退而继续延长，则为恶候。

疔疮初起，在皮肤突出一个坚硬小疖，如针头状疮，有麻痒感觉或剧痛，以后迅速红肿，顶突根深发硬为其特点，其顶为小白点或水疱，这与痈疖均不同，并伴恶寒发热，头痛、口渴、心烦等症状，甚则恶心难眠。生于头面者较四肢为急，但痛不及四肢，因四肢皮肤紧张结实，知觉灵敏，所以痛胜于头面者。

文老认为疔疮病因有四：①感受风邪热毒或暑热熏蒸，热毒入血分，郁于肌腠间；②嗜食辛辣厚味，肥腻之品致阳明积热而成，或食腐烂食品，与气郁结，化火酿成；③由于昆虫伤或轻微外损（如拔须毛等）感染毒邪诱发；④其他原因，如红丝疔毒邪炽盛，以致毒随络脉上窜，若疔疮早破，或挤压，或过早开刀，或过食辛燥物品，均易造成走黄，可危及生命。

疔疮虽发于皮肤但根深，所以发于头面除两颊外，多为肌肉浅薄部位，易成走黄之证。若生于鼻翼上唇部位肌肉柔软处，更不能挤压和碰伤，否则毒邪走窜入脑，可危及生命。总之，疔疮不论生于何部位，不外风热邪毒相搏而成，其脉多数。治疗疔疮需将毒邪拔出，如生于指尖的蛇头疔，疼痛剧烈，日久可破坏骨质，形成瘰疽，甚至可致断指，但也要提防后遗症，所以在治疗得同时，也应加强功能锻炼。疔疮如突然变黑，或无意间抓破、碰破，同时全身发热寒战，继则高热，身痛，烦躁，四肢无力，身出现上多处包块，严重时神昏谵语，壮热，气喘胸痛，咯血或呕血，或昏迷而死，以上都是现代医学所称的脓毒败血症，为急症，如能中西医结合治疗，定能提高疗效，减轻患者痛苦。

内治方面，以清热解毒、凉血活血为法，方以文老经验方菊花解毒汤[19]为主治疗，配合蟾酥丸[33]或紫金锭[20]内服。

药物：野菊花、金银花、连翘、竹叶、土茯苓、蕺菜、夏枯草、紫花地丁、黄花地丁、牡丹皮、赤芍、生地黄、黄连、甘草。

方解：本方中野菊花须重用至31～62g，如无野菊花，可改为野菊花叶，量加重，或用白菊花，以鲜品为佳，可煎水当茶饮。菊花（叶）善解疔毒，尤以野菊花效力最强，佐金银花、蕺菜、紫花地丁、黄花地丁重用，以助清热解毒之功；土茯苓除湿解毒，使毒从小便解；牡丹皮、赤芍、生地黄皆凉血散瘀之品；竹叶、连翘清心护心，以免邪毒内攻；黄连清心经实热；夏枯草解毒散结，且能行气而不耗气。全方共奏清热解毒、活血化瘀、清营凉血之效，又配疔疔良药蟾酥丸或紫金锭同服，其效更增，临床上多获良效。本方不论疔初起、中期均可服用，唯蟾酥丸多辛香之品，不可久服，当适可而止。紫金锭多服无副作用。临床上本方加减如下：热减、病减者可去黄连，加山药以益脾胃，促其愈合；若壮热者可加知母、石膏以泻阳明经热；实者可加栀子以泄三焦之热；便秘可加生大黄、玄明粉以泻阳明腑热；疔疮坚硬不易化脓者可加穿山甲、皂角刺以攻托，促其早溃；口渴者可加天花粉以生津；溃后体虚者可加补气血药或健脾益胃之品；在手者可加桑枝；在足者可加牛膝；若神昏谵语者可加服安宫牛黄丸[51]或至宝丹[54]，或紫雪丹[28]。

总之，临证时须辨证施治，灵活加减化裁，方能收到良好效果。文老再三叮嘱，疔疮千万勿用酒精及碘酒等刺激性药物涂擦，否则易造成不良后果。同时亦忌酒、辛燥及肥腻之品。

外治方面，未成熟者外用蟾酥丸或紫金锭磨水或用醋围擦，红肿处留顶，再以金黄散外敷，仍留顶，脓熟时可用白降丹[76]少许点疮顶，外贴金黄膏，1日后脓头提出，改用红升丹少许上疮口，外盖金黄膏，脓尽后用海浮散[86]撒布，外贴金黄膏至愈。

5. 流痰（2例）

【例1】王某，男，31岁，初诊：1971年11月20日。

患者自诉左髋部疼痛1月。1月前患者出外淋雨后即感患部疼痛不适，数日痛减，未予重视，自认为是经常发作的风湿痛，数日后左侧环跳穴疼痛复作，日甚一日，左脚活动受限，在某处以风湿论治无效，后又易医，诊为寒湿入络，投以桂附姜辛一类温热之品，服后疼痛大增，脚已不能行走，遂去某医院就诊。经X片检查为：左髋关节结核，有少许虫蚀样改变，拟以链霉素及手术治疗，患者不愿手术，遂来院诊治。患者被担架抬来，呻吟不已，消瘦，慢性病容，两颧微红，不发热，左脚环跳穴较对侧丰满，肤色如常，疼痛不可近手，食少，眠差，大便3日一解，小便黄短，痛在骨髓，不能站立亦不能翻身，舌苔薄白，质红，六脉沉滑。患者曾有肺结核史。

诊断：流痰。

辨证：肺肾两虚，水亏火旺，使营运不畅而致骨空发病。

治则：调和营卫，除湿通络。

方剂：阳和汤合当归补血汤加减。

药物：熟地黄15g，茯苓12g，山药15g，麻黄绒6g，白芥子9g，寻骨风15g，透骨草15g，当归15g，黄芪30g，续断15g，牛膝9g，沙参18g，杏仁9g，甘草3g。服8剂。内服醒消丸，每日2次，每次6g，以白开水下。

外治：用冲和散外敷，每日一换。

二诊：上方共服10剂后来诊，述疼痛明显减轻，关节活动受限，食稍增，局部可近手，仍肿如故。舌脉同前，仍守上方加肉苁蓉20g。服8剂。外敷冲和散，每日一换。

三诊：患者服上方16剂后症状大减，大便1日一解，小便正常，步行来复诊，嘱其少活动，以促气血运行流畅而早日愈合，宗上方加丹参再进10剂。外敷冲和散，每日一换。

四诊：患者服上方10剂后来诊，食欲正常，白天不痛，夜间仍痛，活动不便，环跳穴处肿胀渐消，微肿不明显，舌常，脉弦细，宗上方加龟甲，去肉苁蓉，再服10剂。

疗效：患者以上方再进10剂后，逐渐好转，后以加味虎潜丸常服，前后历时半年而愈。愈后一切如常，至今未再复发。方药：制首乌、熟地黄、知母、黄柏、龟甲、锁阳，黄芪、党参、续断、当归、陈皮、青木香、防已、牛膝、山药、女贞子、墨旱莲、丹参、贝母、豹骨、寻骨风、透骨草、玄参。上药研细末，蜜丸，每丸重 9g，每日 3 次，每次 1 丸。

【例 2】周某，女，22 岁，初诊：1978 年 3 月 10 日。

左脚内踝肿痛穿溃两处数月，左脚内踝肿痛后数月穿溃流脓，质清稀，治疗数月不愈，伤口周围肿色暗，大小约 3cm×6cm，发痒，全身体差乏力，面色无华，食少眠差，左脚跛行，经某医院 X 摄片证实为左脚内踝关节结核，脱钙多处，舌苔薄白，质淡红，脉弦细。

诊断：流痰（左脚内踝关节结核）。

辨证：肝肾两虚，气血亏损。

治则：补养肝肾，益气生肌。

方剂：六味地黄丸合当归补血汤合骨痨散加减。

药物：熟地黄 15g，山药 20g，牡丹皮 10g，泽泻 10g，茯苓 12g，女贞子 15g，墨旱莲 20g，当归 15g，生黄芪 30g，全虫 3g，蜈蚣 3g，䗪虫 3g，寻骨风 15g，红花 10g，夏枯草 30g，牛膝 10g，甘草 3g。服 8 剂。

配以中九丸内服，一次 1 丸，每日 2 次，白开水送下。

外治：九一丹撒布伤口，再以千捶膏围敷，每日一换。

二诊：上方 8 剂后，伤口流出清稀脓水甚多，伤口四周肿减，色微转红，食可，余症同前，舌脉如前，宗上方再进 8 剂。中九丸再服。外用九一丹捻条，千捶膏围敷。

三诊：上方服 16 剂后，伤口色红，腐肉已脱，脓水少而变稠，伤口扩大，肿势已明显消退，精神好转，食眠均有好转。舌脉正常，仍守上方加重黄芪至 60g，加丹参 24g，再进中九丸内服。服 8 剂。外用退管药捻条上伤口，盖五妙膏。

四诊：上方 8 剂后，余症均减，伤口仍红、扩大，有少许稠脓，伤口痒而不痛，舌脉同前，仍用前方，中九丸再进，服 8 剂。

疗效：上方加减化裁，伤口脱出小死骨渣数粒，伤口四周色深、内陷，逐渐缩小，历时 3 月余而愈，伤口愈后以虎潜丸内服巩固疗效。随访愈后未复发，现健康如常，无不适感。

按语：流痰这一病名在中医古籍上是缺乏记载的，多列入阴疽门，也有附于痨瘵门的，名称不一，直至清代《疡科心得集》才有这样一个病名，其症状与西医的骨结核相似。此病随处可发，常见而又顽固难愈，名称尚多，如“龟背痰”“附骨痰”“穿踝痰”“鹤膝痰”等。总之，本病是累及骨质病变的证候，形成原因也较多，气滞痰凝证是最常见的。本病民间称为“巴骨流痰”。

流痰多发于关节部位，发病率以儿童和青年为最高，其局部和全身有几个特征，现分别介绍如下。

局部症状：病变部位以脊椎、肩、肘、腕、膝、踝等多见，尤以脊椎发病为最多，初起只觉骨节间有不定的轻微隐痛和压痛，活动时有所发现，如病变在腰椎，则弯腰过久后发生疼痛，休息后痛减；病变在髋、膝部，则行走过久后出现跛行，休息后痛减，逐渐恢复正常。以后病情会逐渐加重，疼痛增加，压痛点明显，此时可出现漫肿木硬，皮色不红不热，疼痛加剧时关节肿胀。若病变在四肢，则患肢活动困难，由于气滞痰凝，经脉流通不畅，四肢气血不足，故患肢肌肉日渐萎缩，或僵硬不便；若患在胸背部，初起只有局部隐痛，待骨质破坏后则现畸形，如胸骨破坏则突出如鸡胸，脊椎骨破坏则背如龟背，膝骨破坏则膝如鹤膝，其他四肢关节破坏后则成残废；发生于腰椎，伤及督脉之气后，因失其统摄之功，可使大小便失禁，造成瘫痪。若溃后有瘘管或死骨形成，内则深大，外则细小，不断有脓水流出，反复难愈。因溃后脓水清稀，或如豆渣、疮口下陷，周围皮肤成紫暗色，此属气血两虚，或溃部发生奇臭怪味。此病还有一特征，即化脓穿溃部位多在病变部位附近，或较远的部位，而病变的关节肿疼亦加重。如病变在颈部者，常手托下颌而有颈缩之状，其脓肿形成时可影响呼吸，造成吞咽困难；病在胸椎者，脊背骨突出，脓肿多出现于肾俞穴附近；病在腰椎者，腰直如板状，不能俯身拾物，其脓肿大多出现于少腹、胯间或大腿内侧；病在髋关节者，患肢先长后短，臀部、大腿肌肉萎缩，其脓肿多出现于环跳穴附近或大腿外侧较远处；病在膝关节者，踝部外侧先肿，后及内侧，其脓肿多出现在踝骨附近；病在肩关节者，其脓肿多发于肩关节前方或腋窝；病在肘关节者，前臂与上臂呈半屈曲强直畸形，其脓肿多出现于肘关节周围；病在指关节者，多为 10 岁以下小儿，多发于指骨中节，活动自如，患指如蝉腹，不易化脓或溃后不愈可形成瘘管。

全身症状：初期全身无明显不适，中晚期则出现痨瘵症状，如面色㿠白无华，肢体倦怠，精神不振，两颧发赤，口干乏津，咳嗽咯血，午后潮热，形体消瘦，心悸失眠，骨蒸潮热盗汗，食欲不振，此时属阴虚火旺，已成痨瘵，又称“骨痨”。

流痰一证，病因有三，分述如下。

（1）由于气滞痰凝，在幼儿为先天不足，在青年则由于忧思过度或饮食不节等原因，多损伤脾胃，因脾为生痰之源，脾虚则气滞痰生。

（2）由于房劳过度，造成肾虚，或带下遗精，或肺虚金不生水，且肾主骨，肾虚则骨骼空，再加风寒侵袭，致痰凝气聚而成。

（3）早已先天不足或后天虚弱，或早已阴精虚耗，脉络空虚，再加上跌打损伤，致使营卫失调、气血凝滞而发为本病。

文老指出："先天不足，或房劳过度，或带下遗精，或肺金不生水，以致骨骼空虚，而骨质生长障碍导致骨质疏松，则易患此证，是病之本；风寒乘虚侵袭，使痰浊凝聚，或因损伤致气血失调则是本病之标。"

本病初起，患部肿胀不显，不红不热，但运动时疼痛加重，休息时减轻，当症状出现后，脉多细数或沉滑。内治方面，治以温经豁痰、祛寒通络为法，方以阳和汤[55]加减而治。

药物：熟地黄、白芥子、麻黄绒、炮姜、桂枝、鹿角霜、甘草、陈皮、法半夏、威灵仙、续断、牛膝、地龙、红花。

方解：阳和汤具温经通络、散寒化痰之功，加陈皮、法半夏以增强豁痰力量；加威灵仙、续断、牛膝以祛风湿、利关节；加地龙、红花以增强散瘀通络的功效。

若化脓不消者，可佐扶正攻托之品，如当归、黄芪、续断、牛膝、山药、陈皮、透骨草等；若化脓不溃，可加攻托之品，如穿山甲、皂角刺等。若溃后，以加味虎潜丸[5]常服补其气血，促进愈合。汤剂则以六味地黄丸[21]加减：盗汗者加龙骨、牡蛎、浮小麦；自汗者加玉屏风散[30]；潮热者加秦艽、地骨皮；咳嗽者加沙参、川贝母、杏仁、百部、白及；咯血者加三七粉、仙鹤草、藕节；面色不华者加党参、黄芪、白术、当归、大枣；食欲不振者加鸡内金、茯苓、薏苡仁；舌光无苔，五心烦热者加天冬、麦冬、石斛、龟甲；腰酸无力者加续断、杜仲、蒺藜、怀牛膝。

文老指出：本病在服上药外，同时佐服中九丸[122]（各期均可）有特别效果。亦可配服小金丹[6]，可经常用沙参 31g，煎水代茶饮，以润肺保津，使金生水而兼以强肾，肺肾兼顾，又可健脾开胃，这是文老常用的独到经验。同时也可用骨痨散内服[11]，每次 3g，蒸鸡蛋 1 个，每日 1 次，可加少许白糖或冰糖，7 日为 1

个疗程，休息 7 日后可再服。可反复食用。

外治方面，本病未溃时用冲和散[105]外敷，若阴寒甚者，合玉真散[25]外敷患处。本病患后化脓慢，常在数月或 1 年以上化脓，若阴证转为发炎化脓的阳证时，则外敷金黄散；若溃后，上药捻粉纱条或捻条，外撒布拔毒散，以五妙膏覆盖；若有瘘管，则上红升丹纱条或捻条，待瘘管化掉，疮肉已平时，疮面上药捻粉，外贴五妙膏至愈；若有死骨残渣，可予药捻粉，内加地牯牛焙干为细末，入瘘管内将死骨拔出。

6. 脱疽（2 例）

【例 1】尹某，男，36 岁，初诊：1974 年 10 月 4 日。

双下肢胀痛麻木发冷 3 月。同年 6 月始发双下肢胀痛麻木，双小腿肌肉松弛无力，时有抽筋，走路甚为吃力，休息后缓解，呈间歇性跛行，双下肢发凉如时在冷水中，继之双脚跗趾苍白而后发紫，痛不可忍，在简阳中国医学科学院血液研究所做双下肢血流图，证实下肢血流障碍为早期脉管炎。患者嗜烟酒。曾在高寒地区工作多年，并有在冰雪中受冻史。右脚趺阳脉未及，左脚背趺阳脉微弱，舌苔薄白，质正常，脉弦细。

诊断：脱疽（双下肢血栓闭塞性脉管炎）。

辨证：寒邪入络，气血凝滞，瘀阻血脉。

治则：温经散寒，活血化瘀通络。

方剂：当归四逆汤加味。

药物：当归 30g，桂枝 9g，细辛 6g，鸡血藤 15g，大血藤 9g，赤芍 15g，地龙 9g，红花 9g，牛膝 9g，威灵仙 12g，木瓜 9g，寻骨风 15g，木香 9g，水蛭 3g，虻虫 3g，䗪虫 3g，甘草 3g。服 8 剂。

外治：用熏洗药。

药物：生川乌 30g，生草乌 30g，白芷 15g，陈皮 15g，陈艾 10g，蚕沙 60g。煎水外用，熏洗患脚。

二诊：患者服上方 8 剂后，疼痛减轻，余症同前。仍守上方再进 10 剂。煎水外用，熏洗患脚。

三诊：服 10 剂后患肢疼痛及肿胀均明显减轻，下肢仍发凉，色紫稍退，余症同前。上方加血竭 3g 冲服，再进 10 剂。外用沃雪膏涂擦患处，以温经散寒保暖。

疗效：以当归四逆汤加味为基础方，随症加减，服药 3 个月时，患肢肿胀麻木及疼痛明显减轻，皮色转红，温度增高，右脚背趺阳脉微弱可及，左脚背趺阳脉可明显扪及。服药半年后，患肢肿消，麻木消失，仅微痛，患肢颜色、温度与常人无异，双下肢趺阳脉均可明显扪及，无不适。1975 年 5 月开始工作，1981 年随访未复发，随访一切正常。

【例 2】熊某，男，31 岁，初诊：1965 年 12 月 18 日。

1965 年 5 月左脚中趾发紫而黑，剧痛，发热化脓，6 月份切开排脓，溢出黑色血液，疼痛略减，最后形成干性坏死。同年 10 月右脚小趾长小疮而发黑剧痛，于是在某医院做下肢股 A 脉造影，结果为：双下肢血管栓塞性脉管炎。来院求治，素有抽烟习惯，无外伤史，右脚背趺阳脉消失，左脚背趺阳脉微弱。舌苔黄，质红，脉弦数。

诊断：脱疽（湿热型）。

辨证：寒邪入络，郁久血瘀化热。

治则：清热除湿，活血通络。

方剂：四妙勇安汤合当归四逆汤加减。

药物：忍冬藤 15g，土茯苓 30g，当归 15g，玄参 15g，大血藤 12g，赤芍 15g，地龙 9g，红花 9g，水蛭 3g，虻虫 3g，䗪虫 3g，牛膝 10g，黄芪 15g，蒲公英 30g，甘草 3g。服 8 剂。

外治：用盐水洗净患处，用海浮散、血竭粉各半，拌匀撒布疡面，外用紫草油纱敷盖。

二诊：服上方 8 剂后，左脚小趾疼痛减轻，色仍紫，右脚跗趾第一节干性坏死，用手术切除。守上方再进 8 剂。伤口仍用海浮散与血竭粉各半撒布疡面，外用紫草油纱盖贴。

三诊：上方进 16 剂后，双脚疼痛逐步减轻，脚上的紫黑色伤口逐渐转为暗红色，舌脉同前，守方黄芪加重至 30g，再进 8 剂。

四诊：上方随症加减服至 3 个月，脚疼痛明显减轻，左脚伤口已愈合。颜色转红，右脚伤口红肿消，仍守上方再进。外用海浮散与血竭粉各半撒布疡面，外盖紫草油纱。

疗效：上方去夏枯草、忍冬藤，加丹参等随症化裁，服至半年，右脚伤口愈合，双脚疼痛轻微，双脚皮肤颜色近于正常，脚仍发冷，右脚背趺阳脉可扪及，左脚背趺阳脉已明显可扪及。仍用当归四逆汤加水蛭、虻虫、䗪虫、威灵仙、地龙、红花、丹参、牛膝、玄参、黄芪。继续内服至10个月，双脚皮肤颜色正常，脚部温度恢复、疼痛消失，双脚背趺阳脉均可明显扪及而告痊愈，恢复工作，有时偶尔服药以巩固疗效。

按语： 脱疽一证，临床常见，且为危害青壮年的疾患之一，其病名最早见于《内经》。后世医著对本病的病因病机、临床表现和治疗论述较详，但是治疗效果则不十分理想。多年来，文老治疗脱疽患者数百例，积累了丰富的临床经验，对本病从理、法、方、药上都有独特的见解，辨证施治取得了一定的疗效。

脱疽一病，其痛异常，常以四肢末端为患，尤以下肢为多，多发于指（趾）端。本病初起患部皮肤红紫或苍白，患部疼痛，同时腓部胀痛，呈间歇性跛行，继之则皮肤颜色紫暗，疼痛更剧，再则皮肉黑腐而烂，指（趾）节脱落，黑晕浸延至何处，则腐烂至何处，直至指（趾）脱落，或掌关节、踝关节脱落，故名脱疽。其疼痛特点如泼汤火烧，痛连筋骨，可导致肉腐骨枯，虽用各种镇痛中西药，亦难止其痛。

本病的病因有五。

（1）素有风寒湿痹证，日久痹痛集中于四肢，气血运行不畅，逐渐形成脉络阻滞，或有下肢静脉曲张，日久气滞血瘀，而形成瘀血阻塞脉络，发为本病。

（2）冰霜季节，长期野外工作，手足僵冷，不慎被瓦、石、扦、刺等划破皮肤，寒气自伤口窜入，内外寒邪相结，使营卫失调，气血凝滞，则静脉冻凝而发本病。

（3）久居寒冷地带，手足僵冻，急于近火取暖；或在高温处工作，又急在寒冷水中浸泡；或阴寒之处久住，又迁高温之处；或久居高热地带，又移阴冷之处，这样暴冷暴热，冷热失调，使经脉阻滞而发本病。

（4）脾胃素虚，纳化水谷功能差，四肢百骸赖以营养之气血不足，日渐体虚，又兼情志不畅，肝郁气滞，使木克土，因此气血不足又兼气滞，则不能鼓动血脉流通，以致阳气不能布达四肢，四肢厥冷，再遇寒邪侵袭，则气滞血凝，造成筋脉闭塞而发本病。

（5）炎夏酷暑长途行走，突遇暴风雨而不避，使腠理闭，逼热毒于内，使气血瘀阻而致病，或素食辛辣厚味，或纵欲不节，使热毒郁于内，阴血暗耗，血分热极则阴伤血凝，气血运行不利，经脉因而阻滞故发本病。

总之，造成脱疽的原因甚多，就其病机来说，都是由于某种致病因素侵袭人体，致使机体气血营运不利，脉管阻塞，遂发本病。因此，掌握脱疽的主要矛盾，在治疗时应结合四诊，辨证施治，处方用药要处处针对主要矛盾，才能收到良好效果。

本病多见于男性青壮年，是一种常见病、多发病，影响患者的健康和工作，值得进行研究。本病初起，病邪在肌腠间，则症见皮肤冷，或麻木，或兼有疲倦感，继犯经络，则气血流通不畅，阴阳交通受阻，肤色紫红，腓肠肌酸痛不适，甚至痉挛，出现间歇性跛行，奇痛难忍，最后病邪深入筋骨，肤色黑如熟枣，肌肉腐烂脱落，筋断骨掉，一节节脱落，向近心端发展。

本病在临床上常有寒热之分，寒证多于热证，分两型来介绍。

寒湿型：患者畏寒喜暖，纳差，患肢冰冷如在冷水中，奇痛难忍。小便清长，大便稀溏，舌质胖嫩而淡，苔白，脉沉细或细弦。如有创面，则分泌物清稀，脓腐多白。

湿热型：患者常感头昏眼花，耳鸣，心烦易怒，口渴，潮热盗汗，遗精，患肢红肿，疼痛剧烈，溃后脓液黏稠，腐臭异常，小便黄，大便时稀时干，舌质红，苔黄腻或无苔，脉弦细或细数。

文老指出：脱疽患者诊脉时，除诊手部脉外，还应诊足背趺阳脉，足跟太溪、腘窝委中三部脉，因此三部脉的强弱与有无，可以决定病情的轻重与病变的部位范围。如病邪于经络渐趋于血脉，则趺阳脉微弱；若经络血脉皆阻滞，则趺阳脉多不可触及。如病变过膝，则趺阳、太溪、委中三部脉皆绝，亦有趺阳脉可触及，而太溪脉反不可得的情况，这是病位不同的表现，如趺阳脉不显，则是脱疽的主要诊断依据，因趺阳为阳明脉道，阳明多气多血，故阳明不明显，多为气血受阻。委中、太溪因部位高低不同，可以诊断血管所闭塞部位的高低。其诊法为：诊趺阳脉，因足背肌少皮薄脉浅，宜轻取，委中脉位于肌肉之中，故须重按方得。同时，文老在临床中发现，有不少脱疽患者，健侧手部脉弱于患肢手部脉，文老称为交叉脉象，随着病情好转，这种脉象也消失。此为脱疽一证独有，与经络循环部位有关，因为经络通连四肢百骸，外达体表，内连五脏六腑，循左营右，虽病在患侧，健侧亦有气血失调、营运不利的表现，故现交叉脉象，这是文老对脱疽一证的独特见解，在临床上颇有价值，值得进一步研究。

内治方面，寒湿型是因寒湿凝滞，气血瘀阻造成，治宜温通经络，活血化瘀，方用文老常用的加味当归四逆汤[35]治疗。

加味当归四逆汤（《伤寒论》方）加减：当归、桂枝、赤芍、红花、细辛、木通、水蛭、虻虫、䗪虫、地龙、牛膝、土茯苓、甘草。

方解：本方是当归四逆汤[56]全方加味而成，是治疗寒湿型脱疽的基础方。方中当归、桂枝、赤芍、细辛温经通血脉，调和营卫；红花、木通活血化瘀止痛；水蛭、虻虫、䗪虫、地龙化瘀通络，合用则对扩张血管有一定效果；牛膝引诸药下行；土茯苓除湿解毒，使邪从小便而出；甘草调和诸药，全方共奏温化寒湿、活血化瘀、通络止痛之功。现代研究显示，方中所用活血化瘀通络之品，有扩张血管的作用，可使肢端毛细血管充盈，故本方治疗脱疽疗效显著。临床加减：寒甚者加干姜、附子、制川乌以温阳散寒；湿甚者加萆薢、苍术以除湿化浊；风寒并重者加川乌、白附子（如阴虚有寒者加黑附子）；风温并重者加防风、防己、羌活、独活、石楠藤、寻骨风以祛风除湿；寒湿并重者加干姜、附子、川乌、萆薢、苍术；风寒湿并重者重用上方加蜈蚣、乌梢蛇或蕲蛇等；患部乌紫冷痛者合阳和汤[55]并用；因暴雨所致腠理闭塞者加麻黄以开提毛窍，得汗即止；肝郁气滞者加木香、佛手、乌药、香附、郁金以行气疏肝；素体湿热者易桂枝为桑枝；脾胃虚弱者加山药、神曲、鸡内金；静脉栓塞者加石凤丹、走马胎。

湿热型是因为湿热内郁，化火伤阴致血瘀或屡受风寒、阳气受损，气滞血涩，郁久化热，耗灼阴津，致瘀血阻塞血脉而发病，治以清热除湿解毒，养阴活大血藤络，方用四妙勇安汤[36]合顾步汤[37]加减治疗。

药物：忍冬藤、牛膝、石斛、玄参、黄芪、地龙、红花、水蛭、虻虫、䗪虫、土茯苓、当归。

方解：方中重用忍冬藤解毒；牛膝、石斛引药力直达病所；玄参、黄芪、当归皆补气血，使气血足，则通流周身，达到气通血活以散毒；再以地龙、红花、水蛭、虻虫、䗪虫化瘀通络；土茯苓以利湿，使湿热从小便解。临床加减：患者脉络见结节、红肿者，加丹参、郁金、夏枯草以清热化瘀散结；红肿灼痛甚者，加血竭 3g 以消红肿镇痛；下肢红斑疼痛类似雷诺氏病者，加石凤丹、走马胎以祛风除湿，活血散瘀；阴液大亏者重用玄参。

临床上以寒湿型与湿热型为多，除此之外，脾胃素虚又体弱之人，以四君子[38]合平胃散[39]加化瘀通络之品治之；阴虚而内热炽盛者以六味地黄丸[21]合紫雪丹[28]服之。总之，临床当四诊合参，辨证施治，而不拘泥于固定的方药。

外治方面，本病无论已溃未溃，患肢都应设法保暖，这是一个重要措施。如果保暖较差，虽吃药敷药，但疗效不明显。再者，患足禁止接触冷水，因遇寒冷血脉会更受阻塞，会加重病情。

初起患处搽沃雪膏[66]保暖通血脉，同时又可用生川乌、生草乌、陈皮、木香、白芷、火葱、蚕沙煎水外洗，以温寒除湿通络，内外兼治，加速病愈。

如创面已溃烂，切忌用升丹和汞类，因升丹、汞剂为至寒之品，用后溃疡久不愈合，宜以海浮散撒布患处，外敷玉红膏[63]（去轻粉），促使创面愈合，又可用黄连浓煎液纱布湿敷创面，以促使创面肉芽生长。如创面红肿、疼痛、黑腐多，可用血竭粉与海浮散各半撒布溃疡处，外敷油纱或盐纱围护疮口，此药上后可迅速消肿镇痛，通络活肌祛腐，疗效尚好。

7. 乳痈（3 例）

【例 1】陈某，女，28 岁，初诊：1963 年 1 月。

左乳红肿疼痛伴乳汁不通 3 天。产后 12 日，体壮乳丰又兼营养过优，使乳汁过多过浓，未及时排通而发红肿疼痛，灼热、头痛发热，恶寒，食不下，夜不眠，大便 3 日未解，舌苔干黄，质红，脉洪数。

诊断：乳痈（外吹乳痈）。

辨证：脾胃湿热上蒸，致使乳络痞塞不通化毒而成。

治则：疏肝通络，清热除湿，调和营卫为法。

方剂：瓜蒲通络汤加味。

药物：全瓜蒌 30g，丝瓜络 9g，鹿角霜 24g，浙贝母 12g，柴胡 9g，青皮 9g，乳香 9g，没药 9g，香附 9g，青木香 9g，大木通 9g，夏枯草 18g，蒲公英 30g，忍冬藤 30g，连翘 10g，冬瓜仁 30g，大黄 10g（另包兑服）。服 2 剂，日 1 剂。

外治：用金黄散外敷患处。用三角巾托起乳房，以减少移动从而降低痛苦。

二诊：4 日后患者来复诊，精神萎靡，发热，呻吟不休，痛苦难言，询问方知，前方仅服小半碗自觉无效，听说针灸神奇，遂去某院针灸，加服三黄解毒汤加石膏，重剂内服，1 剂后，疼痛加剧而反下利清水，饮食锐减。后又在他处服逍遥散，外敷冲和膏则病势日增，疼痛昼夜不安而复来诊。患处红肿而灼热硬，不可近手，舌苔干黄，质红，脉洪数。此乃苦寒过甚，气血凝滞而使诸症加剧，仍守前方加穿山甲，而重用木香、青皮以行气攻托，加怀山药 30g 以助胃气，连服 2 剂。外用金黄散敷贴患处，留顶。

三诊：2 剂后精神好转，腹泻已止，解燥便甚多，心烦已消失，烧退眠可，舌苔渐化，脉仍弦数，查其乳房已有一点变软，仍守上方，内服 2 剂。外用金黄散留顶围敷。

四诊：脓熟穿溃，流出脓液一碗多（约 500mL），神清气爽，欲食能眠，身凉脉静，苔薄白，唯口干，胃阴已伤，用益胃汤加黄芪、当归、蒲公英、牡丹皮内服。外用盐纱引流，五妙膏贴。

疗效：溃后外用三仙丹盐纱引流，脓腐尽，改用海浮散外盖五妙膏，溃后半月而愈。

【例 2】刘某，女，28 岁，初诊：1978 年 12 月 15 日。

右乳红肿疼痛 1 周。初产后 1 周出现右乳疼痛，因畏小儿吸乳之苦而拒哺乳，但又怕患乳痈而焦虑不安，疼痛日增，自服药物不效。查：右乳外侧红肿硬块，有灼热感，大约 10cm×10cm，触之疼痛，食减，眠少，大便不畅，微恶寒。舌苔薄黄，质红，脉弦数。

诊断：乳痈（外吹乳痈）。

辨证：肝气不舒，乳汁痞塞。

治则：疏肝通络，调和营卫。

方剂：瓜蒲通络汤加佛手，去穿山甲、浙贝母。

药物：全瓜蒌 30g，丝瓜络 9g，鹿角霜 24g，柴胡 9g，青皮 9g，乳香 9g，没药 9g，青木香 9g，木通 9g，夏枯草 30g，蒲公英 30g，佛手 15g，香附 9g。服 2 剂。

外治：敷金黄散。

二诊：2 剂后，疼痛大减，红肿范围缩小一半，乳汁已通，大便通畅，食眠均可，舌脉正常，仍守上方，再进2剂，外敷金黄散。

疗效：上方共进4剂后，红肿消失，诸症已愈，疗程1周而告痊愈。

【例3】郭某，女，21岁，初诊：1963年1月。

患者3月前左乳外侧患乳痈，溃后缠绵不愈。产后40天而就诊，全身无不适，伤口红活，无腐肉瘘管，只觉时有痒痛，疮口周围无硬结。患者自诉数月来历尽千方百法，初起用疏肝之逍遥散，次用清胎热之方，溃后又调和营卫等诸法均不愈。

诊断：乳痈溃后（内吹乳痈）。

辨证：胎热上犯，气血失和。

治则：大补气血，佐以解毒。

方剂：八珍汤加蒲公英、忍冬藤。2剂。

外治：用三仙丹、生肌散各半撒布疡面，用红油膏盖贴。

二诊：服上方2剂后伤口迅速收口近愈，余无不适。嘱其再进2剂。外用生肌散撒布疡面，红油膏盖贴。

三诊：患者述换药一次后伤口即愈，未再换药，特为苦恼数月之疾痊愈而致谢。此病速愈之因，产后气血调和，又兼大补气血之剂内服，使气血恢复，故逢其时而有其效也。说明内吹乳痈的治疗关键，在于辨证准确，掌握好时机则应手而效。

按语：乳痈是妇女常见疾患之一。古书对本病记载亦多，有的统称乳部疾患为乳痈，这是不对的。本文讨论乳痈，实际上包括了"乳发""乳痈""乳疽"，严格说来，这三者是有区别的。因为从病因病机、症状到治疗方法，都可以一并讨论，故以乳痈为代表，乳发实为乳痈中最厉害者。《医宗金鉴》对乳痈论述颇详："此证总由肝气郁结，胃热壅滞而成。男子生者稀少，女子生者颇多，俱生于乳房。红肿热痛者为痈，十四日脓成；若坚硬木痛者为疽，月余成脓。"又说："乳发发于乳房，焮赤肿痛，其势更大如痈，皮肉尽腐，由胃腑湿火相凝而成。治法急按乳痈：未形成者消之，已成形者托之……"从证候来判断，乳痈属阳证，乳疽属阴证，乳发则为阳证中最厉害者，此是三者不同之处。实际上，乳疽是乳房后位脓肿，因其位于乳腺组织之后，胸壁肌肉之前，故化脓持续月余，故治疗同乳痈。《医宗金鉴》云："坚硬木痛为疽，月余成脓……俱按痈疽肿疡、溃疡门。"

可见这里的乳疽是与一般疽证有不同之处的，它属于阳证，故与乳痈治法相同。

本病以初产妇为最多，占70%左右，其次以曾经患过乳痈、再产或三产重复感染者较多。一般而言，体质壮实、性情急躁或忧思郁结及嗜食辛辣厚味者，易得此病。从乳痈初起，化脓切开、愈合，治疗得当约需25天，治疗不当可延及数月。文老治疗本病时间短，愈后无后遗症及复发之虑。因本病发病原因甚多，并非完全是乳儿口鼻之气吹伤引起。

历代医书谈乳房疾患的病理学说，多认为乳房属阳明胃经，乳头属厥阴肝经。乳痈一证又分内吹、外吹两种，实则是产前、产后之别，总的说来其病因有六。

（1）过食肥甘厚味炙煿生冷、辛辣食物，使脾胃功能失调，湿热郁遏，乳汁排泄不畅而发本病。

（2）情志失调，忧郁或忿怒致厥阴之气不行，阳明之血热甚，复感外邪，发为本病。

（3）产妇乳汁过多或过浓，使乳汁排泄不畅，或宿乳未尽，致使乳络痞塞，又加失于调养，故发本病。

（4）乳头破损不洁，复感外邪侵入乳房，毒邪不得外泄，蕴郁化毒化火，始发本病。

（5）婴儿吮乳，啼哭而噎，或含乳熟睡，口鼻之气袭入乳房，与热乳凝结，阻塞乳络结肿而发本病。

（6）孕妇由于胎气过旺，或湿热蕴结，乳络热结发肿，始生本病。

以上所讲病因包括外吹、内吹，其他尚有男子、室女（青春期乳腺炎）、孀妇、老妇（月经闭止期乳腺炎）亦有患乳痈者，其病因归纳起来，亦不外胃火过旺、脾湿化燥，及暴怒、忧郁悲伤等因素。在婴儿亦偶见发生乳痈者，其病因为胎中伏热，外受寒邪，两邪相搏，气壅不散，结聚乳间而诱发本病。

乳痈一证变化甚速，痛苦大，欲治疗效佳，须辨证得当不失时机。现将文老临床辨乳痈顺逆难易之经验介绍于下。

初起乳房红肿，内有硬结，不是很痛，身微寒热，无口干头眩及筋骨酸疼现象，脉不疾、数、弦、紧，只见微浮，或微数不甚者，为顺证，可望消散。

经治疗三四天后，诸症减，硬块软散，为顺证，可不致化脓溃破。

经治疗三五天后，硬块不消，而红肿疼痛加剧，全身现头痛、身痛、口干、食少眠差，患部疼如针挑、鸡啄者，乃化脓之征，难以消散。

治疗1周，患部不痛不痒，肿消红退，但硬结不散反而坚硬，脉细弦或沉弦，为逆证。

初起一乳通肿，不痛不红，寒热心烦，呕吐不食者，为逆证。

已成脓，局部不热不红，坚硬如石，口干，胸痞食少，不眠者为逆证。

溃后肉色紫黑，疼痛连心，呃逆，消瘦日增，为危证。

若患部灼热发肿，疼痛点局限，为仅伤一囊膈，虽溃易愈；若乳房通红或肿至大半乳房，痛点宽，多伤数个囊膈，溃后愈慢。若一乳红肿2/3以上者，必侵及另一乳。患部在乳房下方，则排脓较易，愈合快；若患部在乳房上方，则排脓不畅，也易发生传囊；若患部在乳晕处，小则易愈，深而大者多伤数条乳络，难愈。若溃后脓稠，伤口红活易愈，脓清稀为气血虚，脓汁腐臭为湿热重。若溃后脓流不畅，反见憎寒、壮热，乳部红肿疼痛增加，为传囊之征。若溃后乳汁伴脓流出，乃乳络已伤，愈合较慢。以上是辨证中需要注意的。

乳痈的治法，文老概括为“疏肝通络，清消湿热，调和营卫”12个字，此为乳痈治疗之大法。故辛燥、苦寒之品皆不宜选用，而应当随其症状变化，分别采用消、清、攻、托、和、补诸法。

内治方面，分内吹与外吹两种进行治疗。根据文老经验，内吹乳痈多见于怀孕5个月以上的孕妇，初起乳房有结肿硬块，不红不肿，不痛不痒，易被忽略，待肿块长大，始觉微痛，患部亦开始红肿，甚则肿势散漫，乳头排泄清稀黏液，1周左右便疼痛加剧并化脓，全身症状也随之出现，如恶寒发热，饮食减少，不能安眠。在初起时易治，若溃后则不易收口，待分娩后气血恢复，方易生肌愈合。

初起以疏肝郁、清胎热、通乳络为法，方以文老经验方疏肝通络饮[40]治疗。

药物：全瓜蒌、丝瓜络、鹿角霜、浙贝母、青皮、青木香、香附、连翘、忍冬藤、夏枯草、蒲公英。

方解：内吹乳痈患者在孕期应避免攻伐及损伤胎气之品，故用药宜慎。本方重用全瓜蒌以疏肝散结，宽胸散痞，润燥通便；蒲公英清解血毒，消散气滞，凡湿热化生之痈疽疮疖均有特效，蒲公英入肝胃二经，古今言本品为治乳痈之要药；鹿角霜有消肿止痛之功，借其甘温之性，以正全瓜蒌、蒲公英之微寒。文老认为，鹿角霜能通督脉之气，借以通冲任之生化尤为适宜，配丝瓜络以调和营卫，疏通乳络；浙贝母开郁化结；青皮、木香行气散结；香附镇痛通经，消散痈疽；夏枯草泄肝胆之郁结，于散结中兼有和阳养阴之功，配金银花、连翘清热解毒、消肿。故全方共奏疏肝解郁、清热安胎、通乳络化肿块之功。临床加减：①有表证者，加荆芥、防风、大力子以解表；②胎热重者，加黄芩、橄榄以清胎火；③肝郁重者，加柴胡、郁金以疏肝解郁；④硬结甚者，加金铃子、枳壳以散结；⑤红肿甚者，加赤芍、牡丹皮以清血热；⑥痛甚者，加乳香、没药以和血行气镇痛；⑦胎动不安者，配合安胎之品。

外吹乳痈，除前面已述病因外，乳头凹陷或乳汁过多过浓也会导致本病的发生。初起可见乳房硬结成块，红肿疼痛，恶寒发热，饮食不思，坐卧不安，舌苔薄，脉浮数，治以疏通乳络、调和营卫、消肿散结为法，方以文老经验方瓜蒲通络汤[41]治疗。

药物：全瓜蒌、丝瓜络、鹿角霜、浙贝母、柴胡、青皮、夏枯草、乳香、没药、制香附、青木香、炒穿山甲、大木通、蒲公英。

方解：本方与疏肝通络饮大同小异，方中全瓜蒌疏肝解郁，宽胸散痞通络，配蒲公英消散气滞，清热解毒；鹿角霜推陈除积之功最强，故能止痛消肿，且具甘温之性，以正全瓜蒌、蒲公英之微寒；文老认为，鹿角霜能通督脉之气，故借以通冲任之生化；丝瓜络通乳，调和营卫，文老用丝瓜络治经络气血壅阻而不通者有良效；浙贝母宣气开郁，化痰散结；青皮、青木香行气散结；制香附镇痛消肿；乳香、没药行气活血止痛；夏枯草、柴胡疏利肝胆郁火，散结和阳养阴；炒穿山甲有通血破气下乳、行瘀消肿之功，通络力强；大木通通血络、疏乳络，利三焦水道，使毒邪从小便而解，凡湿热阻滞血脉及乳房痈肿疼痛者，皆可用之。全方共奏疏通乳络、调和营卫、内托消散、解毒利尿之功。临床加减：①有表邪者加荆芥、防风以疏解表邪；②便秘者加麻仁、蜂蜜以润肠通便；③热灼势成者加金银花、连翘以清热解毒；④硬结甚者加金铃子，并加重青皮、青木香剂量，以增强行气散结之功；⑤血结者加当归、川芎以祛瘀和营；⑥乳汁壅遏乳络者，加王不留行以通络下乳；⑦脓成未速溃者，加皂角刺以透托；⑧乳发者重用金银花、连翘，配龙胆草以清热解毒；⑨气滞者加防风、陈皮、白芷以通络理气；⑩气血虚弱致久不溃脓者，可与托里消毒散[57]（《医宗金鉴》）并用，有促其速溃、溃后腐肉易脱、新肉易生之效；⑪ 全身症状消失，患部不痛仅硬结不散者，宜疏肝通气散结，用复元通气汤[42]（《医宗金鉴》）数剂即愈；⑫ 在治疗期需要回乳的，可用回乳汤[43]（《外科大成》）；⑬ 愈后需继续哺乳者，可用下乳汤[44]（《外科大成》）。

以上是内治方药，文老特别指出，凡乳痈均忌用寒凉之剂及耗伤气血之品，因为苦寒药物有凝滞气血之弊，且有化燥、伤胃等副作用，而乳痈多数在产后，故耗伤气血之药均应避免使用。其他方面，凡大辛、大温之药物亦应慎用，常见用阳和汤之类以疗乳痈，致耗灼真阴，证转恶化，切勿用之！亦有仅靠逍遥散治乳痈者，用药片面，药轻病重，难以奏效，故文老告诫后学者，以上为应当注意的地方，诚为宝贵之经验。

外治方面，乳痈外治应随病程变化而异。

初起患部红肿者，用金黄散调蜂蜜水敷患处；若初起患部红灼不甚者，用冲和散、蜂蜜水调敷患处；若红肿甚或已有脓头，敷药均须留顶，因为祛邪的同时，尚需给邪留一出路，即使破溃面积也不大。

如在偏远少药的地方，可以用芙蓉花叶、野菊花叶捣烂，蜂蜜水调敷患处。同时可采用热敷及木梳背烤热轻刮等物理疗法。

若脓成熟时，则用刀针，切开引流应顺着囊膈以免造成损伤，切开后的前两天，以油纱条或盐纱条引流最好，待盐纱条换过两次后，方用盐纱拌三仙丹[74]少许，纳入疮内引流，以祛腐生肌。疮口小而深者用三仙丹捻条引流，外敷金黄膏；若脓少时可用九一丹[78]生肌，最后以生肌散收口；若胬肉不去者，以三仙丹兑金丝硇砂上二三次，胬肉去即停用；若疮口平塌不缩小者，可用海浮散撒布疮面。

若患部硬结不散，不分阴证、阳证，用陈香散[115]热熨数次即散。

文老指出，治疗乳痈必须内外配合治疗，疗效甚佳。因此，不能单靠内服方药，或专持刀针膏贴，这些都很难达到理想效果。

护理法：凡患乳痈，务须使乳头清洁，乳汁通畅。在患部有硬结处，可常用火葱白头煎水热敷，以促进消散；若乳汁不通，可配合吸奶器吸奶或大人吮吸，务使通畅；乳络阻滞不通者，宜早配合内服药治疗。化脓后患乳禁止哺乳，此时可回乳。敷药时切勿堵塞奶头，且贴药不宜太宽。患乳最好用乳罩或三角巾、毛巾之类将其托起，既可减少波动，又可减轻痛苦，同时可使脓液排泄通畅，注意不宜托得过紧，以防气血阻滞。乳痈初起至愈，切勿用冷水洗患部及冷敷，以免加重乳络不通的情况。服药期间，不可滥用止痛药品及异法偏方。精神调摄尤为重要，忌恼怒、忧思，保持心情愉快，多安静休息，愈后经常保持乳头清洁及乳汁通畅，以免复发。

禁忌：乳痈最忌情绪不安定，如恼怒、忧郁。饮食忌辛辣、生冷之物，醪糟及酒等尤应禁绝，凡姜、葱、辣椒、芫荽、雄鸡、鹅、兔、鲤鱼均不宜食。总之，饮食宜清淡为佳，如蛋、糖、鸡、猪类均可食用，又不宜控制太过，以免造成营养缺乏。凡乳痈将愈及初愈时，禁行房事，否则最易复发。

预防法：初产后，可用第二道淘米水烧开，待温后，用消毒过的柔软纱布擦洗乳头，边洗边挤，用力要轻，切忌擦破乳头，每次擦洗 10 分钟，用手挤出乳汁，若初产无乳汁者，不必强挤，连续洗擦数次即可。可使乳头变韧，不易破裂，又能通乳络。初产妇在怀孕后可将乳头轻轻揪提，防止乳头凹陷，亦可减少乳痈的发生。产后营养十分重要，如果过食肥甘厚味，滋生湿热，使乳汁过浓，可造成排泄不畅，容易造成乳络堵塞而诱发乳痈。另外，要保持乳头清洁，使乳汁通畅，不致有宿乳，空乳时勿令婴儿吮吸。哺乳要有定时，每日四到五次为宜，积乳应挤去，勿令婴儿吮吸睡眠。喂乳时先轻轻挤出乳汁，以保持乳络通畅。尤其重要的是，要舒畅情志，遇事乐观，这是预防乳痈发生的重要条件。

文老一再指出，治疗乳痈重在从“气”字着手，无论新久虚实，消托攻补，方中总以理气疏络之品为主，使其乳络疏通，气为血之帅，气行则血行，阴生阳长，气得以流通，血亦随之而生，则壅者易通，郁者易达，结者易散，坚者易软也。临证加减化裁，其效大显。文老治疗乳痈的观点，与清代著名医家徐灵胎的思想有异曲同工之妙。

类证鉴别：文老指出，乳疾在以前的书上统称为“乳痈”，但不可不辨，文老特指出以下乳疾应与乳痈鉴别，治疗亦异。①乳癖——乳腺小叶增生，其形如粟子，随情志变化而消长，不红不肿，是肝脾两经气血瘀滞而成。②乳疬——青春期乳腺炎，乳晕部形如瘰疬，推之移动，微有胀痛，《疮疡经验全书》云：“此疾女子十五六岁，经脉将行，或一月二次，或过月不行，致生此疾。”此为冲任不调所致。③乳漏——乳腺瘘，为乳痈溃后久不愈合，疮口深而小，形成瘘管。

或为乳痈溃时穿破乳络，乳汁伴脓液流出亦称乳漏。④乳核——结核性乳腺炎，徐灵胎批《外科正宗》云：“忧思过度，久发成痨，左乳结核如桃，徐曰，此名乳核。”高锦庭《疡科心得集》说：“有乳中结核，始不作痛，继遂隐隐疼痛，或身发寒热，渐渐成脓溃破者，此名乳痰。”⑤乳粟——乳腺纤维病，乳房硬结，形如椭圆，表面光滑，推之可动，乃情志病变，忧思过度，内伤肝脾，气滞血凝而成。⑥乳头风——乳头湿疹，乳头表皮剥脱。又名乳疳，乃乳头干燥破裂，痛如刀割，揩之出血，或流黄水，本病为肝脾湿热蕴结或婴儿咬破乳头所致。⑦乳岩——乳腺恶性肿瘤（癌）。由乳疽、乳粟失治而成，其证硬如磐石，初如棋子，渐窜皮肤，日久肿如复碗，痛引胸腹，顶透紫色光，皮层显现红丝，先腐后溃，污水时津，深如岩穴，冒血渗臭水，疼痛连心，疮口翻出状如泛莲形如翻花，故又称翻花乳岩。

以上所举数种乳疾，均为临床中常见病，需要一一鉴别。乳疾与肝脾二经关系最密切，所以针对此病因，常以疏肝健脾软坚散结为法组方，用加味消瘰丸合四逆散治之，随症加减，多奏良效。

8. 瘰疬（2例）

【例1】谢某，女，29岁，初诊：1976年2月。

左颈部长包块10多年。自诉小时候颈部即有包块，随情志变化而变大或缩小，曾有一处溃烂，经治疗数月而愈，胸部X片提示肺部无结核征。检查：左颈瘰疬（淋巴结核）数处，大者6cm×4cm，小者2cm×1.5cm，并有黄豆大的数枚，有二三个连在一起，质硬、可活动，有轻压痛，皮肤色不红，体质一般，舌苔薄，质红，脉弦。

诊断：瘰疬（淋巴结核）。

辨证：肝郁气滞，痰凝经络而结瘰疬。

治则：疏肝行气，消痰散结。

方剂：加味消瘰丸合逍遥散加减。

药物：柴胡、赤芍、白芍、当归、丹参、青皮、玄参、牡蛎、浙贝母、白芥子、木香、郁金、夏枯草、甘草、淡海藻、淡昆布。服8剂。

外治：冲和散外敷。

二诊：服上方8剂后，自诉颈部瘰疬缩小，大者5cm×4cm、小者

2cm×1cm，余症同前。仍以前方加葎草 30g，再进 8 剂。外敷冲和散。

三诊：服上方后，颈部瘰疬明显缩小，大者 4cm×3cm、小者 2cm×1cm，余症同前，唯经前心烦，易生气，仍守上方用栀子花 7 枚以清肝经气分热，再进 8 剂。外敷冲和散。

四诊：因与其夫口角不快，颈部瘰疬增大，大者 5cm×4cm、小者 2cm×1.5cm，仍守上方加香附，再进 8 剂。外敷冲和散。

疗效：随症加减，以加味消瘰丸合逍遥散加减而治愈，历时仅 3 月。本病是肝郁气滞而致痰凝经络，导致瘰疬的发生，因此，忧郁恼怒对本病影响最大，在治疗中尤应注意，嘱患者及家人均应注意配合，以达事半功倍之效。

【例 2】周某，女，20 岁，初诊：1964 年 4 月 18 日。

患者自诉颈部长瘰疬多年，伴左耳下溃烂 1 年多。数年前颈部有多处瘰疬，大小不等，常数个成串，大者如青果，小者如黄豆，约 20 粒，左耳下穿溃一处，已 1 年余不愈，伤口不痛，大小约 3cm×2cm，时流清稀水，脓少，疡面色暗，四周高，中心低。全身疲乏，精神差，形容消瘦，夜间有潮热汗出，纳差，面色无华，因求治心切，几易医治，初在治核专科之徐医生处诊治，外用三品一条枪取核，内服中九丸，花费甚多，而痛苦难奈，病势日重，多方打听而来我院求治，舌苔薄，质红，脉弦细。

诊断：瘰疬。

辨证：气郁痰凝，经脉受阻，溃后日久不愈，造成气血两伤。

治则：补益气血，疏肝行气，化痰散结。

方剂：当归补血汤合逍遥散加减。

药物：生黄芪、当归、沙参、柴胡、茯苓、白术、香附、白芥子、陈皮、夏枯草、甘草、山药。服 8 剂。

外治：用九一丹撒布疡面，紫草油纱盖贴。

二诊：服上方 8 剂后精神好转，纳食增加，余症同前，舌脉同上，仍守原方加玄参、生地黄以养阴清热除烦。再进 8 剂。

三诊：服上方 8 剂后，晚上潮热汗出明显减轻，疡面清水减少，疡面转红，无脓，仍宗上方再进 8 剂。外用九一丹撒布疡面，紫草油纱盖贴。

四诊：服上方 8 剂后，精神如常人，纳食每顿 3 ~ 4 两，晚上潮热汗出已消失，疡面红活，已缩小至5分币大小，舌脉如常。宗上方去生地黄、加丹参再进8剂。仍外用九一丹撒布疡面，紫草油纱盖贴。

疗效：上方8剂后，疡面已愈，一切如常人。唯颈部有淋巴结20粒不消散，舌脉如常，治以疏肝行气、软坚散结为法，方选逍遥散合消瘰丸加减。药物：柴胡、白术、茯苓、沙参、当归、玄参、牡蛎、郁金、夏枯草、丹参、白芥子、淡海藻、淡昆布、甘草。以此方为基础加减化裁，前后治疗3月而愈，随访至今仍健在，瘰疬未复发。

按语：瘰疬一证，即现代医学所称的淋巴结核，好发于颈部及耳后，以其累累如串珠，粒粒可数之形状而名瘰疬，俗称“九子烂羊”。本病临床常见，初起如豆大，皮色不变，无疼痛感觉，以后逐渐增大，溃后脓水清稀，脓夹有豆腐渣样物质，此愈彼溃，反复难愈，是顽固之证。瘰疬多发于青年及儿童，多在颈部出现，常三五枚连接，很少单独出现，故以其累累如串珠之特点命名，此病初起常无症状，常在无意中发现，皮下有活动性包块，多在颈项、腋下、腿胯等处，发现则数枚，大小不等，初起不痛或微痛，不红不肿，久则微红，日久溃破，不易收敛，此愈彼穿，故俗称为“九子烂羊”。反复溃穿会耗伤气血，以致形体消瘦，骨蒸潮热，又称“疮痨”。

本病病因有三。

（1）由于情志不畅，肝气郁结，久则化火于内，灼炼津液为痰，痰与火并升于上，结于颈项间，遂发本病。

（2）由于先有肺肾阴亏，而致水亏火旺，肾阴不能上输于肺，肺亦不能朝百脉，使津灼为痰，痰火凝，结于颈而发生。

（3）由于素体脾虚，脾虚生湿，湿聚成痰，又因为肝气不舒而诱发此病，或母患肺痨未愈而育子女，禀母体中痨毒，数岁而发。

本病多由情志不畅，肝气郁结，或肺肾阴亏，或脾湿生痰所致，故古书记载有瘰疬、筋疬、痰疬之别，实则是一，分而为三，故看古籍必须分析，不能囫囵吞枣。

本病初起则颈部结核如黄豆大或胡豆大，大小不等，常为一至数枚，多在无意中发现，皮肤颜色不变，按之比较坚实，推之能动，与皮肤亦无粘连，微痛或不痛，此时多无全身不适症状。但亦有少数患者一发现包块则与皮肤粘连，推之不动，须与其他颈部疾病鉴别。瘰疬不治疗则逐渐长大，并与皮肤粘连，或数枚结为一块，推之不移，皮肤颜色渐转红，渐渐发展为化脓穿溃，这时治疗会更加困难。因此，本病发现后，就应积极治疗，医者更应详问病史，仔细辨证，正确施治，以期早日治愈。

内治方面常以疏肝解郁、化痰散结为法，方以文老常用方加味消瘰丸[14]治之。原方消瘰丸[58]系《医学心悟》方，经加减化裁后用于临床，疗效颇佳。

加味消瘰丸（《医学心悟》方加味）：玄参、牡蛎、浙贝母、白芥子、淡海藻、淡昆布、木香、郁金、夏枯草、甘草。

原方中的药物仅有 3 味：玄参、牡蛎、贝母。本方治疗瘰疬，近年来亦有报道，方中贝母多用川贝母。临床上我们观察了多年，浙贝母较川贝母疗效佳，故文老习用浙贝母。方中加白芥子，可以增强化痰涎之功。化痰散结加用淡海藻、淡昆布、甘草。一般体质患者，甘草仅用 3g 即可，不必拘泥反恶之说，古人亦有验证，并非有毒，反大增其效，亦无副作用。体强者甘草剂量可加至 6 ~ 9g 时，其效力可增加数倍。用木香、郁金、夏枯草以理气疏肝解郁，全方共奏疏肝理气、化痰消肿散结之功效。临床加减如下：①血瘀者加桃仁、红花、地龙；②阴虚者加六味地黄丸同服；③血虚者加丹参；④体虚者重用黄芪、当归以大补气血；⑤气滞重者加重郁金、夏枯草剂量；⑥热重者加黄花地丁、紫花地丁；⑦若瘰疬患者属梅毒性（经抽血化验康氏反应阳性者），治疗时内服上方，加金银花、土茯苓、甘草。因为土茯苓是治疗梅毒的专药，须重用 30g 以上。此时甘草重用 9g，以增强土茯苓的解毒功效。这是文老治疗梅毒的经验，新中国成立前，梅毒患者甚多，治疗的主药就是土茯苓，若同时配合中九丸[122]内服，治疗梅毒可有较好疗效。

中九丸（古秘方）：白灵药、银翠各 18g，石青、金丹、蟾酥、麝香、珍珠、熊胆、朱砂各 9g，大枣 1000g（制法从略，见后附方）。

功效：软坚散结，解毒消肿止痛。

治疗瘰疬，文老一再指出：若专事攻伐，或一味补虚都是无益有害的。正确的治法是疏肝解郁，化痰散结。在此基础上，必须配合健脾，因为脾统血，主肌肉，健脾才能生化有源，才能更好地运行气血，增加机体抵抗力，故常用怀山药、鸡内金健脾。为什么这里不用白术来健脾呢？因为白术虽能健脾，但其壅滞，不能除湿，反而碍湿，故不用；各种人参也应慎用或不用，只宜用沙参润肺；玄参可重用，养肺肾之阴液；若患者脾虚胃弱，再加神曲以疏肝运脾而达增加食欲之效。

治疗瘰疬可配合小金丹[6]、消核片[125]（本院生产药品）、中九丸治疗效更佳。

消核片（秘方）：玄参、牡蛎粉、夏枯草、漏芦根、白花蛇舌草、半枝莲、淡昆布、淡海藻、郁金、木香、陈皮、乌药、甘草、白芥子、浙贝母、丹参等。

临证时以文老常以加味消瘰丸为基础方，详细辨证施治，灵活加减化裁，可奏良效。

外治方面，本病外治占有比较重要的地位，不可忽视，尤其是溃后外治法显得更为重要，内治与外治切不可分家，必须合治，才能增强疗效。

桐霜[69]（即白玉膏，经验方）

药物：生石灰水、桐油各等分（制法见后附方）。

功用：专治瘰疬。

适应证：不论瘰疬之新久，已溃未溃之症，都可外敷。未溃者敷之可促其消散；已溃者敷之拔毒外出，并促其伤口早愈。此药无刺激伤口疼痛之反应。

初起瘰疬偏阴者，可用冲和散与大葱头 5 枚，捣烂敷患处，以透阴和阳，祛寒软坚，活血止痛。

若已溃之后，脓不尽者，可用红升丹捻条或红升丹纱布条，插入疮口内，化腐提脓生肌。

若溃后久不愈合，已有绵管者，可用白降丹[76]少许，用捻条纳入管内，将绵管化掉，再换升丹捻条。

若溃后疮面浅表，可用海浮散撒布化腐提脓，生肌止痛。

文老认为，瘰疬一证，不论已溃未溃，均不宜手术切除，一则因颈部血管、神经、淋巴管丰富，而且手足之阳经也经过颈部，手术时易造成损伤，术后影响活动，且治疗亦不彻底，而用药物治疗则无此患。溃后久不收口，可用红升丹捻条插入疮内，外敷盖油膏纱布，每日 1 次，保证引流通畅，去尽脓毒腐肉而生新，配合桐霜敷疮口，促其早愈。若溃后久不愈合又合并梅毒者，则更离不开丹药（红升丹、白降丹）。疮肿硬小，用红升丹，若疮肿硬大，需用白降丹捻条插入疮内，或撒少许白降丹于疮面中心以去腐，通畅引流，将毒化为脓液引出，疮口亦不痛，每日 1 次，腐肉天天取之，以尽为度。切勿用力撕扯腐肉，恐伤及淋巴管，不但渗液不止，且毒邪随淋巴管越传越远，而留后患。

若患者疮口上三品一条枪[79]后则疮痛甚，立即止痛为先，以海浮散镇痛，仍同时上红升丹捻条于疮内，引流脓毒，才不会致疮口收笼，防止毒邪内闭走窜。

文老治疗瘰疬的秘诀，是早治促其早消、早愈，愈后不留硬结瘢痕及后遗症，关键是掌握好时机，辨证施治。在疮溃后将愈之时，要补其气血，调理肝脾，这样才能促其早愈。常用补中益气汤[29]（《脾胃论》）、归脾汤[46]（《济生方》）、逍遥散[45]（《和剂局方》）加减化裁收功。

将愈之时，外用千锤膏，不仅拔毒外出，促其愈合，并促进疮面气血调和，卫气固，营气从，故疮口愈合快而不留硬结和后遗症，这一治法是文老独到之处，实为宝贵经验，献出以供同道采用。

文老再三告诫，瘰疬一证，多生于颈项间，必须与颈部之颈痈、瘿瘤、失荣等证鉴别，切不可轻易刀切、针挑，不然必成坏证，是对患者不负责的作风。同时癌症日益增多，生于颈部亦有，故应仔细审形辨证，才能不贻误病情。

9. 头癣（1 例）

【例 1】杨某，女，24 岁，初诊：1965 年 12 月。

文老在岳池巡回医疗时，医治患者获效甚众，求治者无奇不有，有一小孩患秃疮，经文老治愈后，而其姐亦欲诊，但又因年轻，姑娘害怕别人笑话，遂请文老出诊，去山村诊治。其父告诉文老，此女年已过 20 岁，因秃疮而未出嫁，十分烦恼，为之操心，因弟病愈而存治愈之希望。诊视其女，头上结痂如鸡屎堆，时流黄水，奇臭难闻，奇痒难忍，发脱稀疏，问之已患疾数年，曾服药无效而未治。舌苔薄黄，质红，脉弦细。

诊断：肥疮。

辨证：湿热郁久，化生为虫。

治则：清热除湿，杀虫止痒。

方剂：除湿效灵汤加味。

药物：苦参、苍术、黄柏、薏苡仁、土茯苓、地肤子、白鲜皮、夏枯草、蒲公英、茵陈、丹参。8 剂。

外治：用淘花汤煎水洗头，去净痂壳，剪尽头发，然后再用淘花汤水洗净头部后，令其将秃疮散调清油涂擦头部，每日 1～2 次。

二诊：治疗半月，服药 8 剂而肥疮已基本痊愈，嘱其不必再服药，仅用秃疮散外搽以巩固疗效。

疗效：患者服药 8 剂，外搽秃疮散 1 月，达数年之久的顽疾得愈，患者及家属非常高兴。第 2 年春天，其父请文老出席其女婚礼，患者多年之疾得愈，又得成家之愿，众人无不为之高兴。此后，秃疮患者求治者甚多，外用秃疮散涂擦，内服药辨证施治，获愈甚众。

按语：头癣一病，好发于儿童。中医认为，头癣包括了中医学的"秃疮"和"肥疮"。此二证以学龄儿童尤多，男孩多于女孩，个别患者可在成年时发病。秃疮相当于西医的白癣，肥疮相当于西医的黄癣。

中医学对头癣认识很早，记载了不少的防治方法。《诸病源候论·妇人杂病诸候》说："头疮有虫，痂白而发秃落，谓之白秃。"《医宗金鉴·卷六十三》指出："秃疮……头生白痂，小者如豆，大者如钱，俗名钱癣……多生小儿头上，瘙痒难堪，却不疼痛。日久延漫成片，发焦脱落，即成秃疮，又名癞头疮，由胃经积热生风而成。"《外科启玄·卷之七》又指出："小儿头上多生肥黏疮，黄脓显暴，皆因油手抓头生之，亦是太阳风热所致，亦有剃刀所过。"以上引文，说明了秃疮与肥疮是怎样形成的，并具有传染性，指出由虫或由搔抓或由剃刀感触邪毒，而致病发生头癣。

由于秃疮与肥疮在临床上表现不一，治疗上有差异，故分别讨论。

（1）秃疮（又称白癣）

秃疮在临床上代表了白癣和黑癣，由于中医古代用目力观察，未将黑癣、白癣区别开，故统称为白秃，所以临证时，必须借助现代仪器检查，方不致误诊。

秃疮初起时，头部皮肤有丘疹，并复以白色鳞屑，头部痛痒甚，以后逐渐扩大蔓延，头发失去光泽，易脱落折断，参差不齐，病变部位干性，很少有脓水，边界清楚，有传染性。好发于儿童，成年后可自愈。

本病为风热郁久化虫而致，或因感触秃疮，患者理发用具而发。现代医学证明为霉菌致病，好发于儿童，是干性白色鳞屑，多系风热为患。

内治：以疏风清热，杀虫止痒为法，方选疏风活血汤[27]。

（2）肥疮（黄癣）

肥疮临床上多见，因其症状典型，故在临床上易于辨认。本病相当于西医的黄癣。

肥疮初起，头部毛根处起黄色小点，继之扩大增厚，破流脂水，结圆形厚痂，破坏毛根，奇痒。黄痂中心常有头发数根贯穿，黏着，不容易脱落，痛痒交加，抓破黄水流出，有鼠尿臭，痂上结痂，俗称“鸡屎堆”。痂壳日久脱落后，发根已坏，愈后难长新发，光秃成永久性脱发。传染性强，好发于儿童，成人亦有发者，到青春期可减轻，若不治疗，可终生不愈。

由于湿热郁久化生为虫而致，或感触肥疮患者的不洁理发工具而发。现代医学以查见霉菌为诊断依据，传染性很强。

本病湿热郁久而致，故黄水多痂壳高堆，有臭味，易于辨认。

内治：以清热除湿，解毒杀虫为法，方选除湿效灵汤。

除湿效灵汤（经验方）

药物：苦参、苍术、黄柏、薏苡仁、土茯苓、地肤子、白鲜皮、夏枯草、蒲公英、茵陈。

临床加减：脓水多者加木通、滑石；脓臭伴发热者加黄连、蚤休；病程日久者加红花、姜黄。

外治：剪尽头发，去掉疮壳，用淘花汤煎熏洗净后，再用秃疮散调清油涂擦。若脓水多者，用秃疮散加蛇黄散各半，调清油涂擦；脓水少后，用秃疮散调油涂搽。

值得注意的是，秃疮及肥疮均具有传染性，要注意隔离，生活用具和理发工具要消毒，头癣越早治疗越好。若日久不治，影响患者健康，同时奏效亦慢。

如果患者症状消失，仍须继续涂擦秃疮散，务使余毒尽，以免复发。外搽药可用 1 ~ 2 月，或更长时间为宜。

患者内服药以上两方为基础方，临证时变化较大，应随病情变化而辨证施治。

10. 臁疮（2 例）

【例 1】陈某，男，50 岁，初诊：1964 年 5 月 7 日。

左下肢胫前溃疡 3 年不愈。3 年前左小腿不慎外伤，伤口感染不愈，痒痛交作，脓水淋漓，奇臭，夏日蚊蝇追逐，不胜烦恼，致使疮口生蛆，多方治疗不愈，已丧失信心。后介绍来诊，左小腿踝关节上3cm处有一3cm×4cm大的溃疡，疮口起白沿，疡面四周色乌黑，痒烂，肌肉消失，脓水清稀，舌苔灰黄，质红而干，脉细弦。

诊断：臁疮。

辨证：湿热下注，营卫失调。

治则：清利湿热，调和营卫。

方剂：黄芪丸加减。

药物：生黄芪30g，当归15g，忍冬藤30g，地龙10g，红花9g，乌药9g，丹参15g，土茯苓15g，苍术9g，黄柏9g，牛膝9g，甘草3g。服8剂。

外治：用盐水冲洗疡面至净，将顽疡粉敷贴患处，每日1次。

二诊：上方服8剂后，疡面清水减少，疮口白沿如故，色仍乌黑，余症同前，守上方再进8剂。外用盐水洗净患处，再用顽疡粉敷贴患处，每日1次。

三诊：服上方8剂后，疡面清水少，疮口白沿已明显消失，疮口四周色乌，疮口已不痒痛，舌薄黄，质红，脉弦细。仍守上方，加重芪、当归、丹参的剂量。再进8剂。外用药不变，每日1次。

四诊：服上方16剂后，伤口转红，无脓，白沿消失，四周转为暗红，舌脉如常，内服仍守上方再进10剂。外用盐水洗净患处，疡面用海浮散撒布，外盖红油膏，两日一换。

疗效：前后共治疗2月而愈。内服以黄芪丸加减，疡面多用顽疡粉敷贴，疡面转红无脓，用海浮散撒布，外盖红油膏收功，愈后伤口有疤痕，色稍深。1977年随访疤痕未恢复。

【例2】刘某，男，42岁，初诊：1965年5月20日。

右下肢中段溃疡10年不愈。右下肢胫前中段溃烂10年不愈，伤口大小约5cm×5cm，伤口四周色乌，下肢肿胀，朝轻暮重，痛苦烦恼，但由于多方医治不效而放弃治疗，舌苔白，质淡，脉弦细。

诊断：臁疮。

辨证：湿热下注，瘀血阻滞，营卫不和。

治则：清热除湿，活血化瘀，调和营卫。

方药：由于患者地处山区，购药不便，煎服又费时，要求服中成药。用补中益气丸合三妙丸同服，每日 3 次，每次各服 6g，白开水送下。

外治：用生黄柏一大张，火上烤热，涂猪胰子，再烤透至干，研为细末，纸包露地上一宿以退火毒，备用。然后用盐开水将伤口冲洗干净，撒布药末于伤口，用干净布包扎伤口，每日一换。

疗效：患者服药半月后，肿胀感减轻，伤口颜色转暗红，伤口脓少，外用药同前，再服药 1 月后，伤口变红，肿胀明显减轻，伤口四周色转红，同样按原方服用外用药粉，共历时 50 余日而告愈，愈后活动不受影响。

按语：臁疮是农村常见的一种慢性而又难愈的疾患。生于下肢膝以下、踝以上、两胫内外，臁骨部位，故名臁疮，因其病情缠绵，经久难愈，甚者至死仍未愈，故俗称“老烂脚”，被视为顽固疾患。更因其溃烂之后，臭秽不堪，往往受人厌恶，故患者不仅肉体上忍受痛苦，而且精神负担沉重。

臁疮实是慢性溃疡，因患部皮薄肉少，溃烂之后，皮肉及经脉俱伤，日久不愈，湿热积聚，气滞血瘀，故为难疗之顽疾，而此病以农村常见，多影响劳动力，为解除农民痛苦，此病值得研究。

臁疮总由温热下注，阻遏经络，营卫不畅，瘀血凝滞而成。诱发本病之因有三。

（1）常多因久行久立，担负重物，局部气血运行不畅，复遇异物刺伤或昆虫咬伤染毒而发本病；

（2）下肢患湿疹久不愈合，溃烂后发为本病；

（3）下肢伴见青筋暴露（即下肢静脉曲张），且又因久站工作，易诱发本病。

臁疮分内臁和外臁两种。外臁生于臁骨外侧，为足之阳经所属，多因湿热下注积聚而成，早治易于见效，晚治则较困难；内臁生于臁骨内侧，为足之阴经所属，多由湿毒凝滞兼血分虚热而成，不论早晚，治之较困难，又因臁骨部位皮肤较薄，气血运行差，故不易显效收口，营运仍不通畅，每因外遇刺激破伤而致复发。本病初起，患部多先痒后痛，红肿成块成片，继则破溃，流出脓水，形成溃疡，久之四周皮肤乌黑僵硬，疮口下陷，形成缸口状，疮面肉色灰白或暗红，四周多起白沿，并流出黄水或黑绿水，臭秽难闻，夏季为蚊蝇追逐，患者不胜烦恼，疮口或痒或痛，或麻木不仁，小腿因营运不畅，湿热结聚，故呈晨消暮肿之候，甚者疮口越腐越深，腐肉脱尽，可见胫骨外露；更有甚者，疮口起菜花样，此为转至恶候，预后不佳。

内治方面，初起宜以益气除湿为法，方以黄芪丸[47]治之。日久不愈者宜和营益气通络除湿为法，方以加味三妙丸[48]治之。年久不愈者，多因肝肾阴亏，宜以养肝肾，除湿通络为法，以虎潜丸[49]（《丹溪心法》）长服。

臁疮的外治法也占有重要地位。初期，若红肿疼痛者，可以金黄散[83]及鲜蒲公英各半，捣烂加水调敷患处，共奏清热解毒、消肿止痛之功。如已溃烂，不分新久，用海浮散[86]3/4加乌贼骨粉末1/8，血竭粉1/8，合研匀撒布疮口，外以紫草油纱布盖贴疮口，每日1次，换药时先应以淡盐开水洗干净疮口。伤口忌用升丹，因患处皮薄肉少，用丹药可造成损筋伤骨，更不易治疗，反而加重病情。此外，臁疮治疗时间长，必须耐心，患者应与医者密切配合，不可半途而废。治疗后护理不当也易复发，因此，一方面应忌食发物，另一方面，应小心保护患部，疮口已愈，须以弹性护套保护，或用弹性绷带缠护，但不宜过紧，这样可以减少复发机会。

11. 烧伤（2例）

【例1】温某，男，23岁，初诊：1970年6月24日。

患者被开水烫伤数小时。数小时前患者在家烧开水一锅，不慎打翻，从双下肢大腿淋下，当时去掉外裤即速送来医院就诊。患者年轻体壮，表情痛苦，查看患部，双下肢大腿以下前内侧为重，后侧轻微，有大水疱14处，个别已破，疼痛难忍，估计面积为15%，浅Ⅱ度，神清，查体配合，舌苔薄，脉弦细。

诊断：烫伤。

辨证：意外沸水烫伤，火毒袭入。

治则：清热解毒，养阴除湿。

方剂：银翘导赤汤加味。

药物：金银花15g，竹叶9g，生地黄12g，木通12g，滑石9g，玄参12g，天花粉9g，蒲公英30g，甘草3g，山药15g。服4剂。

外治：用1‰新洁尔灭溶液将患处冲洗干净后，再消毒水疱部位，用消毒空针于水疱低位穿刺，抽尽水液，疱皮留着，保护伤口，防外邪侵入，用清凉膏涂擦，每小时1次。卧床休息，勿令走动，忌食酒、醪糟等生湿化热之品。

二诊：4 天后来诊，行走而来，视双下肢烫伤已基本愈合，少数开始脱皮，唯久站后疼痛不适，食、眠正常，舌脉正常，守上方加地龙 9g，红花 9g，以活血通络。再进 4 剂。仍外用清凉膏涂搽，2～3 小时 1 次。

疗效：患者前后共 8 天而愈，无感染，愈后脱皮处无疤痕，肤色如常，无任何不适。患者诉清凉膏消炎止痛力强，涂数次而痛大减，此药真可谓简便廉效也。

【例】何某，女，8 岁，初诊：1974 年 6 月 20 日。

右脚烫伤 7 天伴高热。7 天前去茶馆打开水，因跌倒后热水瓶破碎，从右大腿上段至踝关节上全部烫伤，大部分为浅Ⅱ度，少数为深Ⅱ度，估计面积为 10%，在当地剪去水疱，复以凡士林油纱，继之感染发热转来。患儿面色苍白，患处疼痛，高热 39.5℃，右下肢感染，有绿脓且臭，纳差，舌苔黄腻，质红，脉数。查血：白细胞：18.5×10^9/L，中性粒细胞：86%，单核细胞：2%，淋巴细胞：12%。

诊断：烫伤（伴败血证）。

辨证：热邪袭于肌表，化毒入营。

治则：清热除湿，和营解毒。

方剂：四妙散合当归补血汤加味。

药物：苍术、黄柏、薏苡仁、牛膝、黄芪、当归、金银花、夏枯草、黄连、谷芽、木通、牡丹皮。服 2 剂。同时加服紫雪丹，每次服 1/3 支，每日 3 次。

外治：用盐水洗净患处，再用 1‰新洁尔灭溶液消毒，感染处以海浮散撒布，盐纱新洁尔灭液湿敷，未感染处以紫草油纱敷盖。

二诊：患儿体温降为 37.5℃，纳稍增，伤口脓多，仍有绿脓。余症同前。舌苔黄微腻，质红少津，脉弦数。守上方加天花粉、山药，再进 2 剂。紫雪丹仍服。外用药：感染处仍以海浮散[86]撒布，盐纱新洁尔灭液湿敷，未感染处未换药。

三诊：体温正常，脓仍多而稠，绿脓少，少部分疡面红活。纳增，舌苔薄，质红，脉弦。守上方去苍术，加沙参，再进 4 剂。紫雪丹停用。外治脓多处仍以海浮散[86]撒布，盐纱新洁尔灭液湿敷，疡面红活少脓者，以海浮散[86]盖紫草油纱。

疗效：经内服中药和外用敷药，前后共25天而愈，愈后疤痕较多，脚不能伸直，嘱其用滚筒进行锻炼，再以桃红四物汤加薏苡仁、夏枯草长服，随访3年，疤痕软化，双脚大小、活动及各项功能均正常，无任何不适。

按语：烧伤是一种常见的外伤病证，包括汤烫、火伤，及一切因气体、液体、固体及化学物体所发生的高热而致的组织受伤等。烧伤轻证仅伤及肌表皮肤，严重的灼伤肌肉及筋脉，更甚者烧伤肌、骨及内脏，当即死亡。因此，烧伤为临床中危急证候，目前采用中西医结合治疗取得良好效果。

烧伤一证中医学记载颇多，如《医宗金鉴·外科心法要诀·汤火伤》说："此证系好肉暴伤，汤烫火烧，皮肤疼痛，外起燎疱。即将疱挑破，放出毒水，使毒轻也。其证虽属外因，然形势必分轻重。轻者施治应手而愈，重者防火毒热气攻里，令人烦躁，作呕，便秘，甚则神昏闷绝。"按其临床表现，分轻、中、重三种类型。结合现代医学划分，则更详细和全面。烧伤特征是：受伤轻重不同，受伤部位各异，预后显然是不同的。如Ⅰ度烧伤即轻证，只伤及皮肤表面，七窍未伤，局部因毛细血管扩张而皮肤潮红、微肿、略有疼痛，无须治疗，数天后症状消失，落一层皮，不留疤痕。Ⅱ度烧伤即中证，指伤及表皮深层或真皮表皮间，有大量的浆液渗出，形成大小水疱，肿胀疼痛剧烈，其疱基底红润，若基底苍白，则疱内有渗出物，全身不适，经及时治疗不致恶化，经治疗半月至1月后，多能痊愈。因表皮虽坏死，但汗腺、皮脂腺及毛囊未被破坏，所以皮肤仍有生长能力，只要没有感染，伤口就能自行愈合。Ⅲ度烧伤即重证，不仅皮肤损坏，皮下组织亦遭破坏，甚者肌肉筋骨皆致坏死，因高热夺去组织中水分，热毒窜入内脏，呈现全身危险证候，局部组织凝固而灰白，皮肤全被破坏，麻木疼痛，若热毒内攻或感染，则易伤阴，或阴伤及阳，内脏损坏，症见高热神昏谵语，甚至出现败血症，预后较差。即使愈合，因皮肤全层被破坏，多有大瘢痕。

根据中医学三因致病学说，烧伤属于不内外因的疾患，为意外伤害之一，是由于突然而来的高热刺激人体肌表，轻者并不影响人体内脏的改变；重者则热毒伤损人体阴分，使脏腑传变，并现热毒传犯内脏，甚者卫气营血受损，成为败血证候，故不论何种烧伤，当视局部病变，更当注意整体情况，结合舌、脉、症全面观察，采取整体措施。不但要抓紧时间治疗，更应防患于未然，对感染、高热、休克等并发症采取防治措施；Ⅱ度烧伤应照顾全面，加强内外治疗；Ⅲ度烧伤必须注意热毒内攻及预防感染，必须中西医结合治疗，采取紧急的有效措施，渡过休克及败血症关。因此，必须发挥中药内服治疗、手术切痂、抗生素，以及急救术的特长，才能收到良好效果。

治疗烧伤，应仔细观察灼伤的程度、部位和烧伤的面积大小，这在治疗Ⅱ度，尤其是Ⅲ度烧伤时是很重要的一步，也是第一步。计算烧伤面积，应以手掌法为宜。烧伤深浅以三度分法为标准。凡头面、背部、腹部及关节等处的烧伤较重，若烧伤神经、内脏及筋骨，预后多不良。尤其是大面积烧伤，应结合整体而论，当分伤阴、伤阴及阳；伤阴，或阴阳俱伤，及侵犯筋骨、内脏等。若从舌质、舌苔而论，质红苔薄为顺；若舌苔黄燥或舌质红苔少，或干燥，或舌质光红，均为重证。若以脉象而论，常以脉数、微数、弦数为顺；脉洪大有力为实热，脉数洪无力为虚热；脉弦甚为痛剧；脉数疾为病进；突现脉沉细小或洪大无伦，细数并见的均为危候。若寸口部位有伤者，则以趺阳为准，若四肢均有伤者，则以心跳次数为准计算。Ⅰ度烧伤而面积小者无须内治，Ⅱ、Ⅲ度烧伤应及时配合内治，以转危为安，缩短疗程。

内治方面，不论Ⅱ度、Ⅲ度烧伤，均以保存阴津、清热解毒为法，文老常用经验方生津解毒汤[50]治疗。

生津解毒汤（经验方）

药物：金银花、连翘、生地黄、牡丹皮、赤芍、水牛角、知母、玄参、石斛、郁金、夏枯草、黄芩、黄连、黄柏、怀山药、鸡内金。

方解：方中金银花、连翘、生地黄清热解毒；牡丹皮、赤芍清血分热，除火毒，加水牛角以代替价昂之犀角，增加其清热解毒泻火之功；知母、玄参、石斛生阴津，佐郁金、夏枯草行气活血，调和营卫，并防愈后发生瘢痕疙瘩。烧伤多实热，用黄芩泻上焦火，黄连泻中焦火，黄柏泻下焦火，佐山药固胃气，鸡内金健脾益胃并利小便，全方共奏清热解毒、养阴生津、调和营卫之功。此为烧伤初期通用方。临床上随症加减如下。

若热盛伤阴，症见发热、口渴，烦躁，舌红苔黄燥，或舌绛无苔，脉洪弦数或细数，加石膏、栀子以清实热，解烦利小便。

小便黄者加竹叶、滑石以清热利小便。

大便燥结，实证者加生大黄、芒硝泻下；虚证便秘用麻仁、郁李仁、蜂蜜汤剂润下。

脾胃虚弱者加沙参、炒白术、神曲，并加重鸡内金用量，以健胃助消化。

若症见损阴及阳，出现气促急怯，精神萎靡，怯冷嗜卧，肢体发颤，舌质淡薄，脉现迟涩，上方中去水牛角，加棉花根、红参以益气。

若热毒传心，症见烦躁不安，神昏谵语，憎寒壮热，舌绛红，苔黄粗糙起刺，小便不利或灼痛，脉洪数，加服紫雪丹[28]或安宫牛黄丸[51]。

若症见火毒传肝，则见痉挛动风，甚则头摇、目窜、直视或发黄疸，加钩藤、珍珠母以平肝息风；加栀子、茵陈、花斑竹根以清肝经湿热利胆。

若症见火毒传脾，则见胸腹胀满，便结，苔黄脉实者，加生大黄、枳实、厚朴；若便溏而臭，次数多，加金银花、山药。

若口舌糜烂，嗳腐呃逆者，可加藿香、佩兰，并加重石斛用量。

若呕血者加大蓟、小蓟、侧柏叶、藕节。

若便血者加地榆、槐花、炒刺猬皮。

若症见火毒传肺，见呼吸气粗喘促，鼻孔煽动，咳嗽痰稠，或见小便闭塞不通，舌苔黄糙，脉滑数，加鲜芦根、远志、杏仁、桑白皮，重者加石膏、知母。

若症见火毒传胃，见小便闭塞，或尿血，浮肿喘息，舌绛红少苔或无苔，脉沉涩数，加泽泻、车前草；气喘者加天冬、五味子、代赭石纳肾气。

若火毒内攻，影响内脏，症见败血症，全身感染，宜及时中西医结合抢救。中医抢救时用药宜养阴增液，用西洋参、玄参、生地黄、天冬、麦冬、石斛、天花粉、牡丹皮等药；若火毒未净，又兼气血两虚，应补养气血，可用八珍汤等。西医则发挥补液、抗感染、抗休克、切痂、植皮等方面的特长，这样可收到良好效果。

外治方面，凡是汤烫火伤，在Ⅰ度、Ⅱ度或Ⅲ度均可用5%黄连水洗涤伤口，或用1%生理盐水溶液洗涤伤口，务必洗净一切污物，使伤口保持清沽，搽清凉膏[73]或烫伤膏[67]数次，有水疱者不宜用剪刀绞破，以防毒邪乘虚而入，易致溃烂；若伤口溃烂化脓，宜用黄连水纱布或生理盐水浸纱布湿敷疡面；若脓净，溃疡面撒布海浮散[86]，外用烧伤油膏[68]覆盖至愈，每日1次。如农村缺药时，可用绿豆细末调鸭蛋清，敷溃疡部位，亦可愈合。

此外，如为严重烧伤，则须注意：烧伤局限在5%的面积内，较少发生并发症；若面积在10%以上，可发生虚脱；若烧伤面积在30%以上，则多危险。若Ⅲ度烧伤面积在20%，亦属于大面积烧伤，也要中西医结合治疗；烧伤面部，尤以口鼻烧伤危险大。因火毒直袭咽喉内脏，可迅速因呼吸窒息而死。在大面积烧伤时，可很快出现休克，因烧伤后剧烈疼痛，经脉痉挛，气血不能运行全身，故可在烧伤后很快出现休克。有继发性的休克，是因为烧伤后，伤口有大量的津液及血渗出，使阴血损伤太多，经脉中血液变浓，供应心脏的血液减少，由心脏排出的血量亦减少，故出现虚脱，严重时可致死。引起内脏缺氧后果严重，如肠胃缺氧，可产生呕吐，肾缺氧几小时后，可能造成永久破坏，患者因尿闭而死亡。因此，烧伤患者，要注意尿量情况，这是体内正气强弱的表现，必须仔细观察。在烧伤后抢救患者，必须中西医紧密结合，发挥各自长处，才能收到良好的效果。

12. 红斑狼疮（3例）

【例1】黄某，女，35岁，1969年11月28日初诊。

1969年6月，患者身疼，低热不退（38℃左右），伴四肢浮肿等症，在当地以风湿病治之不效，请假回母亲家治病，途中炎暑劳累，病势骤加，而以急诊入市某院住院治疗，血中查及“狼疮细胞”而诊断为系统性红斑狼疮。先用氯喹治之无效，乃加醋酸泼尼松片每日20mg，后增至每日60mg，症状得以改善，但患者畏激素之副作用而停药，病势加剧，下病危通知，其母接回家中，闻文老善治此疾，始求医治。

症状：患者卧床月余，消瘦面㿠白，神志尚清，面部蝶形红斑及肢体多处红斑，纳差浮肿，已停经3个月，头发焦枯，低热不退，舌质红，苔少，脉沉弱尤以两尺虚弱无力。小便常规：红细胞（+++），蛋白（+++），透明管型（+）。

诊断：系统性红斑性狼疮。

辨证：气阴两虚，病损心、肝、肾。

治则：益气养阴，滋养肝肾，佐以宁心安神，活血解毒。

方剂：首乌地黄汤加减。

药物：生地黄12g，砂仁3g（拌蒸），茯苓12g，大枣12g，泽泻9g，牡丹皮9g，山药30g，女贞子15g，墨旱莲15g，丹参12g，紫草9g，黄精15g，椒目

9g，秦艽 12g，龟甲胶 15g，鹿角胶 15g（蒸化兑服），甘草 3g。连服 6 剂。

二诊：服上方 6 剂后，诸症均有减轻，小便尚频，药已中病，仍守原方，加鸡内金末 15g 冲服。再进 8 剂。

三诊：已进 10 余剂，历时近 1 月，患者自行前来复诊，纳增，低热已退，余症已愈。舌质淡红，苔薄白，脉细弦。仍宗前法，用六味地黄汤加制首乌、丹参、鸡内金、二至丸。进 8 剂。

四诊：上方自服 30 余剂，神佳体轻，小便、血液化验均正常，月经已通，一切如常，欲返单位工作，以二参地黄丸嘱其长服，3 年内勿晒太阳，忌辛燥及生育 3 年。1976 年随访正常。

【例 2】徐某，女，39 岁，初诊：1977 年 5 月 13 日。

患者双下肢红斑肿痛 20 天伴发热。患者于 20 天前突发双下肢红斑、发热、口腔溃疡，以“急性下肢红斑”为诊断入院，经治疗后症状减轻，出院后 6 天复发，病情同前而较前严重。症见双下肢红斑，Ⅰ度水肿，腰痛，口及咽部溃疡，体温 39℃，省医院门诊诊为播散性红斑性狼疮，嘱中药治疗而入我院。血中未查及红斑狼疮细胞，血沉快，小便化验蛋白（+）。舌质红苔薄，脉细数。

诊断：播散性红斑性狼疮。

辨证：肝肾阴虚，气血瘀滞。

治则：滋养肝肾，行气活血。

方剂：首乌地黄汤加味（缺首乌，未用）。

药物：熟地黄 18g，大枣 12g，茯苓 12g，山药 15g，牡丹皮 9g，泽泻 9g，紫草 12g，丹参 12g，秦艽 15g，续断 18g，地骨皮 9g，怀牛膝 9g，珍珠母 30g，夏枯草 15g，赤芍 12g，甘草 3g。服 3 剂。

二诊：上方服 3 剂后，每天下午体温在 39℃以上，清晨降至正常，口咽痛减，身软乏力，鼻、牙龈出血，心烦，舌脉同前。此乃阴虚血热，守主方再进 3 剂。皮黏散吹口及咽部溃疡。

三诊：诸症减轻，体温 38 ~ 38.5℃之间，舌红苔薄，脉细数。仍守上方，加黄精 15g，椒目 6g，以扶正消肿。服 6 剂。

四诊：服上方 2 剂后，体温降至正常，口咽部已不痛，下肢红斑基本消失，舌红苔薄，脉弦细，仍以滋养肝肾、佐以清热为法，守上方去椒目、黄精，加二至丸、夏枯草。服 6 剂。

五诊：上方未服完，因发热而诊。患者因晒太阳后发热，体温 39.3℃，诸症较前加重，第 2 天未晒太阳，体温下降。患者自幼农村劳动，不信是太阳所致，复晒太阳而体温上升至 39℃，始信太阳对本病影响很大。前方继进不变。

六诊：诸症基本消失，体温正常，纳佳，唯腰痛，走路多时脚微肿，仍守上方，再进 6 剂。

数诊后病情稳定，守法守方，稍有加减出入。8 月 12 日出院，诸症消失，各种化验正常。拟滋养肝肾、健脾和胃以善其后，方用二参地黄汤加减。药物：丹参 12g，苏条参 30g，茯苓 12g，白术 9g，薏苡仁 18g，山药 15g，制首乌 30g，刺蒺藜 15g，女贞子 15g，墨旱莲 15g，扁豆 12g，葛根 15g，谷芽 15g，甘草 3g。

出院后常服二参地黄汤，1 年半以上仍健康，未复发，可以承担一般家务劳动及参加生产队的简单劳动。1980 年调入学院工作，迄今如常人。

【例 3】潘某，男，37 岁，1977 年 5 月 30 日初诊。

患者于 1972 年夏天发现左眉弓外端、鼻梁处有黄豆大小色红之皮疹，瘙痒，抓破后经久不愈。经当地医院确诊为“慢性盘状红斑性狼疮”。服氯喹、维生素 E 及外搽肤氢松软膏均无显效。1974 年年底自愈，1975 年 5 月右额及双耳垂发生同样皮疹，右颧部皮疹初为黄豆大小，以后迅速发展至 5 分币大小，瘙痒，膝关节疼痛乏力，在某医院仍诊为“慢性盘状红斑性狼疮”。

检查：身体消瘦，面色无华，左颧部有 5 分币大小圆形红斑，边缘整齐，清楚，红斑表面没有鳞屑，无明显压痛，右眉弓外端，鼻梁及双耳垂有表浅萎缩性色素减退性疤痕，舌苔黄，质红，脉沉细。

诊断：慢性盘状红斑性狼疮。

辨证：阴虚血热而致血瘀。

治则：养阴清热，佐以活血消斑。

方剂：首乌地黄汤加味。

药物：制首乌 30g，刺蒺藜 15g，熟地黄 18g，茯苓 12g，怀山药 12g，牡丹皮 12g，泽泻 9g，地肤子 15g，白鲜皮 30g，钩藤 12g，豨莶草 18g，紫草、丹参各 12g，玄参 15g，甘草 3g。服 8 剂。

二诊：服上方8剂后，右颧部红斑瘙痒感消失，膝疼身软乏力等症减轻，上方去地肤子、白鲜皮，加女贞子15g，墨旱莲15g，夏枯草15g。再进8剂。

三诊：患者自服上方20剂后复诊，关节疼痛及身软乏力消失，面部转荣，体力增进，坚持上班。仍守上方再进。

疗效：患者仍以首乌地黄汤加味而内服，随症加减化裁，前后共服药4个半月，从未中断过，面部红斑消失，仅遗留颧部表浅萎缩性疤痕，食欲良好，二便正常，并继续以二参地黄丸巩固疗效，观察至1978年3月未复发，一切如常人。

按语：近年来，临床诊治红斑性狼疮患者日渐增多。由于病因不明，西医认为红斑性狼疮是一种自体免疫性疾病或结缔组织疾病，苦于无满意药物治疗，始求中医诊治。文老根据西医诊断的红斑性狼疮而采用中医中药辨证施治，获得显著疗效，远近求其医治者甚多。

红斑性狼疮是西医病名，中医文献并无此病名，在古代医籍里亦缺乏本病的记载，因此借助西医诊断的病名而采用之。

红斑性狼疮一病，西医认为是属于胶原组织疾病范围，病因尚未明确，多见于16~40岁的女性患者。临床上分为盘状性与系统性两种，即分别为慢性盘状性、急性播散性。系统性红斑性狼疮易侵犯内脏，造成邪毒内陷，死亡率相当高，盘状性红斑性狼疮病情较轻，虽不致邪毒内陷，迅速恶化死亡，但多损坏面部皮肤并影响美观，在治疗不当或不利的条件下，盘状性亦可转化为系统性，仍可危及生命。同时，系统性红斑性狼疮在及时合理的治疗下，可逐步好转而转变成慢性盘状性。因此，系统性与盘状性这两者之间的变化是可以通过多种因素来改变的，使之朝着好的方面发展。红斑性狼疮一病，因病情复杂，系统性患者病情严重，可危及生命。目前尚缺乏理想的治疗方法，唯用激素药物治之，可暂时稳定病情，缓解部分症状，但是激素药物治疗副作用太大，致使一病未愈他病又生。同时，服用激素期间，中药效力不高；如果服用激素时间太长，可造成肾之阴阳更虚，一旦停药，诸症复生，变本加厉。因此，激素药物只宜在病情重时短暂服用，症状稳定即可逐渐停药，一般未用激素的患者疗效最显著，所以服用激素时应严格把握。

盘状性狼疮与系统性狼疮各有其不同的表现形式和特殊症状，因此分别叙述其特征。

盘状性红斑性狼疮，多发生于面部，两颧及鼻部色素沉着，有皮肤损害呈持久性红斑，表面皮肤晚期多萎缩，有紧密的鳞屑黏着，毛孔扩张，毛囊内含角质栓塞。初起无任何自觉症状，仅有一片或数片红斑，小有瘙痒，在面部起于鼻端或两颊，然后逐渐扩张成蝴蝶形，逐渐窜及头部，使头发枯焦脱落，成为“狼疮发”。本病常在劳累及晒太阳后加重或病情迅速恶化，局部皮损多年不愈或用药不当可导致“鳞状细胞癌”。

系统性红斑性狼疮是一种全身性疾患，邪毒可以迅速侵犯人体五脏六腑，严重者很快导致死亡。体表症状除少数患者由盘状性发展而来外，大多数患者无皮肤疾患。红斑常发于颜面部四肢及指、趾等摩擦部位，先由红斑而致皮损呈鳞屑，气血瘀滞而成紫斑，面部及肢端浮肿，口腔黏膜溃疡。全身症状出现不规则发热（在37～39℃之间），体温甚至在40～41℃持续不退，症见酸软乏力，纳差，心烦易怒，表浅淋巴结肿大，肝脾明显肿大，白细胞减少，小便常有小量蛋白及红细胞，症情严重时常伴发肋膜炎，或渗出性胸膜炎、心肌炎、心包炎、肾炎、腹膜炎，晚期常出现尿毒症、肺脓肿及严重感染，可造成迅速死亡。精神狂躁及肾功衰竭是本病死亡的常见因素，有少数患者血管被瘀血阻塞而发生肢端坏死，类似“脉管炎”的临床表现，不可不辨。

文老认为，肾虚是本病发生的主要原因，尤以阴虚常见，说明本病的发生与肾关系密切。若先天不足，肾精亏损，或七情内伤而致阴阳不调，气血失和导致五脏六腑受损，此为内因。日光照射、昆虫咬螫、紫外线照射、妊娠期、月经期及过度劳累等为诱发之外因。结合病情，肾与本病关系密切，因肾为先天之本，藏五脏六腑之精，五脏六腑之精有余，则存储于肾，衰竭时则有赖于肾之供应，说明肾是主一身阴阳消长和调节机能障碍的。肾虚则常影响冲任失调，冲任失调又会引起内分泌紊乱。肾又分肾阴、肾阳，阴指机体津液精血等物质，阳指功能及精神等气机，故肾虚又分肾阴虚与肾阳虚，或阴阳两虚。阴虚者则精血亏损，阳虚者则机能衰竭，二者可相互转化，因“阴阳互根”“阴消阳长”及“阴损及阳”，或导致阴阳两虚。又因“肾为先天之本”“肝肾同源”“心肾相交”“肺生肾水”“水涵肝木”，故肾虚时五脏六腑皆不足，故患红斑性狼疮时，邪毒易侵犯各脏。因此，中医理论与红斑性狼疮发病时易侵犯内脏各器官病变之理相吻合。血属阴，气属阳，阴阳不调，则血流不畅，故易造成气血失运而致经络阻滞，形成脉管滞涩，如复遇日光照射及过劳则发生红斑。狼疮细胞在气血不畅、正气不旺的条件下极易发生进展，又因久病失养，耗伤气阴，致使虚火内生、内燥出现。因此，肾阴虚损、热毒内炽是导致本病的主要原因。因水亏火旺，腠理不密，再加日光暴晒，外邪侵袭，内外之邪相互搏结，或情志不舒，或过度疲劳即可诱发本病。

本病是肾阴虚在前，因肾阴虚而化生内热，故常见阴虚内热证；再则阴损及阳，邪毒内陷，出现虚实夹杂的症状。治疗当抓住主要矛盾，以养阴清热着手，然后按其并发症，适当予以全面照顾。

盘状性：病程慢，一般无全身症状，仅面部呈蝶形红斑，斑中心萎缩成凹陷，局部有毛孔扩张，附以黏着性鳞屑，唇黏膜糜烂或肤表溃疡面均为灰白色，舌质红，脉象虚数或细数。

系统性：常有不规则发热，周身不适，四肢乏力，面部有蝶形红斑或四肢红斑，全身略带水肿，肢端则为出血性，邪毒内陷常侵犯心、肝、脾、肺、肾各脏，出现心肌损害、肺炎、肾炎、肝脾肿大、血管阻塞及精神变态，发枯脱落，耳鸣，五心烦热，便结，溺赤，女性常伴月经不调，舌质红，有刺或裂纹，脉象细数，或沉细无力或沉弦。化验检查异常，并可见红斑狼疮细胞。

内治方面（盘状性与系统性病因病机一致，故合并讨论），本病以养阴解毒为主，佐以宁心安神、平肝健脾、保肺为法。常用首乌地黄汤[52]为基础方治之。

首乌地黄汤（经验方）

药物：制首乌、刺蒺藜、熟地黄、怀山药、山茱萸、牡丹皮、泽泻、茯苓、丹参、紫草、地骨皮、秦艽、夏枯草、白鲜皮、炒酸枣仁、钩藤、豨莶草。

方解：方中制首乌补益肝肾之阴、乌须黑发、养血敛精，刺蒺藜疏风平肝，祛风行血，合制首乌以增养肝肾之功；熟地黄、山药、牡丹皮、山茱萸、泽泻、茯苓为六味地黄丸，是滋阴补肾的主方，补而不腻，临床加减运用，对肾炎、肾盂肾炎、尿路感染、高血压、肺结核及更年期综合征（肾阴亏损、肝肾不足诸证及相火旺盛、虚火上炎诸证）均有良好效果；丹参祛瘀活血补血、安神定志，现代药理研究可治疗肝脾肿大，且凉而不燥，消瘀活血而不猛，更清血中之热，故对红斑消除有一定效果，再佐紫草清血分之热，对消除红斑和控制感染更为有效；地骨皮、秦艽退骨蒸潮热，止盗汗，再合牡丹皮清血热除低热；夏枯草清肝散郁降压；白鲜皮祛风清热利湿解毒，凡皮肤赤肿、关节疼痛，用之效佳；炒酸枣仁补肝益胆，宁心安神，治虚烦不眠；钩藤平肝清热，亦治风火上窜之头晕痛，豨莶草平肝阳祛风除湿，治风湿疼痛，二者合用既可治风湿痹痛，又可养肝肾之阴，抑制血压上升。全方重点突出、照顾全面，且寓防于治，所以为红斑性狼疮内治的基础方。人体处于变化之中，不可拘泥方药，应随病情变化而灵活加减化裁，方不失辨证施治之大法，现将临床加减各药列于后，以供选择（所列药物供适当选择，不必全用）。

增强养阴：女贞子、墨旱莲、龟甲、枸杞子、菟丝子、桑寄生、西洋参、玉竹、石斛。

阴损及阳：厚附子、肉桂、巴戟天、鹿角胶、仙灵脾、仙茅、补骨脂、锁阳、龙眼肉。

增补气血：黄芪、党参、人参、沙参、苏条参、黄精、阿胶、当归。

益脾助胃：白术、茯苓、鸡内金、怀山药、沙参、砂仁、谷芽。

高热重者：水牛角（代犀角）刮为细末，10g 冲服，或选用犀黄丸、紫雪丹、至宝丹和安宫牛黄丸等。

虚热重者：石斛、桑白皮、玄参、鳖甲、知母、焦黄柏、天冬、麦冬、板蓝根、石膏、大青叶、连翘、青蒿、白薇。

出盗汗者；龙骨、浮小麦、地骨皮、牡蛎、麻黄根。

四肢关节酸痛或一身疼痛者：威灵仙、续断、秦艽、桑寄生、寻骨风、杜仲、牛膝、乌梢蛇、木通、石楠藤、老鹳草。

血瘀滞者：重用丹参，选加红花、地龙、血木通、牛膝、当归、细辛、赤芍。

浮肿者：茯苓皮、五加皮、海桐皮、大腹皮、桑白皮、车前草；

心悸者：重用炒酸枣仁，选加远志、茯神、柏子仁、阿胶、百合、炙甘草。

心阳虚者：肉桂、附子、干姜、炙甘草。

肝虚者：当归、白芍、大枣、鸡血藤。

肝阳亢者：龙骨、牡蛎、珍珠母，磁石、生代赭石。

脾虚者：沙参、白术、茯苓、扁豆、芡实、甘草。

肺虚者：百合、川贝母、党参、黄芪、玉竹、黄精、沙参。

口舌糜烂者：宜用煅人中白3g，青黛3g，冰片0.3g，硼砂3g，共研极细末，撒布患处。另以金银花15g，连翘10g，淡竹叶12g，玄参30g，麦冬12g，车前草20g，生地黄15g，木通10g，六一散20g，煎汤频频服食之。

若妇女月经不调者：用《傅青主女科》中（定经汤）[53]服之。

若出现肾炎、肝炎、肺炎、心肌炎、脉管炎、尿毒症等疾病，应当分清轻重缓急，遵循标本兼顾的原则来立方选药，必须始终抓住“阴虚”这个根本，遵守“治病必求其本”这一大法，同时还应兼顾“热毒”“瘀滞”的变化，治疗大法不外乎“养阴、清热、活血”6个字。治疗本病，医生与患者要密切配合，患者要遵守医嘱，同时要以顽强的毅力与疾病作斗争，树立必胜的信心（即红斑狼疮是可以治愈的），思想愉快，这对本病的治疗至关重要。往往严重的患者，经过恰当的治疗后，逐步转为慢性，向好的方面转化；如果对本病认识不足，精神负担过重，即使治疗得当，也常常影响疗效，甚至导致病情迅速恶化。又因本病属虚证，非短时期内可以痊愈，因此要树立持久治疗而必胜的信念，不能相信奇方异法，以免延误时机、加重病情。

外治方面，本病皮损处只宜搽润肤油膏，如皮黏散[81]调红油膏外搽，或可的松软膏、鸡蛋黄油均可，不能用刺激性药物外搽，因长期刺激有恶变之虑。

皮黏散（经验方）

药物：炉甘石60g，朱砂6g，琥珀3g，硼砂4.5g，黄连15g，熊胆1.2g，冰片0.6g，麝香0.9g。

制法：炉甘石火上烧红，用黄连煎水焠7次，阴干后研细水飞，余药共研极细末，与炉甘石细末研匀，装并密封备用。

功效：消炎止痛，生肌敛口。

适应证：凡皮肤、黏膜等处溃疡，如口腔、眼结膜、肛门、前阴均可撒布或油调外敷。

用法：将伤口洗净，药粉撒布疡面，膏药敷贴。若溃疡系口腔或会阴处，则只需撒布药粉，不必敷盖油膏。

红油膏（经验方）

药物：当归60g，白芷30g，紫草30g，轻粉12g，血竭30g，无名异30g，甘草30g，白蜡30g，清油500g。

制法：将当归、白芷、紫草、无名异、甘草入油内浸泡 3 日后，放铁锅内，文火慢慢熬枯，滤去药渣，复将油入锅内熬滚，入血竭化尽，后下白蜡微化，倾入盅内，搅匀备用。

轻粉可以不用，若要轻粉，可将紫草后下，以免影响颜色及效力。

功效：生肌敛口。

适应证：一切溃疡脓尽后均可使用，若经久不愈之伤口，用之尤效。

用法：伤口洗净，撒布药粉，复将膏摊纱布上盖贴。

综上所述，红斑性狼疮一病，现代医学认为是胶原组织病变，中医认为是肾虚，阴血不足，虚热内生而致营运不利造成诸症迭生。因此，治疗本病应针对病因，防其邪毒内陷传变，以养阴、清热、活血为法，全面照顾，用首乌地黄汤[52]为基础方治之。近有医者不知本病之病因，概以癌病治之，妄投攻伐之品、犯虚虚实实之戒，而患者危矣，此医者之大谬也。

本病愈后或将愈之时，护理很重要，应避免日光暴晒及近高温作业，适当休息。重症时应绝对卧床休息，如病轻时可起床进行适当活动，以增进机体抵抗力。饮食应加强营养，忌辛燥食品及发物，更忌生冷及房事。不论何型，均宜长期服用养阴清热、活血解毒之药物，常用二参地黄汤（丸）[10]以善其后。

二参地黄汤（或二参地黄丸，经验方）

药物：沙参、丹参、地黄、泽泻、茯苓、山药、大枣、女贞子、墨旱莲、枸杞子、菊花、酸枣仁、牛膝、补骨脂、续断、菟丝子、桑椹、钩藤、豨莶草。

制法：作汤剂时煎服。若作丸剂，上药共研为细末，用龟甲胶、鹿角胶各 30g 溶化，与炼好的蜂蜜搅匀，入药末，作丸，每丸重 9g，以朱砂、琥珀穿衣，干后备用。

功效：滋养肝肾，活血解毒。

适应证：红斑性狼疮善后服用。

用法：每次 1 丸，每日 3 次，白开水下。

附：系统性红斑性狼疮诊断要点

中医学对本病缺乏研究，因此在诊断上多借助于西医的诊断方法，为了提高对本病的认识和警惕，故将其诊断要点概述于下。

1. 全身症状

由于全身幅度广，差异大，在临床上又分急性、亚急性和缓解期，病变累及不同内脏，故症状亦异，现将共同之处列出：

（1）发热（高、低热不等），虚弱无力，消瘦，盗汗，脱发，色素沉着，月经失调，全身淋巴结肿大等；

（2）滑膜或浆膜受累，可出现关节炎、胸膜炎、心包炎等病症：

（3）心脏受累，可出现心肌炎症状，甚至心力衰竭，四肢血管受累，可致指（趾）端坏死，造血系统受累，可致造血功能障碍；

（4）肾脏受累，发生急性肾炎，小便有蛋白、管型，甚至血尿，高血压、肾性水肿，反复发作，可导致肾功能衰竭；

（5）消化系统受累，可致消化不良、恶心呕吐、腹泻，以致肠梗阻、肠穿孔等，常有肝脾肿大；

（6）神经系统受累，可出现抽搐、偏瘫、癫痫、周围神经炎、精神病等，还可能出现视神经乳头水肿、视网膜出血渗出等病症。

2. 皮肤症状

有一部分急性病例没有皮肤症状。

（1）皮疹好发部位：典型患者面部鼻颊两侧呈蝶形分布，其次如指（趾）的末端，手足易受压力及摩擦部位易发生；

（2）皮疹特点：常较慢性盘状红斑性狼疮多而广泛对称；

（3）皮疹为多形性和多变性，典型的为水肿性红斑或紫斑，其他尚有出血性结节性红斑样皮疹以及风疹团等；

（4）口腔受累，表现为出血性小点或黏膜溃烂。

3. 实验室检查

（1）血常规：红细胞、白细胞和血小板均减少；

（2）红细胞沉降率增快；

（3）血清球蛋白增高，白蛋白与球蛋白之比倒置；

（4）尿常规：出现蛋白、红细胞及管型；

（5）血液及骨髓涂片检查可找到红斑狼疮细胞，为确诊本病的重要依据，急性患者阳性率增高。

播散性红斑性狼疮近年来发病增多，是一个原因不明的临床症候群，表现为多系统病变，在临床上表现为极端多形性，大多数病例缺乏绝对特征性的临床或解剖表现，以及没有可证实的病原学，使播散性红斑狼疮的诊断产生困难，最困难的是某些病例没有任何特殊实验室表现，免疫荧光法测定抗核抗体亦为阴性。由于存在这些困难，美国风湿病协会列出了播散性红斑狼疮中最常见的 14 项指标，作为该病的诊断标准。

播散性红斑狼疮的诊断标准（摘要）：

（1）面部蝶形红斑；

（2）慢性皮肤红斑狼疮（盘状）；

（3）肢端动脉症候群；

（4）脱发；

（5）光敏感；

（6）口腔或鼻腔溃疡；

（7）非畸形性关节炎；

（8）红斑狼疮细胞或抗非变性 DNA 抗体；

（9）持续性梅毒血清试验假阳性；

（10）大量蛋白尿（每日大于 3.5g）；

（11）管型尿（不论什么管型）；

（12）胸膜炎或心包炎；

（13）发作性精神病或癫痫；

（14）溶血性贫血或血小板减少低于 10 万 /mm^3，或白细胞减少低于 4000/mm^3 两次。

至少有以上 4 项指标方能确定诊断。

上海第一医学院皮肤病学教研组在 1978 年 2 月的《专题汇编》中，对红斑性狼疮的诊断标准如下："典型的皮损，LE 细胞阳性，抗核因子滴度 1 ∶ 80 以上伴补体减少，三者为诊断 SLE 的主症，三者中具备两个即能确诊，如只有一个主症，需附加 2 个以上的辅症（发热、关节炎等），亦能确立诊断。"现在应当以最新的标准来诊断疾病，上面的资料是保留了历史的记录。

13. 直肠溃疡（2 例）

【例 1】尹某，男，40 岁，初诊：1963 年 4 月 8 日。

患者自诉腹痛腹泻脓血便已 3 个多月，经多方治疗不效。曾在其他医院诊断为痢疾，服过不少药，效果不明显，又在某院疑为肠癌，患者纳食日减，消瘦、腹泻，每日 3 ~ 4 次，糊状便而有脓血。腹痛，解便不尽，腹内有灼热感，口干不欲饮。因疑患癌在我院检查，乙状结肠镜检查结果证实为直肠溃疡，溃疡面糜烂有出血，舌苔薄白，质红，脉弦滑。

诊断：直肠溃疡。

辨证：下焦湿热，郁久化腐。

治则：清利湿热，排脓解毒。

方剂：金银花红藤败酱散加味。

药物：忍冬藤、茶叶、槐花、地榆、木香、枳壳、乌药、厚朴、冬瓜仁、薏苡仁、山药、红藤、败酱草、无花果、乌贼骨（打碎）。服 8 剂。

二诊：服上方 8 剂后，腹痛大减，脓血减少，腹泻次数及余症同前，仍宗前方加止痛排脓之白芷 15g。仍服 8 剂。

三诊：服上方 8 剂后，腹痛减，腹泻，日 2 次，脓血很少，饮食增加，腹内灼热感已明显减轻，余症均减，舌脉同前。仍宗前方继续服用。

疗效：患者前后共诊 7 次，历时 1 月半而获痊愈。痊愈时一切症状消失，饮食如常，大便每日 1 次，软便成形，化验检查正常，精神好转，诸症较治疗前明显好转，乙状结肠镜复查未见溃疡，亦未发现局部肠黏膜有充血糜烂征象。

【例 2】郭某，男，26 岁，初诊：1964 年 10 月 3 日。

腹泻伴脓血便已 1 年余。患者自诉曾在 1 年前患痢疾，因未彻底治疗而迁延至今。目前患者腹痛、腹泻，稀便有黏液，时有脓血，有下坠感，每日大便 2 ~ 3 次，纳差消瘦，偶尔有便秘，大便 2 ~ 3 日 1 次，曾用西药治疗，效果不明显，在本市某医院做乙状结肠镜检查，证实在结肠及直肠有数处溃疡，确诊后即来求治，舌苔黄，质红，脉弦。

诊断：直肠溃疡。

辨证：脾胃两虚，湿热乘虚，下积肠道。

治则：清热排脓，健脾除湿。

方剂：金银花红藤败酱散加味。

药物：忍冬藤、茶叶、地榆、槐花、木香、枳壳、乌药、厚朴、冬瓜仁、薏苡仁、山药、红藤、败酱草、鸡内金、扁豆、神曲、浙贝母。服 8 剂。

二诊：服上方 8 剂后饮食增加，腹泻等症稍减，舌脉同前，仍守前法，上方再进 8 剂。

三诊：上方进 16 剂后腹泻腹痛大减，饮食明显增加近于常人，唯大便有少许黏液，舌脉同前。上方加黄连 6g，再进 8 剂。

四诊：患者服上方 10 剂后复诊，自述一切症状消失。嘱宗上方再进数剂以巩固疗效。在医院检查直肠及结肠之溃疡，已全部愈合。随访患者至 1977 年仍健在，治愈后结婚，已育 1 男 1 女。

按语：直肠溃疡一病，中医学并无此病名，但属于中医学的广义的肠痈范围，本病西医治疗除休息及饮食疗法外，还采用抗生素和激素药物治疗，疗效不理想。文老用中医辨证施治，疗效显著，治愈率高，因此，我们将文老对本病的认识和治疗经验向同道介绍，以供临证时参考。

由于本病在国内发病率较低，在早期往往容易被忽视，未能及时诊断治疗，而给患者带来痛苦，影响患者生活、工作及健康。因此，掌握本病特征尤为重要。本病发病早，病程长，发病前常有腹泻病史，或大便秘结习惯，或者是较长时间的腹泻、便秘交替出现。本病发病年龄以 20～40 岁的男性青壮年为多，小孩、老人较少见。本病常在检查时发现，多数患者溃疡面常在距肛门 15～25cm 处，少数在距肛门数厘米处，疡面常多个存在，极少只有一个溃疡面。本病在早期易同时患有痔疮、痢疾，故易漏诊。近年来，直肠癌发病率高，亦应提高警惕，以免诊断错误。

本病常见的原因有如下几方面。

（1）饮食失节：暴饮暴食、恣食膏粱厚味及生冷之物，致使食滞中焦，肠胃受戕。肠胃为腹泻而不藏，湿热蕴结肠道，传化不利，瘀滞化火，热甚则肉腐，致成溃疡而发本病。

（2）劳伤过度：饱食后过力劳动，或跌扑损伤，或急迫奔走，均能损伤肠络而使气血瘀滞，使肠道传导失常，腑气阻滞，化毒侵蚀肠道而成本病。

（3）七情内伤：素有湿热内蕴，复遇忧郁恚怒，而致气机不畅、营卫失和，两邪相搏，气血与湿热相结，久则蕴腐而成本病。

（4）体虚失治：因久痢而致脾胃受损，或因产后体虚，湿热乘虚下攻积于肠道，失于治疗或误治，使湿热郁久，化腐肠溃而成本病。

本病虽有轻、中、重等不同情况，但都有腹痛之症，以少腹为著，或一侧或两侧，痛点较为固定，尤以左下腹最多见，拒按，大便前后常自觉肛门有灼热疼痛的不适感。大便时常在大便表面附有黏液或脓血，解便时常不畅，故有里急后重感，而且解之不尽，便后又欲解之，因此一日数次，伴有食欲不振，时好时坏，经常阵发肠鸣而腹痛，出现头昏、肢软乏力等症，舌质红，苔薄黄或微腻，脉多弦数或滑数。同时本病应注意检查，指检、直肠窥肛镜、乙状结肠镜检查常可确诊，如有怀疑恶变者，应立即取活组织病理切片以证实。亦可做化验检查或钡盐灌肠摄片检查。借助以上检查常可确诊本病。

本病是由下焦湿热郁滞而成，与中医学记载之肠痈相似，根据其发病机理，治以清热除湿、理气排脓为法，常以经验方金银花红藤败酱散[60]为基础方。

金银花红藤败酱散（经验方）

药物：毛金银花 30g，茶叶 3g，槐花 15g，地榆 15g，木香 6g，枳壳 9g，乌药 9g，厚朴 12g，冬瓜仁 20g，薏苡仁 18g，山药 30g，红藤 30g，败酱草 30g。

方解：方中毛金银花、茶叶、槐花、地榆、败酱草、红藤、薏苡仁、冬瓜仁清热解毒利湿；木香、枳壳、乌药、厚朴行气止痛导滞。金银花能清风湿热，并解营卫郁热之闭，以收疏风祛湿、调和营卫之功。用毛金银花而不用净金银花，因未经炮制者功效更强，亦可用忍冬藤。茶叶清热解毒、除湿止泻，槐花、地榆专清肠胃湿热，红藤、败酱草消瘀解毒排脓，薏苡仁、冬瓜仁除湿排脓消肿。方中配伍之妙，如木香与厚朴、枳壳配伍，可行滞消积、燥湿，以解里急后重；木香与乌药同用，调理气机，可增理气消胀止痛之功。又如怀山药一味，其味甘平，体滑多液，似精似液如脂膏类，补而不滞，又得厚朴、木香之协助，达升降运行之妙，使清气升、浊气降，胃中津液增，肠中滞涩通调，饮食增加，可使溃疡因气血调和而愈，痼疾可除。随症加减如下：湿热重者加黄连、秦皮、黄柏、蒲公英；脓血甚者加刺猬皮、大蓟、小蓟、无花果；里急后重者加桔梗、葛根；腹痛甚者加金铃子、白芍；腹泻甚者加茯苓、木通；腹胀甚者加槟榔、莱菔子；

纳差者加扁豆、鸡内金、神曲；溃疡面积大者加乌贼骨、浙贝母。

注意事项：即本病在治疗中应注意的及愈后如何将息。治疗中期应忌泻下、分利、收涩、温补。饮食方面，应忌辛燥、辛辣厚味及生冷食物，禁烟酒，醪糟更应禁绝，亦忌远行及剧烈活动。

愈后应注意，症状消失后尤不足凭，还应做镜检以证实是否完全愈合。即使完全愈合，也应保持大便通畅，每日定时 1 次，勿使大便燥结及腹泻，饮食清淡易消化，必须保持 3 个月以上，可免复发。愈后仍可依据体质之偏盛，分别给予香砂六君子丸、参苓白术散、补中益气丸、归脾丸等调补剂治疗一段时间，以巩固疗效。

二、医话

1. 瘙痒性皮肤病的辨证论治

瘙痒性皮肤病，文老常称皮肤瘙痒症，说明皮肤病的特点是常多发生瘙痒。本病是临床常见病、多发病，虽非大病但患者痛苦异常，严重影响患者的生活、工作和学习，颇有研究价值，现将文老对本病的治疗经验介绍于后。

（1）特征

本病发无定处，以瘙痒难受而著称，故俗称皮肤瘙痒症尚欠妥当，可细分为疥、癣、风疹、皮肤奇痒、肾囊风、二阴瘙痒，以及现代医学所称的“牛皮癣”等。常常由于因风、湿、热、瘀、虫等因素而诱发。由于病因不同，发病特点亦异。如风盛者，全身发无定处，遍身作痒；湿热盛者，抓破脂水淋漓，浸淫四窜，黄水所过，糜烂所至；热盛者，皮肤瘾疹，焮红灼热；因虫夹湿热者，皮肤损害明显，易传染，痒如虫行，或奇痒难忍；血虚者，皮肤干燥变厚作痒，易皲裂；血瘀者，疹子色紫暗。

（2）病因病机

本病的病因病机有四：①由于血虚肝风内动而致燥生风，使肌肤失血濡养而发本病；②由于湿热久蕴于肌肤，不能疏泄，化毒而发本病；③接触皮肤传染病患者或未消毒的衣服；④恣食辛辣炙煿饮食，生热化毒而发本病。

（3）辨证施治

痒证多属于风。风有外在的风毒和内在的风。外风如《灵枢·刺节真邪论》中所指出的："虚邪之中人也，洒淅动形，起毫毛而发腠理……搏于皮肤之间，其气外发，腠理开，气往来行，则为痒。"又如《千金要方·瘾疹第五》："论曰素问云：风邪客于肌中，则肌虚，真气发散，又被寒搏皮肤，外发腠理，开毫毛，淫气妄行之，则为痒也。"内风产生的根源在血，因此血虚、血燥、血热均可以生风。外因是条件，内因是变化的根据，外因只有通过内因才能起作用。因此，单独的外风是不会致病的，只有与内风相会，外风相感，才能发生瘙痒，正如《内经》所说："邪之所凑，其气必虚。"所以，《金匮要略》有"邪气中经，则身痒而瘾疹"之说。

文老在长期的临床工作中积累了丰富的经验，不拘泥于病名的诊断，而灵活地辨证施治，从探索病源入手，总结分析各种瘙痒性疾病的共性和个性，将它们归纳为7种类型。①风热型：多由风热客于肌腠，搏于血络而成。又有异物夹风，乘人腠理不密而侵入的，若遇素禀不耐的人（即有过敏体质的人），感之即发。早在《诸病源候论》里就有"禀性不耐者，见漆及新漆便着漆疮"的记载，也就是指这种过敏因素。本型多布全身或仅发生于接触异物的暴露部位。常常突然发生，丘疹色红，形状或粒或块，抓破流血，破处易愈且不易化脓。重证丘疹堆积、成块，瘙痒难忍，影响食眠。风甚者四处走窜不定，遍身痒著；热甚者丘疹焮红作痒，肿胀疼痛；夹湿邪者抓破处血水相掺而流。②湿热型：因湿热或风热侵入皮肤，客于血络，蕴久不去而化热毒；又有脾胃素蕴湿热，在外邪的诱导下，发于肌肤；再有湿热重而郁久化虫，产生奇痒的。《医宗金鉴》有"风热湿邪，侵袭皮肤，郁久风盛，则化为虫，是以瘙痒之无休也"的论述。本型丘疹痒甚，抓破流黄水，有秽臭气味，易结痂，色黄，甚至痂上复痂。湿甚者，水疱晶莹，抓破脂水淋漓，浸淫四窜，黄水流过之处皮肤尽皆溃烂，且越溃越痒；若兼虫，则奇痒难忍，坐卧不安，常导致彻夜不眠。本型多伴有胸闷、胃纳呆滞、全身乏力等全身湿热症状，舌质淡红而润，苔多黄腻，脉多濡数。③血热型：《内经》云"诸痛痒疮皆属于心"，此型皆因血分素蕴热毒，复感风热毒邪而发。本型发病急，皮肤及丘疹鲜红灼热，痒而痛为本病的特点。有的出现红斑，或红斑中心又兼有小水疱，个别的可出现小脓疱。皮疹抓破后流血，血色鲜红，易结血痂。多伴有身热、烦躁、口渴、尿赤等不适，舌质红或绛，苔黄或淡黄，脉多洪数。④血燥型：多发于老年人或情志忧郁、阴血亏损者，或食辛辣食物，燥火伤阴而发。或由痒证日久，燥气内扰，兼作感风燥邪气，搏击血分而成。刘河间谓："诸涩枯涸，干劲皱竭，皆属于燥。"本型以皮肤粗糙，脱屑为特点。疹起或红或紫，小近粟米，大似斑块，皮肤多粗糙，光泽差，易起白屑。燥甚则化风，瘙痒更剧，搔抓时白屑纷飞，抓破出血则痒减，常伴有口干津少、大便干燥等症状，舌质红瘦，少苔或无苔，脉多弦数或细数。⑤血瘀型：多种原因所致的血瘀，郁久未去，阻滞经络，日久不去，郁而化热生风，或兼外感风毒而发。本型病初起见丘疹或斑块，色紫或暗红，也有患部皮肤均成紫色者；抓破后出血，其色暗红，或伴少许黄水，易结痂。本型特点为：痒常以夜间为甚，得冷、遇热都可使痒加剧，痂脱后可留皮肤色素沉着，舌质多呈紫色，或见瘀点，脉沉涩。⑥血虚型：皆因血虚生风而起。多见于体质虚弱或失血后的患者，血虚难以恢复，所以病情容易反复。本型病起缓慢，丘疹近皮色，小如粟粒，抓破流血或流少许黄水，因毒邪不甚，故痒亦不甚，也有无丘疹只是皮肤发痒者，舌质淡或无苔，脉细弱。⑦风寒型：风湿、风寒之邪客于肌表而发。本型初起丘疹或风疹块，疹色白或微红，遇冷而发或加重，多为全身性瘙痒，常游走不定，舌质淡，苔白薄，脉多浮，轻证脉象浮缓，重证脉象浮紧。

上述分型，临床上不是单独出现，常二三型同时出现，要辨别主次，抓住主要矛盾，以便正确立法遣方用药。

（4）内治法

痒证是内外合邪的病证。文老根据各种瘙痒症的病因、病机等方面的共同点和不同类型的差异，采用异病同治、随症加减的治疗原则。在立法上，文老非常重视治内风和消除内风产生的条件，这是对朱丹溪"治风先治血，血行风自灭"论述的发展。常以养血息风、解毒止痒为法，以文老的"疏风活血汤"[27]为基础方随症加减。

药物：生地黄、当归、制首乌、僵蚕、蝉衣、金银花、地肤子、白鲜皮、苍耳子、刺猬皮。

方解：生地黄、当归、制首乌养血活血，达到调和血分治内风的效果；僵蚕息内风，蝉衣祛外风，两药配伍，入血入络，以搜剔隐伏之邪，增强祛风止痒的效果；金银花合诸药清热疏风，凉血解毒；地肤子、白鲜皮、苍耳子取其清热除湿、解毒止痒之力；刺猬皮可以增强凉血解毒止痒的力量。

按：本方既能养血和血，又能祛风止痒，清热解毒除湿，各型瘙痒症均可以此方为基础而随症加减。其临床加减：①风热证：去当归，加牡丹皮、连翘、薄荷、白芷，以增强疏风清热之力；风湿并重者，加用苍术、防风以祛风除湿；热重加蒲公英、黄芩、栀子，以增强清热解毒之力。②湿热证：去当归、生地黄，加黄柏、苍术、龙胆草、牡丹皮、土茯苓、茵陈、蚕沙，以清热化湿；湿偏重加草薢、泽泻、薏苡仁以除湿利尿，热偏重者加黄芩、栀子。③血热证：去当归、苍耳子，重用金银花、生地黄，加牡丹皮、紫草、玄参、蒲公英，以增强凉血活血、清热解毒之功。热极甚者，可同服紫雪丹[28]，以增强凉血解毒之功。④血燥证：去当归，重用生地黄，加玄参以养阴润燥。痒甚者，加乌梢蛇（或白花蛇、全蝎）以增强祛风止痒之力。⑤血瘀证：加红花、地龙以活血通络，重者再加桃仁、炒穿山甲以逐瘀祛风通络。⑥血虚证：去金银花、苍耳子，改生地黄为熟地黄，重用制首乌，加天麻、刺蒺藜、山药以养血祛风。⑦风寒证：治宜辛温散寒佐以祛风，去生地黄、首乌（恐其滋腻），加桂枝、麻黄、赤芍、荆芥、羌活、独活，以调和营卫，散寒祛风，透邪外出。重者加制川乌、制草乌、红花、丹参，以散寒除湿，养血活血。⑧其他：胃纳不佳者（无论何证）加重怀山药用量；反复发作属脾胃虚弱而生湿者，用补中益气汤[29]加祛风除湿药；久治不愈或愈后反复再发者，多因卫气虚，腠理不密所致，宜用补中益气汤[29]益气固表，或玉屏风散加味治之。因异物过敏者，宜加入相应之药。如因受漆毒而发者加蟹壳；因花草之气而发者加紫荆花；因接触毛织物品而发者加全蝎、蜈蚣；如不明之因而发者，以调和营卫为法，营卫和则腠理密，虽有外邪侵犯亦不能为患也。顽固性奇痒而无热证者，加蜈蚣、全蝎以搜剔经络深伏之邪。未满月的婴儿常因胎毒而发，以面部为著（即胎癣）者，治宜清热除湿解毒，常将金银花、连翘、土茯苓、蕺菜重用至15g，生甘草、赤芍开水泡服；如数月婴儿患此病者，治法相同。

（5）外治法

外用洗药：以清热解毒、杀虫止痒为法，常用文老经验方加味苦参汤[116]煎水外洗。

加味苦参汤（《外科正宗》方加味）

药物：苦参、菖蒲、薄荷、威灵仙、土茯苓、鱼腥草、地肤子、蛇床子、冰片、大枫子。

临床加减：①湿邪重者加灰桉树叶（柳叶桉叶亦同，叶上有灰白粉状物）；②湿热并重加重苦参剂量，再加黄柏，去大枫子；③血燥者去大枫子、蛇床子，皮未损者加花椒；④顽固性奇痒者加轻粉、雄黄、明矾（均以药粉冲入热药水中，不下锅熬）；⑤头皮痒甚者加皮硝；⑥肾囊风及会阴瘙痒者，加狼毒 3 ~ 6g（有毒，注意勿入口）；⑦血虚证、血热证不宜外洗。

外用敷药：①干性痒疹用疥药粉[87]加生猪油一小块，布包之，烤热药，待猪油化时外熨患处，立能止痒。②湿性痒疹用蛇黄散[88]调清油擦。黄水多者以干粉撒布；黄水特别多，淋漓不绝者，用雄矾散[89]干粉撒布。③婴儿湿疹者，用参黄散[114]蜜水调敷。黄水多者，以干粉撒布；热重者则加重黄柏剂量。

2. 对肿瘤的认识

中医对肿瘤的认识与西医是基本一致的。中医学把有形可征、非人身素有之物称为瘤或岩。岩的命名是以肿物坚硬如石，突出如棱角，有凹陷如壑状、如山岩而得名。早在隋唐时代的医著中，就把此类肿物称之“石痈”。如《诸病源候论·卷之三十二·石痈》中指出：“石痈者……其肿结确实，至牢有根，核皮相亲……”《外台秘要·卷第二十四·石痈方五首》说：“疗石痈，坚如石，不作脓者……” 这就扼要地指出石痈是岩证包块，坚硬如石，与皮核相连，不活动，其病理改变过程不是化脓性疾病。因此，早在隋唐时期，中医学对岩的描述和认识已经很深刻了。到了明清两代，外科发展更进一步，对疾病的认识更加深刻。如明代陈实功《外科正宗·卷之三·乳痈论第二十六》说：“聚积成核，初如豆大，渐若棋子，半年一年，二载三载，不疼不痒，渐渐而大，始生疼痛，痛则无解，日后肿若堆粟，或如复碗，紫色气秽，渐渐溃烂，深者如岩穴，凸者若泛莲，疼痛连心，出血则臭……名曰乳岩。”清《医宗金鉴·外科心法要诀》指出：“乳岩初结核隐疼……坚硬岩形引腋胸，顶透紫光先腐烂，时流污水日增疼。溃后翻花怒出血，即成败证药不灵。”《外科大成·卷二·失荣》亦指出：“初起如痰核，日久渐大，坚硬如石，推之不动，按之不移，一年半载方生阴痛，气血渐衰，形容瘦削，破烂紫斑，渗流血水，或肿如泛莲，秽气熏蒸……”这些深刻的认识和生动具体的描述，与现代医学叙述癌症肿块呈进行性浸润性生长，质地坚硬，固定不移，溃后呈菜花样改变，全身出现恶病质等是完全一致的。中医学对肿瘤认识深刻而且分类也细，如《外科正宗·卷之二》说：“瘤者，阴也，色白而漫肿，亦无痒痛，人所不觉……”《医宗金鉴·卷七十二》指出：“瘤有六种，坚硬紫色，累累青筋，盘曲若蚯蚓状者，名筋瘤，又名石瘤；微紫微红，软硬间杂，皮肤中隐隐若红丝纠缠，时时牵痛，误有触破，而血流不止者，名血瘤；或软如绵，或硬如馒，皮色如常，不紧不宽，始终只似覆肝，名肉瘤；软而不坚，皮色如常，随喜怒消长，无寒无热者，名气瘤；日久化脓流出，又名脓瘤也；形色紫黑，坚硬如石，疙瘩叠起，推之不移，昂昂坚贴于骨者，名骨瘤；软而不硬，皮色淡红者，名脂瘤，即粉瘤也。六瘤之形色如此。”即“瘤气血肉筋脂骨”以配五体，这与西医所分的静脉曲张、海绵状血管瘤、纤维瘤、脂肪瘤、骨瘤、皮脂腺囊肿等是基本一致的。

肿瘤发生的病因病机与其他疾病一样，主要是内外二因。外因既有天气变化之时毒邪气，又有特殊之病毒、秽浊之邪毒；内因有饮食偏嗜而致五脏六腑之蓄毒，忧思而致之气郁，恚怒而致之血逆。所以，情志异常皆能使气血营运失调，则百病始生，岂独瘤乎？发病之主要原因，是以忧思恚怒、七情内伤为主，其次是由于邪毒及山岚瘴毒而引发。这样的情况，在临床实践中的确是屡见不鲜，例如乳腺增生及甲状腺肿瘤，大多数患者都有明显的情志过激的精神状态反应，由于忧思恚怒则肝脾皆伤，肝伤则条达失常，导致枢机不利，气机受阻；脾伤则健运失常，以致湿痰内生，清气不升，浊气不降，营卫气血不利；于是痰饮、瘀血、火毒相互凝结，积滞由此而生，日积月累，或生于内，或现于外，成为有形可征的赘生物，肿瘤则由此而发生。因此，治疗此类疾病，大多针对痰浊、瘀血、积滞、火毒之邪，而采用消痰软坚、行滞活血之法。治疗本病不宜使用大辛大热之品，患者也应配合药物治疗，静心调养，心情开朗则奏效可速。

消核散（即后来改进的消核浸膏片）为治疗肿瘤的方剂。其主要成分有玄参、牡蛎粉、山慈菇、夏枯草、漏芦根、郁金、白花蛇舌草、木香、半枝莲、淡昆布、淡海藻、浙贝母、陈皮、乌药、甘草、白芥子、丹参等。方中玄参、牡蛎粉、山慈菇、浙贝母、淡昆布、淡海藻共奏软坚散结之功；木香、乌药、陈皮、郁金、丹参具有行气活血的功效；漏芦根、夏枯草、半枝莲、白花蛇舌草清热解毒；浙贝母、白芥子豁痰散结；淡昆布、淡海藻、甘草共用，大增软坚散结之功，使全方药力增加。因此，全方共奏行气活血、软坚散结、清热解毒、豁痰开窍之功。适应于各种良性肿块，尤以乳腺增生、甲状腺肿瘤、淋巴结核疗效尤佳，对其他良性肿瘤也均有效果。每片 0.3g，每日 3 次，每次 3 ~ 5 片，3 个月为 1 个疗程，无副作用。

消核浸膏片制法：本方无攻下辛燥性烈之品，故适用于各种体质的患者。汤剂若服用不便，可改为散剂、丸剂；因用量大，保管不便，若提炼恐失其效能，可改为浸膏制剂或浓缩成片，服用保管均方便，其制法简介于下：方中浙贝母、丹参、郁金、山慈菇、甘草、半枝莲混合粉碎，过 80 目筛；其余诸药熬煮 3 次，首次熬煮 1 小时，第二、三次各半小时，合并滤液，浓缩至稠膏状。将稠膏与上述药粉混匀，撕成小块，烘干（温度以 80℃以下为宜），粉碎，压制成颗粒，称重后加入 1% 硬脂酸镁，再过 16 目筛，整粒即可压片，每片约重 0.3g（相当生药 1g）。需要说明的是，本品尚需进一步改良，以增强疗效。方中拟加大山慈菇用量，以增强化包块之力，但山慈菇品种复杂，各地多采用荸荠、白慈菇、毛慈菇等代替，容易影响疗效，故需进一步鉴定品种，方能采用。

消核片临床资料分析：本组观察病例均采取西医对肿瘤之诊断和分类方法，所选病例均为诊断明确及临床征象明显者，患者病程长短不一，最长的 20 余年，发现后数月而就诊者最多。现将肿瘤的性质分类如下（见表 1）。

表 1　230 例肿瘤包块分类

包块性质	分类	例数
恶性肿瘤	鼻咽癌	2
	直肠癌	4
	乳腺癌	2
	骨肉瘤	1
良性肿瘤	纤维瘤	27
	甲状腺肿瘤	23

续表

包块性质	分类	例数
	脂肪瘤	17
	腮腺混合瘤	1
	子宫肌瘤	1
	直肠乳突状瘤	1
其他	乳腺小叶增生	86
	淋巴结核	37
	男性乳腺增生	25
	肺结核瘤	1
	舌下囊肿	1
	声带广基底息肉	1

在疗效标准及临床疗效观察上，疗效标准为：①痊愈：包块消失；②显效：较原包块缩小 1/2 以上者；③进步：包块未见明显缩小或增大，但包块由硬变软，或自觉症状减轻者；④无效：包块同前大小或长大，自觉症状同前或加重者。

疗效观察方面，本组病例均来院复查过，半年未再复查者列入无效项内，总有效率为 95.2%，治愈率为 34.8%，详情见下表（表 2）。

表 2　230 例肿瘤包块疗效统计表

总计（例）	痊愈（例）	显效（例）	进步（例）	无效（例）
230	81	75	64	10
100%	34.8%	32.6%	27.8%	4.3%

疗效与疗程方面，因包块的不同而有所差异。如乳腺增生以包块消失为例，最快者 1 月，最慢者常在 1 个疗程后显效；甲状腺肿瘤、淋巴结核疗效次之；其他各类肿瘤包块常在服药后 1 ~ 2 月，或 1 个疗程后方有效果，但治愈率低。

疗效与包块性质的关系方面，由于包块的性质不同，疗效也有较大差异，具体见表3。

表3　230例包块性质与疗效关系表

分类	例数	痊愈	显效	进步	无效	注
男性乳腺增生	25	20	5			
乳腺小叶增生	86	36	36	12	2	①
甲状腺腺瘤	23	4	12	5	2	②
淋巴结核	37	9	14	13	1	③
纤维瘤	27	7		15	3	
脂肪瘤	17	1	3	11	2	
肺部结核瘤	1			1		
舌下囊肿	1	1				
声带广基底瘜肉	1	1				
右腮腺混合瘤	1	1				
子宫肌瘤	1			1		
直肠癌	4		1	3		
鼻咽癌	2		1	1		
乳腺癌	2		1	1		
直肠乳突状瘤	1	1				
骨肉瘤	1					

注：①乳腺小叶增生无效2例，1例因怀孕停药，另1例因药物发生过敏反应。②甲状腺腺瘤无效2例，系1例调湖北工作，1例手术。③淋巴结核无效1例，系鼻咽癌误诊。

3. 临床医案

【例1】罗某，女，46岁。患者无意中发现左侧甲状腺有包块，在本市某医院诊为甲状腺肿瘤，拟进行手术治疗，因对手术恐惧，便选择中医治疗。初诊：检查左侧甲状腺有一包块，大小约2cm×2cm，触之活动，质中，表面光滑，用消核片治疗，每次 3 片，每日 3 次。1 月后，患者复查包块已消失，随访 3 年未复发。

【例 2】黄某，女，24 岁。发现左侧乳腺增生 8 个月，随月经周期而加重，检查左乳外上象限有一 1.5cm×1cm 大小的肿块，质中，触之活动，在我院活检，确诊为乳腺小叶增生（病理号 78691），从 1978 年 9 月 13 日开始服用消核片，每次 5 片，每日 3 次，连服 3 个月后而肿块消失。

【例 3】杨某，男，43 岁，初诊时间：1978 年 3 月 30 日。患者发现乳房肿块数 10 天，疼痛，触之活动，质软，大小约 2.5cm×2.5cm，诊断为男性乳腺增生，服消核片，每日 3 次，每次 4 片，服 1 月后基本消失，再服 1 月而告痊愈。随访 3 年未复发。

【例 4】杨某，男，61 岁，初诊时间：1977 年 9 月 26 日。1976 年在当地医院活检，被诊断为鼻咽部上皮样癌，经放疗后，现右侧颈部有 4cm×3cm 大小的包块，质硬较硬，纳差。服消核片 3 片，日 3 次；后改为每次 5 片，日 3 次，服至 1978 年 8 月 10 日复查，右颈部包块消失，体重增加，纳可，无明显不适。随访一切正常。

【例 5】王某，男，33 岁，初诊：1977 年 6 月 15 日。1976 年 4 月 21 日患者在当地医院行直肠癌根治术，1977 年 3 月检查有复发趋势，做放疗后，同年 4 月 9 日在当地医院行以下检查：尿液吲哚类物质测定（+），尿液玫瑰红反应（+）。建议服中药治疗，服消核片 5 片，日 3 次；同年 5 月，玫瑰红反应（-），吲哚类物质（-）。身体良好，无任何不适，已上全天班数月，一切如常人。1981 年 5 月随访，一切如常人。

【例 6】代某，男，55 岁，初诊：1978 年 9 月 15 日。1977 年 11 月，患者因大便脓血数月，在当地医院活检为直肠腺癌（病理号 9383-77），包块距肛门 5～7cm，服消核片 5 片，日 3 次，服 3 月后脓血便少，大便通畅，体重增加，饮食如常。仍继续服消核片 3 年，大便正常，无不适感觉，检查包块大小未变，行动如常人。

【例 7】唐某，男，45 岁，1975 年初诊。患者于 1975 年发现左颈包块，在当地医院确诊为鼻咽癌，经放疗后包块大小为 4cm×4cm。服西药数月无效，改服消核片，每服 5 片，每日 3 次。1978 年包块消失，1979 年 2 月 21 日在当地医院检查回示：鼻咽癌颈部包块消失，未见复发征，肺部透视（–）。

【例 8】马某，女，34 岁，初诊时间：1979 年 2 月。患者发现左侧乳房包块 3 月，包块疼痛无规律，质中硬，触之活动，大小 3cm×2.8cm，在其他医院疑为乳腺癌，劝其活检，结果为乳腺小叶增生（病理号 149–79），服消核片治疗，每次 3 片，每日 3 次，连服两月后包块基本消失。

【例 9】郭某，女，36 岁。1978 年，患者因妇科病住院治疗，治疗后发现盆腔有一炎性包块，大小 7cm×4cm，用抗生素治疗无效，后改用消核片，每次 4 片，每日 3 次，连服 3 月而包块消失。目前随访未发现异常。

【例 10】李某，女，40 岁，初诊时间：1977 年 10 月 5 日。患者发现右侧颈部锁骨上窝有一包块，质硬，去当地医院穿刺检查，诊断为淋巴结核。检查包块大小 5.5cm×4cm，质硬，不活动，1963 年曾患腋下淋巴结核。服消核片治疗，每日 3 次，每次 3 片，后改为 5 片，共服药 4 个疗程，目前已基本痊愈。

【例 11】余某，女，77 岁。患者 6 年前左侧乳房外上象限发现包块，经当地医院确诊为乳腺癌，嘱患者手术治疗，因恐惧手术而选择中医治疗。1971 年开始服中药消核散治疗，服药后包块控制良好，不服药则疼痛难忍，后服消核片控制，包块未变大。1976 年，包块溃烂，迁延不愈，目前溃疡仍如 5 分币大，未翻花，乳头内陷，溃疡周围橘皮样改变，癌症征象表现确切。超过 5 年生存率，按卫生部 1972 年颁布的《恶性肿瘤中草药治疗疗效标准》，临床显效。

【例 12】陆某，男，46 岁，1979 年 1 月 8 日初诊。无意中发现左乳房有包块，触之活动，疼痛，消瘦，抵抗力下降，在当地医院诊断为男性乳腺增生，建议切除，包块大小 3cm×2.5cm，质中。服消核片治疗，每日 3 次，每次服 4 片，连服 3 月，包块消失，抵抗力增强，去当地医院复查后确定为痊愈。

（7）体会

消核浸膏片治疗肿瘤包块有一定疗效，对肝肾功能无影响，无特殊禁忌证，未发现有副作用，携带方便，便于服用。

鼻咽癌和直肠癌在放疗或手术后，使用本品治疗，确可增强疗效，提高患者生存率；消核浸膏片对晚期恶性肿瘤能起到减轻症状、延长生存期的作用，不过有待于进一步研究和观察。

消核浸膏片对男性乳腺增生、女性乳腺小叶增生、甲状腺癌、淋巴结核疗效较显著，其中男性乳腺增生疗效最突出，治愈率达 90% 以上。以上疾病的发生，与七情内伤的关系最为密切，七情失常可导致身体内分泌紊乱，造成代谢障碍或平衡失调。因此，治疗这类疾病时，要解除患者的顾虑，安慰患者的情绪，再结合本药治疗。

来门诊求治的患者中，乳房部包块及甲状腺部位肿块所占比例较高，若能在早期就诊，这类包块将消失，则乳腺癌及甲状腺癌的发病率必然降低；同时又可免除手术的外伤，且不影响人体正常的生理功能，从临床应用消核浸膏片来看，完全可以起到上述作用。

消核片从临床观察来看，疗效有待于进提高一步，在今后的工作中应努力探索改进。

4. 疥药粉临床运用经验

疥药粉是文老在国民时期将释师传出的经验方，经过再三研究完善出来的良药，治疗过很多瘙痒性皮肤病患者，效果良好，文老十分珍惜，从不轻易传出，以免生出事端。疥药粉是笔者临床常备之药品，其方由文琢之传出，历经几十年，屡用屡效。据文老所述，新中国成立前，医疗条件差，人民生活困苦，患疥疮者比比皆是，其痒痛异常，不堪言状，虽不致命，但坐卧不安，对患者影响甚大。用此价廉效佳之方治愈疥疮患者不计其数，因以治疥疮为其特效，故取名曰“疥药粉”。本方由文老传出，经医院药房配制，在临床运用多年，疗效可靠，治愈疥疮患者甚众，其他病种如股癣等亦有效验。现将临床运用之点滴体会进行总结，仅供同道参考。

疥药粉（经验方）：大枫子 45g，明雄黄 30g，蛇床子 75g，轻粉 30g，蛤粉 30g，白芷 30g，花椒 30g。

制法：将上药除轻粉外，研细末，再入轻粉和匀，密装，勿令泄气，备用。

功效：消风杀虫，解毒止痒。

适应证：一切干性痒疹，止痒力强，对疥疮疗效显著。

用法：用生猪油或生肥肉 10g 切碎，疥药粉 20g，拌匀布包，固定火上，烤热油出，熨搽患处约 5 分钟，注意要轻熨，勿伤皮肤，熨后轻轻拭去油渍，每日 1～2 次。若无油、肉，可用核桃肉捣碎和药粉，用法同前，不影响疗效。

按：此药治顽固性足部湿烂，干捻有效。调膏治肛门湿疹及肛门瘙痒、鹅掌风、股癣，搽之立能止痒。肾囊风可于方内加5%狼毒粉，配成软膏更有效。疥药粉虽为效果显著之药物，但仅适于外用；对于皮肤病的外治，如用之恰当，可提高疗效，缩短疗程，有的病单用亦可治愈，如用之不当，会适得其反。因此，皮肤病的外治一定要依据皮损的性质、部位、范围，以及患者皮肤的耐受情况而辨证施治，合理选用药物和剂型，才能达到预期的效果。另外，选用疥药粉外治，以干性痒疹效果尤佳，这点必须注意，下面举例说明。

（1）疥疮

疥疮是由疥虫引起的接触性传染性皮肤病，易造成流行，往往集体生活者易被传染。本病古代已有记载，《诸病源候论·卷之三十五·疥候》指出："疥者，有数种……多生手足，乃至遍体……湿疥者，小疮，皮薄，常有汁出。并皆有虫，人往往以针头挑得，状如水内腐虫。"《医宗金鉴·外科心法·疥疮》亦说："凡疥先从手丫生起，绕遍周身，瘙痒无度。"古方大都以硫黄外搽治之，不用内治便可痊愈，其认识是完全正确的。我们在临床上，无感染者不必服药，仅用疥药粉伴生猪肉，布包烤热外熨，凡痒处均搽，每次5分钟，每日1～2次，连续3～5天后再洗澡观察。如患者全身多处皮损，则用10%硫黄+10%疥药粉调成软膏，涂搽全身疗效尤佳，每日1～2次，连续3～5天。

举例：刘某，男，4岁，1978年5月13日初诊。患者生疥疮1月，1月前染上疥疮，全身瘙痒异常，在某医院用5%硫黄软膏不效，又改为10%硫黄软膏仍不效，历时1月不愈，患者消瘦、疲乏，纳差，经本院介绍到我科门诊治疗，以5%硫黄+5%疥药粉治疗，调成软膏涂搽，内治佐以清热解毒中药，5日而愈（因小孩皮肤娇嫩，外用药浓度稍低）。

按：1975年，国外资料指出："疥疮的流行以30年为一个周期，在一次流行结束与下一次流行开始之间有15年的间隔，一次流行通常持续15年。全世界大部分地区最近一次流行开始于1964年，到1977年应当减轻。近几年，在美国的城市和农村，疥疮也在显著增加……疥疮周期性的发病原因仍然不知道，但是有说服力的资料提示，免疫学的因素是最重要的，迟发超敏反应起了重要的作用……"这说明疥疮的发生仍有可能，应研究预防和治疗疥疮的有效措施，治疗本病，我国用硫黄已有1000多年历史，而疥药粉亦是有效手段之一，如在疥药粉中加入一定比例的硫黄末，疗效会更加突出。

（2）股癣

股癣又称圆癣，《诸病源候论·卷三十五·癣候》说："圆癣之状，作圆文隐起，四畔赤，亦痒痛是也，其里亦生虫。"又说："癣病之状，皮肉隐胗如钱文，渐渐增长，或圆或斜，痒痛，有匡郭，里生虫，搔之有汁。"此段文献对股癣的描述与现代医学很接近。股癣生于大腿内侧，近生殖器处及臀部，皮损多为钱币形红斑，边界清楚，病灶中心表现为自愈倾向，边缘高起如堤状，四周有丘疹、水疱、结痂及鳞屑，自觉瘙痒，夜间尤剧，冬轻夏重，或冬天自愈。本病为霉菌感染，主要由脚癣传染而来，因此，患手脚癣者必须及早治疗。本病虽为小病，可四处蔓延，且瘙痒不适，尤以夜间为重，严重者可影响生活及休息，用疥药粉加猪油，布包外熨疗效较好，因会阴部分泌多，油膏是不适宜的，如有继发感染，可先控制感染后再用疥药粉熨治。

举例：熊某，男，成年人，家住本市，1978 年 7 月 21 日初诊。患者两侧大腿内近阴囊处各有一圆形皮损，大小约 10cm×12cm，数月不愈，暗红色，四周有小丘疹，瘙痒难忍，曾用激素类软膏及癣药水、土槿皮酊、15% 冰醋酸溶液等治疗，均无明显效果。给患者用苦参汤煎水外洗患处，再用疥药粉热熨治疗，历时 1 周痊愈，随访 2 年多未复发。

按：对手、脚癣和干性瘙痒（分泌物很少时），用蛇黄膏（本院外用药）100g，加 5～10g 疥药粉调匀外搽，会明显增强疗效，但对水疱型及糜烂渗出物较多时不宜使用（蛇黄膏处方：蛇床子 30g，黄柏 60g，赤石脂 30g，寒水石 15g，铅丹 15g，研极细末调凡士林即成，有清热除湿止痒之功）。

（3）慢性湿疹

湿疹是皮肤的过敏性炎症反应，慢性湿疹多由急性湿疹演变而来，由于本病发病机理尚不十分清楚，因此治疗上很棘手，是皮肤病中一个老大难的问题。我们观察到，使用疥药粉外治可明显改善局部症状及皮损，但不能彻底治愈，因此对慢性湿疹有待于进行深入研究。

中医文献称湿疹为"浸淫疮""黄水疮""旋耳疮""四弯风""奶癣"等；对慢性湿疹，近人称为"顽湿"，言其顽固难疗而病程缠绵之意。本病虽非大恙，但瘙痒剧烈，难以忍受，严重影响患者的身体健康。临床中，慢性湿疹以手部为多，尤以手掌部最为常见，如未能有效控制，可延蔓至手掌大部、手背甚至手腕部。在手掌部以干燥为多，由于手掌皮厚不易脱屑，冬季干燥易破裂，但因各种因素的影响，使病情趋于复杂，造成顽固难愈的病证，故有“顽湿”之称。治疗本病应祛除病因，避免搔抓，避免热水、肥皂、油腻等物的刺激，内服宜养血活血、解毒祛风、健脾止痒为法，内治方选四物消风散加减；外用疥药粉 5～10g，加入 100g 蛇黄膏，拌匀后涂于皮损处，再用微温熏烤，使药力均匀地渗透至病变处，以发挥效力，每日 1～2 次，每次微温熏烤 5～10 分钟。

举例：赵某，男，45 岁，家住黄田坝，1979 年 11 月 7 日初诊。患者双手湿疹 7～8 年，瘙痒难忍，严重时晚上仅能入睡 1～2 小时，遇肥皂水及油类加重，双手皮肤粗糙，以手掌为重，手背及手指也有发病，有裂口，伴干性小丘疹，曾用多种内外药治疗，均未使皮损消除，症状时轻时重，故来我院求治。采用中药治疗，内服四物消风散加味，外用蛇黄膏 100g，加疥药粉 5～10g，拌匀涂搽，再用熏药微温烤，每日 1～2 次，每次 5～10 分钟（熏药组成：苦参、大风子、蛇床子、地肤子、白鲜皮、夏枯草、松香、白芷，研粗末，纸包成蚊香状，燃时以烟熏烤微温为度，熏后皮损处附着一层黄色薄油，勿搽以保护皮损）。治疗 1 月多，皮损消失，一切正常。随访 1 年后又复发，但较前减轻，经上法治疗，皮损消失如常人。

5. 红斑狼疮治疗经验

红斑狼疮自 1828 年命名以来，至今已过近 200 年，但还是没有找到发病的真正原因。只知道免疫系统及多个脏腑受到破坏，中医药在保护脏腑、重新建立免疫系统平衡方面有一定的优势。临床上，红斑性狼疮患者日渐增多，但中医文献无此病名，亦缺乏对本病证的相关记载。文琢之老中医采用中医药辨证施治，获得一定疗效，远近求其医治者甚多。现将文老对本病的认识和治疗经验，以及其较完整的病例做如下整理。

辨证施治：文老认为本病是肾阴虚为主，阴虚则生内热，故常见阴虚内热的症状；久之阴损及阳，邪毒内陷，可出现虚实夹杂的症状，有的进而波及五脏六腑。治疗当抓住主要矛盾，以养肾阴为主，佐以清热解毒，适当兼顾其他脏腑。

本病盘状性，病程慢，一般无全身症状，面部呈蝶形红斑，斑中心萎缩成凹陷，局部有毛孔扩张，附以黏着鳞屑，唇黏膜糜烂，或肤表溃疡面均为灰白色；常见舌质红，脉象虚数或细数。

本病系统性，常见不规则发热，周身伴不适感，四肢无力，面部有蝶形红斑或四肢红斑，全身轻度肿胀，肢端则为出血性。由于邪毒内陷，常侵犯心、肝、脾、肺、肾等脏，出现心肌损害、肺炎、肾炎、肝脾肿大、血管阻塞及精神症状，发枯脱落、耳鸣、五心烦热、便秘溺赤，女性常伴月经不调，多见舌质红，有刺或裂纹，脉细数或沉细无力。

诊断标准：参考上海一医皮肤科教研组主编的《专题汇编》："典型的皮损，红斑狼疮细胞阳性，抗核因子滴度 1：80 以上伴补体减少，三者为诊断 SLE 的主症。三者中具备两个即能确诊，如只有一个主症，需附加 2 个以上的辅症（发热、关节炎等），亦能确定诊断。"目前可参考 1991 年国内风湿病学会标准及 1997 年美国风湿病学会标准。

文老治疗本病，一般采取内治与外治相结合的方法。

（1）内治法：选用首乌地黄汤（经验方）治疗，药物组成：制首乌、刺蒺藜、熟地黄、怀山药、大枣、牡丹皮、泽泻、茯苓、丹参、紫草、地骨皮、秦艽、夏枯草、白鲜皮、炒酸枣仁、钩藤、豨莶草。

方解：方中制首乌补益肝肾之阴，乌须黑发，养血敛精；刺蒺藜疏风平肝，祛风行血；何首乌增养肝肾之功；熟地黄、山药、牡丹皮、泽泻、茯苓均为为六味地黄汤组成，是滋阴补肾的主方，补而不腻，滋补中有开合，临床加减运用，对肾炎、肾盂肾炎、尿路感染、高血压、肺结核及更年期综合征（肾阴亏损、肝肾不足诸证及相火旺盛、虚火上炎诸候）均有良好效果；丹参祛瘀活血补血，安神定志，现代药理研究有一定缩肝效果，治肝脾肿大，凉而不燥，消瘀活血而不猛，更清血中之热，故对红斑消除有一定效果；再佐紫草清血分之热，对消除红斑和控制感染更为有效；地骨皮、秦艽退骨蒸潮热，止盗汗，再合牡丹皮清血热除低热；夏枯草清肝散郁降压；白鲜皮祛风清热利湿解毒，凡皮肤赤肿、关节疼痛，用之效佳；炒酸枣仁补肝益胆，宁心安神，治虚烦不眠；钩藤平肝清热，亦治风热上窜之头晕病，豨莶草平肝阳、祛风除湿，治风湿疼痛，二者合用，既可治风湿痹痛，又可养肝肾之阴，控制血压上升。全方重点突出，照顾全面，且寓防于治，所以为红斑性狼疮内治的基础方。需要注意的是，人体处于变化之中，不可拘泥于一方一药，应随病情变化而灵活加减化裁，方不失辨证施治之大法。

按：本方是治疗系统性红斑狼疮和盘状性红斑狼疮活跃期的基础方，并随病情变化灵活加减化裁。阴虚甚者，出现潮热盗汗，午后发热，舌红光无苔，脉细数，加西洋参、女贞子、墨旱莲、浮小麦；阴损及阳者，出现两颧发红，面色苍白，乏力，口和溺清，舌淡红无苔，脉沉细无力，加附子、肉桂、锁阳；气血两虚者，出现少气懒言，食少乏力，舌质淡，脉细弱，加黄芪、潞党参、当归；脾胃虚弱者，出现食少腹胀，便溏，面色㿠白，舌质淡苔白，脉细弱，加砂仁、五香藤、厚朴、白术；热毒甚者，出现高热，神昏谵语，烦躁不食，大便秘，小便黄少，舌质红苔黄燥，脉细数有力，加水牛角（代犀角）10g，刮为细末，冲服，每日 3 次，再选加紫雪丹、至宝丹、安宫牛黄丸；兼风湿者，四肢关节酸胀疼痛，或一身酸痛，舌苔薄白，脉弦细，加威灵仙、续断、乌梢蛇；兼气血瘀滞者，面部及四肢红斑色紫不退，压之不退色，舌边有瘀点，脉弦涩，加红花、地龙、当归；如口舌、咽喉溃烂者，外用煅人中白 3g，青黛 3g，冰片 0.8g，硼砂 3g，共研细末，撒布疡面，每日 3 次，内服金银花 15g，连翘 10g，淡竹叶 12g，玄参 30g，麦冬 12g，生地黄 15g，木通 10g，六一散 20g，煎汤频频当茶饮；妇女月经不调者，用《傅青主女科》中定经汤（当归、白芍、菟丝子、熟地黄、山药、茯苓、炒芥穗，少佐银柴胡）。

（2）外治法：本病皮损处只宜搽润肤油膏，如皮黏散调红油膏外搽，或可的松软膏，或鸡蛋黄油均可，不能用刺激性药物外搽，因长期刺激有恶变之虑。

皮黏散（经验方）：炉甘石 60g，朱砂 6g，琥珀 3g，硼砂 4.5g，黄连 15g，熊胆 1.2g，冰片 0.6g，麝香 0.9g。

制法：炉甘石火上烧红，用黄连水焠 7 次，阴干后研细水飞，余药共研极细末，与炉甘石细末研匀，装瓶密封备用。

功效：消炎止痛，生肌敛口。

适应证：凡皮肤、黏膜等处溃疡均可撒布或油调外搽。

用法：洗净伤口，撒布药粉外贴油膏。黏膜处溃疡只用撒布药粉即可。

红油膏（经验方）：当归 60g，白芷 30g，紫草 30g，轻粉 12g，血竭 30g，无名异 30g，甘草 30g，白蜡 30g，青油 500g。

制法：将当归、白芷、紫草、无名异、甘草入油浸泡 3 日后，放铁锅内文火慢慢熬枯，滤去药渣，复将油入锅内熬开，入血竭化尽，后下白蜡化开，离火后加轻粉拌匀倾入盆内，搅匀冷凝备用。

功效：生肌敛口。

适应证：一切脓少之溃疡均可用。

用法：伤口上撒药粉后，摊膏纱布上盖贴。

附：52 例临床资料小结

文老经治的 52 例患者中，男性 5 例，女性 47 例；盘状性 4 例，系统性 48 例。红斑狼疮一病，发病类型以系统性红斑狼疮为多，女性发病占多数，这一规律也符合文献资料的记载。本组病例治疗并跟踪随访约 12 年，52 例患者都是经省、市级西医医院确诊后而来求治的，全部患者均为中医辨证施治。临床痊愈 8 例，显效 18 例，无效 15 例，死亡 11 例。疗效标准：①临床痊愈：症状消失，一切化验检查正常，未查及红斑狼疮细胞，愈后如常人，工作而未复发者。②显效：症状基本消失，化验检查基本正常，临床症状少有反复者。③无效：凡诊治 3 次后未再复诊者作无效处理。系统性红斑狼疮可导致死亡，肾功衰竭及精神狂躁是致死的主要原因。

预防调护：文老认为，本病愈后或将愈之时，护理很重要，应避免日光暴晒及近高温作业，适当休息。重症时应绝对卧床休息，如病情减轻，可起床进行适当活动以增强机体抵抗力。饮食应加强营养，忌辛燥食品，更忌生冷及生育。不论何型患者，均宜长服养阴清热、活血解毒的方药。文老常用二参地黄汤进行善后调理，以期根治。

二参地黄汤（经验方）：沙参、丹参、地黄、泽泻、茯苓、山药、大枣、女贞子、墨旱莲、枸杞子、菊花、酸枣仁、牛膝、补骨脂、续断、菟丝子、桑椹、钩藤、豨莶草。

制法：可作汤剂煎服。若作丸剂，上药共细末，用龟甲胶、鹿角胶各 30g，蒸化后和老蜜入药末作丸，每丸重 9g，以朱砂、琥珀末等分为衣，干后备用。

用法：每次 1 丸，每日 3 次，白开水下。

按：分析本病的病因病机十分重要。文老认为，肾虚是本病发生的主要原因，尤以肾阴虚为多。多因先天不足，肾精亏损，或因七情内伤而致阴阳不调、气血失和，导致五脏六腑受损，此为内因。日光照射，昆虫咬螫，紫外线照射，妊娠期、月经期及过度劳累等为本病之外因。结合病情，肾与本病关系密切，因肾藏五脏六腑之精，五脏六腑未病时，则藏精于肾。当肾虚时，常常影响冲任失调，冲任失调则妇女月经失常，阴阳失去平衡，表现为阴虚阳亢、阴阳两虚、阴损及阳等证。阴阳失调，血流不畅，故易造成气血失运而致经络阻滞，形成脉络涩滞；如复遇日光照射及过劳，则发为红斑。所以，肾阴虚损、热毒内炽是导致本病的主要病因。

【例 1】黄某，女，35 岁。1969 年 6 月，患者身疼发热不退（38℃左右），伴四肢浮肿等症，在当地以风湿病为诊断进行治疗，治之 3 月不效，请假回家治病，途中炎暑劳累，病势骤加，而急诊入市某院住院治疗，血中查到狼疮细胞，诊为系统性红斑狼疮。先用氯喹治之无效，乃加醋酸泼尼松片每日 20mg，后增至每日 60mg，症状得以改善。然患者自停激素后病势便加剧，已下病危通知，由其母接回家中。闻文老善治此疾，始求医治。当时本病正处于急性期，患者卧床不起，消瘦，面色皖白，神清，面部蝶形红斑，纳差，浮肿，已停经 3 月，头发焦枯，低热不退，舌质红少苔，脉沉弱，尤以两尺虚弱无力。

辨证：气血两虚，病损心、肝、肾。

治则：益气养阴，宁心安神，活血解毒。

方药：首乌地黄汤加减。制首乌 30g，生地黄 12g，茯苓 12g，大枣 12g，泽泻 9g，牡丹皮 9g，怀山药 30g，女贞子 15g，墨旱莲 15g，丹参 15g，紫草 9g，黄精 15g，椒目 9g，秦艽 12g，龟甲胶 15g（蒸化兑服），鹿角胶 15g（蒸化兑服）。

此方随症加减服用 3 月余，患者症状明显好转。化验基本正常，病情稳定。经上述治疗后，患者神佳体轻，尿及血常规化验均正常，月经已通，以二参地黄汤（丸）长期服用，嘱其 3 年内勿暴晒太阳，3 年内暂不生育，忌辛燥食品 3 年。随访愈后 6 年未发。

【例 2】徐某，女，39 岁，1977 年 5 月 13 日初诊。患者自诉 20 天前突发双下肢红斑肿痛，伴发热、口腔溃疡，在某医院诊为急性下肢红斑，经入院治疗，病情好转后出院。6 天后复发，病情较前加重，经某医院诊断为播散性红斑狼疮，后入我院治疗。症见面部及双下肢红斑水肿，腰痛，口及咽部溃疡，体温 39℃，舌质红苔薄，脉细数。

辨证：肝肾阴虚，气血瘀滞。

治则：滋养肝肾，行气活血。

方药：首乌地黄汤。熟地黄 18g，大枣 12g，茯苓 12g，牡丹皮 9g，泽泻 9g，紫草 12g，丹参 12g，秦艽 15g，续断 18g，地骨皮 9g，怀山药 9g，珍珠母 30g，夏枯草 15g，赤芍 12g，甘草 3g，首乌缺药故未用。外用皮黏散吹布口咽部溃疡。

服 12 剂后体温正常。随症加减，服药 3 月后症状好转，红斑消失，化验正常。以滋养肝肾、健脾和肾为法善其后，用二参地黄汤加减：丹参 12g，苏条参 30g，茯苓 12g，白术 9g，薏苡仁 18g，山药 15g，制首乌 30g，刺蒺藜 15g，女贞子 15g，墨旱莲 15g，扁豆 12g，葛根 15g，谷芽 15g，甘草 3g。出院后随访 2 年余未复发，能参加一般劳动。

体会：红斑狼疮分为盘状性与系统性。盘状性稳定阶段一般无特殊症状，仅有面部皮损，患者多不就诊，活跃期的治疗与系统性相同。系统性病情重，发展快，预后差，如多个脏腑受损害时，多出现危急证候，宜中西医结合抢救。文老认为，本病内因为肾阴亏损，过劳及日光暴晒等是诱因。因此，在治疗本病时，应滋养肝肾以固其本，然后兼顾其标。急性期（系统性及盘状性活跃期）以滋养肝肾，兼顾心、肺、脾为治疗大法，常用经验方首乌地黄汤治之，随症加减化裁多获良效。慢性期（系统性将愈时及盘状性稳定阶段）以滋补肝肾、活血解毒为大法，常用二参地黄丸长服以善其后，巩固疗效，减少复发。

由于本病病因不明，多系统受损害，治疗时非短期可愈，必须坚持长期治疗。治疗期间，患者若精神豁达，则疗效大增，说明情志变化对本病的预后也有影响。

6. 乳癖（乳腺增生症）临床治疗经验

乳癖一病，早在《中藏经》中就有记载，后世医家有丰富的论述，治疗经验及方法也有很多。近年来，本病发病率较高，加之本病有一定的癌变倾向，临床中值得引起重视。

乳癖一名始见于华佗的《中藏经》，俗称奶脾（痞）、奶积。明代陈实功对本病论述颇详，他指出："乳癖乃乳中结核，形如丸卵，或重坠作痛，或不痛，皮色不变，其核随喜怒消长，多由思虑伤脾，恼怒伤肝，郁积而成。"清代《医宗金鉴》已认识到本病有恶变之虑。近年来，乳癖发病逐渐增多，据报道，国内占 10% 左右。文老对本病的辨证施治效果良好。

（1）病因病机

本病常因忧思郁结，情志内伤，导致气血营卫失调，肝郁脾伤，脾失健运，气滞痰凝循经发于乳部而成；亦可因饮食偏嗜，导致脏腑功能失调；药物过杂或感染邪毒（时毒、特殊之病毒、秽浊之毒）等均可导致本病的发生；亦可因不节房欲，劳伤肾经，以致冲任不调而发病。因此，肝郁气滞、冲任失调、痰浊阻络为本病常见的证型。

（2）辨证施治

肝郁气滞型：症见忧郁寡欢，少气懒言，心情烦躁，经前乳头疼痛，包块疼痛轻，每随喜消怒长，舌质红，苔薄白，脉弦。局部包块质软，活动边界不清，无粘连，常两侧同时发生包块，多发于乳房外上象限，其次为外下象限，皮色如常，按之绵软，不溃破。治宜疏肝行气，软坚散结，方用加减逍遥散：瓜蒌皮15g，柴胡6g，赤芍、白芍各15g，当归15g，郁金30g，木香10g，夏枯草30g，乌药10g，陈皮10g，香附10g，牡蛎20g，淡海藻、淡昆布各15g，甘草3g。两胁胀痛不适加炒青皮15g，牡丹皮15g；头昏、失眠多梦加茯神20g，龙骨20g，石菖蒲6g；胁胀、纳差加五香藤24g，九香虫10g，神曲10g；少气、乏力加党参20g，黄芪20g；心烦口渴加天花粉15g，知母12g；乳头疼痛加炒青皮15g，木香10g，蒲公英15g；忧郁少言加合欢花15g，萱草15g；食后腹胀不舒加莱菔子15g，槟榔10g，厚朴12g；患病日久加红花10g，丹参10g，半枝莲30g；月经量少、腹痛加益母草30g，当归10g，泽兰15g；乳头发痒加僵蚕15g，蝉衣10g。

冲任不调型：症见月经紊乱，或月经量少，甚则闭经，经前包块疼痛加重，腰痛及包块增大明显。经后疼痛明显减轻或消失，包块缩小明显，个别患者有不孕史，舌苔薄白，脉弦细，局部包块质软，触之活动，边界不清，无粘连，不溃破，常发多个包块，单侧或双侧乳房均可见，以外上象限为多，皮色如常。治宜调摄冲任，方用化坚二仙汤：益母草24g，仙茅15g，仙灵脾15g，香附10g，炒青皮15g，当归20g，泽兰15g，郁金20g，夏枯草20g，丹参20g，牡蛎24g，淡海藻、淡昆布各15g，甘草3g。月经减少加茜草51g，生黄芪30g；闭经加刘寄奴8g，菟丝子20g，牛膝12g，红花10g；心烦、腰痛加合欢花15g，续断18g，桑寄生18g；腹胀纳差加厚朴15g，莱菔子18g，山药15g；婚后未孕加路路通20g，橘核15g，荔枝核15g；白带量多加白鸡冠花20g，地榆15g，白果仁10g；病程日久加土鳖虫6g，鹿角霜15g；经后腰痛加生黄芪30g，菟丝子30g；失眠多梦加炒酸枣仁18g，龙齿24g，夜交藤20g；痰多加白芥子15g，胆南星10g；夜间口干乏津加女贞子24g，墨旱莲15g，天花粉15g；夜尿多加桑螵蛸15g，益智仁20g，山药30g。

气滞血凝型：症见胸闷胁胀，胁下疼痛或不舒适，包块疼痛时重时轻，经前或经后疼痛加重，每随情志变化可加重或减轻，舌质红苔薄白，边有瘀点，脉弦细。局部包块质中硬，压痛，边界不清，按之有囊性感，乳头可有淡色分泌物或血性分泌物溢出，包块发生于一侧乳房，亦可两侧同时发生，以外上象限为多，外下象限次之，皮色如常，活动，无粘连，不破溃。个别病例失治后有转乳腺癌之虑。治宜疏肝和营，化痰散结，方用消核散：柴胡10g，赤芍、白芍各15g，郁金15g，夏枯草15g，白芥子15g，丹参15g，牡蛎30g，半枝莲30g，山慈菇10g，白花蛇舌草20g，乌药10g，陈皮15g，淡海藻、淡昆布各15g，甘草3g。胸闷不适加瓜蒌皮15g，薤白10g；胁下胀痛加佛手片12g，香附10g，青皮15g；经期腹胀加菟丝子15g；乳头有分泌物如水者加蒲公英30g，漏芦根30g，木通15g；乳头有血性分泌物加仙鹤草30g，白花蛇舌草30g；包块质硬加当归18g，红花10g，穿山甲10g；痰多加白芥子15g，白术10g，桔梗10g；舌边有瘀血加土鳖虫6g，红花10g，当归20g；乳头瘙痒加僵蚕15g，蝉衣10g，栀子15g；饮食乏味加白术12g，山药20g，神曲10g；月经不调加益母草30g，当归15g，川芎10g；口干加玄参24g，天花粉20g；乳头分泌物觉有灼热感加蒲公英24g，忍冬藤20g。

血瘀毒聚型：症见包块疼痛，生长较快，曾服药治疗，效果不明显，经前尤感疼痛，心情烦躁，失眠梦多，情绪不好时加重，月经量少，舌质红苔薄，或舌边有瘀点，个别患者出现紫舌，脉细弦。局部包块质硬，活动度较差，边界清或不清，部分患者乳头有血液溢出。少数患者包块有轻度粘连，个别患者腋下可有臖核；大多数患者皮色如常，不溃破；极少数可出现包块皮色变紫，日久溃破成翻花乳岩。治宜活血化瘀，解毒散结，方用加减消核散：瓜蒌皮15g，陈皮15g，丹参15g，郁金20g，红花10g，夏枯草15g，牡蛎20g，玄参24g，山慈菇10g，半枝莲30g，白花蛇舌草30g，漏芦根20g，淡海藻、淡昆布各15g，甘草3g。烦躁失眠加栀子12g，合欢花10g，茯神15g，炒酸枣仁18g；情志不舒加柴胡10g，赤芍、白芍各15g；经前加重加益母草20g，仙灵脾15g，仙茅12g；舌紫加土鳖虫6g，水蛭3g；乳头溢血加仙鹤草30g，茜草15g，大蓟、小蓟各15g；包块活动度差加蚤休30g，香附10g，土鳖虫6g；腋下有臖核加忍冬藤30g，蒲公英20g，蚤休30g；胃纳不香加谷芽、麦芽各20g，山楂20g，怀山药15g；腹胀加乌药10g，槟榔10g，厚朴12g；尿色黄加木通15g，土茯苓24g；乳头瘙痒加僵蚕15g，地肤子15g；口渴加天花粉15g，石斛15g。

气血两虚型：症见气短乏力，少气懒言，面色㿠白，胃纳不香，少数患者下肢轻度浮肿。过用寒凉之药，可致气血两虚，月经量少或闭经，舌质淡苔薄白，脉细弱或沉细。局部包块质中硬、活动，边界不清，无粘连，包块皮色不变，不破溃，少数患者在经前或经后可见下肢轻度浮肿。治宜补益气血，软坚散结，方用八珍汤加减：生黄芪30g，党参20g，当归15g，鸡血藤20g，茯苓15g，白术12g，瓜蒌皮18g，陈皮12g，郁金30g，夏枯草30g，黄药子20g，甘草3g。气短乏力倍参芪，加麦冬15g；纳差加山药20g，五香藤20g，谷芽、麦芽各20g；下肢轻度浮肿加大腹皮15g，茯苓皮15g，生姜皮10g；过用寒凉药加炮姜10g，鹿角霜10g；月经量少或闭经加鹿角胶10g（烊冲），阿胶10g（烊冲）；经前浮肿倍用参、芪，可加红参3g；大便溏薄加砂仁3g，山药30g；易感冒加玉屏风散；腰痛加杜仲15g，续断20g，桑寄生15g；食后腹胀加九香虫10g，山药15g，厚朴15g。

脾肾两虚型：症见畏寒肢冷，痰多，色白有泡沫，纳差，大便2～3次/日，或完谷不化，面色苍白或颧红，言语声低气短，腰痛，月经失调，白带量多清稀，不易怀孕，孕后易小产，或性欲减退，脚软疲乏，舌苔薄白，质淡舌胖，脉沉细无力。局部包块质软，常两乳同时患有包块，以外上象限为多，触之活动，边界不清，无粘连，包块皮色不变，不破溃，少数可现唇乌面垢。治宜健脾补肾，疏肝散结，方用加减二仙汤：仙茅15g，仙灵脾15g，茯苓15g，白术10g，山药20g，砂仁6g，补骨脂18g，瓜蒌皮15g，陈皮15g，郁金15g，香附10g，夏枯草20g，淡海藻、淡昆布各15g，白芥子15g，甘草3g。形寒肢冷加黄芪30g，附子15g（先煎），干姜6g；痰多加海浮石10g，莱菔子15g，杏仁10g；纳差加山药30g，鸡内金10g，五香藤15g；便溏加砂仁6g，山药30g，胡椒20粒；完谷不化加附子15g（先煎），潞党参30g，干姜10g；面色苍白加黄芪24g，党参24g，当归15g，鸡血藤20g；语声低微加党参30g，麦冬12g，五味子15g；

腰痛加杜仲15g，桑寄生15g，续断18g；月经失常加益母草30g，当归24g，鹿角霜10g（冲服）；白带清稀加白果仁10g，白鸡冠花20g；不孕加鹿角胶10g（烊冲），菟丝子15g，焦艾叶10g；胎元不固加杜仲12g，山药30g，苎麻10g；性欲减退加麻雀蛋1个（冲服），枸杞子30g，菟丝子30g；下肢疲乏加黄芪30g，党参30g，山药20g；面垢不泽加菟丝子30g，泽泻15g，红花10g；唇乌暗加鳖虫10g，红花10g，丹参30g，鹿角胶10g（烊冲）。

（3）体会

治疗本病，文老有两个原则：疏肝健脾，益气活血，祛痰散结；忌用三棱、莪术、穿山甲、皂角刺等峻猛之品，因此类药物易耗散气血，久用则正气更虚，反致虚邪不去。治疗本病宜以疏肝健脾之品，使气机调达，清气升，浊气降，郁气散，气血和，诸症除，乳癖消。

三、方剂及药物使用

临证中，文老对药物和方剂有独到的见解，敢于破除旧习惯，因此疗效显著，现将文老临床常用方剂及药物经验整理如下。

1. 单方验方未必可靠

传单方验方者，往往云："用之若不中证，亦无流弊。"此种说法，最为不通。药物进入人体后是否引起变化？无益即有损，以此推之，若无中证，果得无流弊耶？传方人用心诚可嘉，服药人健康则堪虑。

2. 方无所谓神秘

单方即七方中之"奇方"，验方即古人屡试不爽之方剂，无所谓"神"，亦无所谓"秘"。市传神秘单方、验方，试用之，是否有效，尚待验证，然用药贵在辨证，治病不难，而识病难，不明此理，妄用所谓神秘单方、验方者，无不偾事。

3. 用药要领

药不合证，虽清轻之一二味，亦能加重病情；药与证合，虽峻猛之品，亦能起沉疴痼疾。

4. 堕胎药之我见

旧传妊娠忌药，但用之临床，未见其能堕胎，所谓“有故无陨”，此缘于胎气足，故无损也；反之，胎气不固者，虽用薏苡仁 15g，亦能滑胎。初入临床者，不可不注意。

5. 名贵药不可采用

珍珠、玛瑙等名贵之品加入药中，不过昂其值、标其名贵，非真能奏奇效，故不可信其说而用之。

6. 一病分治，用药可以胜众

文老最佩服“一病分而治之，则用寡可以胜众”一语。如治瘙痒症，用血药时必须兼用祛风之品；治坐骨神经痛及类风湿等病，祛风除湿活络药中，必须酌用温通或滋养之药，往往能收到奇特的效果。

7. 药有反畏，尚待探讨

药有相反、相畏之说，不能从字面去理解，应当从相伍同用效力倍增之义解说，如甘草反甘遂，“十八反”里有明文记载，但《金匮要略》治痰饮，又有甘遂半夏汤，乃甘草与甘遂同用，后世应用于临床，未见其能杀人。因而悟出相反、相畏之理，故临床上常用海藻、昆布佐甘草以治瘰疬，效力颇佳，从无流弊。故文老认为，“十八反”“十九畏”之说，尚有待探讨。

8. 虫类药的应用

虫类药有搜剔隐伏之邪的效力，功用非草木之品所能及，但必须掌握其临床运用，知其流弊，明其用法，方可使用。如蜈蚣、全蝎，非体实或陈旧之邪不可妄用，用量宜由少到多，蜈蚣常用量 1 ~ 2 条、全蝎常用量 5 ~ 10 只（蜈蚣效在头，全蝎效在尾），用到患者身现红疹时急停用。僵蚕、蝉蜕之品，凡气血虚弱者亦宜慎用。凡心脉沉细者忌用地龙、水蛭、虻虫、䗪虫，地龙用至身现寒凉时急停用，水蛭、虻虫、䗪虫用至大便现黑色而里急后重时急停用，否则无不偾事。

9. 红娘、斑蝥不可妄用

红娘、斑蝥虽煅成炭，其毒力仍然很强，内服外用必须谨慎，否则，若内服不当，可以造成肾、膀胱出血等疾患，外用不当则发疱成疮，痛苦难当，而且外用过量也会引起中毒。

10. 用蛇类药的标准

蛇类药治风湿病有特效，但不宜用于寒痹。无论是白花蛇（蕲蛇）还是乌梢蛇，用至身现微凉则不宜再用。

11. 白花蛇与碎蛇须慎用

白花蛇论大、中、小尾数，以小者入药（蕲蛇最佳），大者无用，乌梢蛇论克数；白花蛇价昂，乌梢蛇价廉，效力均大同小异，故白花蛇不常用。至于碎蛇，又名脆蛇、地鳝，为蛇蜥科之脆纹蜥，祛风湿力弱，骨伤科中亦无显著疗效，故可以用，也可以不用。尚可同精肉蒸食，治小儿疳积。

12. 地牯牛的鉴别

四川俗呼之地牯牛，并非鼠妇，亦非土鳖，更不是蜣螂，外科用其化瘘管（合入药中，不单用）有特效，但品种万勿混淆。地牯牛又称蚁狮，为蚁蛉科蛟蜻蛉之幼虫，生于沙地或土墙脚下沙中，古称沙椤子，可治痈疽疖疔初起，拔毒消肿之力甚强。此外，对高热抽搐、中风、跌打损伤等均有疗效；可焙干研粉吞服，亦可水煎服。

13. 谈炭类药

用炭类药并不是“以黑止红”的对症疗法，它是从辨证入手，选用适合病情之品，煅之成炭，务须保证存性未完全消失，而直中病所，故必须选择适合病情之药，临床方能奏效。

14. 浸淫疮及风疹初起忌用黄芪

浸淫疮及风疹初起，当忌用黄芪等固表药，否则腠理密固，必发生肿胀疼痛，造成“闭门捉贼，反为贼伤”之虑。

15. 浸淫疮外用药标准及宜忌

治疗浸淫疮之外用药剂型，黄水多者宜干掺，分泌物少者宜清油调药物外搽，但忌用蜂蜜调敷，或凡士林之类拌搽。另外，浸淫疮及一切痒疹，外用药忌蟾酥，破损者忌用花椒。

16. 生肌油膏忌加铅丹

凡生肌油膏，如玉红膏之类，最忌加铅丹，否则油膏黑硬，敷之使人增加痛苦，造成疮口起白沿，甚至导致反复难愈。

17. 用药贵在配伍

一药有一药的效力，但有时配伍一二味药，不仅效力大增，且可收到其他的功效。如桑叶配伍杏仁，则发汗力强，最适于体虚感冒风热者；僵蚕、蝉蜕配伍，则祛内外之风；地肤子、白鲜皮配伍，则不但消风，又可祛湿；夜交藤与合欢皮合用，则安神力强。诸如此类，不胜枚举，临床中不可疏忽。

18. 用药必紧扣开阖升降

选方用药必须有开有合、有升有降，如此方能收效，用药不致呆滞。如紫苏子、杏仁、桔梗用治喘咳，具有开合升降之力，如拉动风箱之鼓动，故喘咳可以缓解。

19. 慢性溃疡及陈旧性湿疹治法

凡治慢性溃疡及陈旧性湿疹，可师东垣之补中益气汤，加用清利湿热之品，再佐以健脾解毒之剂，无不奏效。

20. 养阴法可佐除风祛湿及温阳活络之品

治类风湿性关节炎及坐骨神经痛，可以兼用养阴疏风除湿之法，佐以温阳活络之剂，或少加马钱子，收效颇佳。

21. 矾类、蟾酥外用宜慎重

凡慢性溃疡及陈旧性风湿疹，皮肤破损处，已麻木不仁，忌用枯矾类兑入外用药中，以免敛涩病邪，造成不良后果。蟾酥刺激性强，外用有伤口者，非但无效，反而增加痛苦，亦宜慎用。

22. 洗药、外敷药宜生用

外证用洗药煎剂，最忌制炼，均宜生用，效力方强。外敷亦以生用者为佳。

23. 用药贵在有法

用药贵在辨证，不分单方、复方，有方就要有法，不是“某一种药物配入，则会在人体中起某种作用”的片面解释。

24. 苦寒药宜对证而用

苦寒药非大实大热者勿妄用，有其证时不妨使用，文老常见一些医者在黄连解毒汤内，佐公丁香少许，本是畏首畏尾，反自圆其说，美其名曰“可以抗感染”，纯属无稽之谈。

25. 寒热并用，外洗止痒力强

黄柏苦寒，治下焦湿热诸病，可与苦辛之蛇床子合用，治下焦湿热诸证，仲景用之为阴道坐药，治妇女阴寒之疾。文老师其意，常用以上二药配伍苦参、大风子、苍耳、地肤子、白芷等，为瘙痒诸证外洗方剂，临证加减多获良效。

26. 温病忌汗

温病最忌发汗，如麻黄、细辛、羌活、独活、升麻、葛根、白芷、藁本等药，犯之必大汗、大热不止，或吐血，或衄血，或烦渴谵语，乃成坏证。

27. 温病忌温补

温病最忌温补，如人参、党参、高丽参、西洋参、白术、丁香、砂仁、草豆蔻、肉桂、附子、干姜、苍术等，犯之必火上加油，耗灼津液，以致出现烦渴心慌、衄血便结等症。

28. 温病呕吐忌药

温病呕吐不止，忌用丁香、砂仁、草豆蔻、红豆蔻、肉桂、干姜、荜茇、高良姜等，犯之必现烦渴等症，甚至死亡。

29. 忌油忌蛋问题

凡温病、风寒，及一切热病之证候、痢疾等，均忌食油荤及蛋类；否则，除使疾病加重外，更能导致邪气稽留、反复不愈。

30. 忌醪糟问题

醪糟生湿化热，凡风湿病、燥热之证，及风火眼疾、痈疽疔疖诸病，均不宜食，犯之病更剧。世传以醪糟或黄酒煮蜂房或鹿角胶治乳痈，服之不仅病不能减，反而可促成红肿热痛及迅速化脓之证。

31. 寒病初起忌药

寒病初起、已成，均忌地黄、黄芪、茯苓、大枣、枸杞子、五味子、巴戟天、鹿角胶等药，因寒邪凝滞，用之必成坏证，唯温病不忌地黄，余同忌。

32. 痢疾忌收涩与温燥

痢疾正盛时，忌用诃子、粟壳、乌梅、阿胶、丁香、砂仁、沙苑子、蒺藜、白术、赤石脂、龙骨、牡蛎、牛羊肉等。否则必燥渴滞涩胀痛，甚至死亡。

33. 痢疾忌分利

痢疾里急后重时，忌用猪苓、泽泻、车前草，否则必致滞涩干燥，胀痛难堪。

此时宜因势利导，使邪毒外出，里急后重之证必消，痢疾乃愈。

34. 麻疹初起忌温燥

麻疹初起忌用干姜、肉桂、附子、丁香、砂仁、豆蔻仁、白术等温燥之药，犯之必燥渴，或肺热炽盛、吐血衄血而毙。

35. 痘疹宜忌

凡患天花者，始终忌用茯苓、当归，犯之必胀浆内陷；胀浆时忌用大黄、黄芩、黄柏、黄连、龙胆草，栀子等苦寒之药，犯之必邪毒内陷。

36. 闭经宜忌

凡妇女闭经，忌用地黄、黄精、巴戟天、大枣、肉苁蓉、阿胶、鹿角胶、枸杞子等药，犯之必血脉凝滞，变为经脉疼胀，四肢结核，难以痊愈。

37. 虚秘忌下

老人、虚人及新产妇，大便结燥为精血不足，治宜养血润下，勿以芒硝、大黄、巴豆之类峻下，犯之不仅愈下愈不通，反易造成肠部溃烂。老人、虚人、新产妇便秘者，宜四物汤配润肠之品。

38. 跌打金刃伤宜忌

跌打金刃所伤，忌用冷水浸洗，犯之者生口不易，更忌用升丹及一切汞剂，否则易造成终身筋骨疼痛。

39. 续筋接骨忌药

续筋接骨忌用核桃、红慈菇，否则筋骨不能接；并忌用木瓜、五味子、乌梅、等酸收之品，否则易造成筋络不伸。

40. 烫火伤宜忌

凡汤烫火伤，忌用冷水洗敷，及敷井底泥、青苔、鸡蛋清等，犯之者热毒内敛，易引起火毒攻心，甚至引起局部溃烂而难愈。烧伤后局部洗净消毒后，用紫草油或烫伤膏涂搽患处可迅速愈合。

41. 脾胃虚弱用药宜忌

诸病脾胃虚弱，饮食不消者，忌用地黄、枸杞子、肉苁蓉、大枣、阿胶、龟甲等药，否则致脾胃呆滞，反增饱胀，愈不思食。若脾气虚，宜香砂六君子汤；胃阴受损者，宜用益胃汤，服之效佳。

42. 疮疡宜热敷

诸种疮疡，外敷药宜热敷，但又不宜高温，不宜冷敷，否则易造成毒邪凝滞。

43. 疔疮忌用艾灸针挑

疔疮忌用艾灸及刀针挑破，否则容易引起走黄，邪毒内攻，发生危险。

44. 阴证诸疮宜忌

凡阴证诸疮，忌用连翘、大力子、天花粉、黄连、黄柏、黄芩、栀子、苦参、山慈菇等苦寒药，否则使毒凝不散，易造成败证。只宜用温散之药，常用阳和汤治之。

45. 血证宜忌

吐血、衄血，忌用升麻、柴胡，因其能引起血溢上行，反助病势。虚劳吐血更忌黄芩、黄连、黄柏、栀子、犀角、羚羊角，因凉滞血液，纵桔梗、白及等药亦宜慎用。

46. 产后忌麻黄

产后伤寒无汗，忌用麻黄，犯之者必漏下不止。因产后阴血亏损，若再汗之，阴血更伤（汗血同源），故易致恶露不尽，应慎之。

47. 泄泻大渴忌分利

凡泄泻大渴者，忌用猪苓、茯苓、车前草、泽泻、滑石等分利水道诸药，犯之者重伤其阴，渴愈加甚，病势必增。

48. 补虚宜忌

心肺虚者忌用地黄丸，肾虚者忌用补中益气汤，否则不仅方不对证，反而增加病势。

49. 乌梅丸配伍之奥妙

乌梅丸为仲景治蛔妙方，以乌梅之酸，连柏之苦，椒、姜、辛、附、桂之辛，使蛔虫得酸则伏，闻苦则安，遇温辣则静，配当归则肝血得助，用人参以调和中气，使寒热错杂之证得治，因其配伍巧妙，故在临床上运用多获奇效。用治胆道蛔虫症效亦佳。

50. 山药妙用

山药古名薯蓣，系多年生蔓草之根，以河南怀庆产者为佳。其味甘淡、性平，有补气液、助脾生津之力。不仅健脾益胃，凡人体气液亏耗者，皆能培养固摄，凡人身诸不足之病，配伍入药，无不有效。怀山药适宜平补，但必须重用至30g，并随症配伍他药，方不呆滞，而见良效。

51. 再论怀山药

山药之汁似膏似乳，为补脾健胃养阴之佳品，用于泄泻不能用白术者（因其涩滞），用山药尤有特效。因其味微有酸涩，故为胃酸多病证所忌用，但与瓦楞子（煅为细末）合用，则能克制，能配伍合用得当，以治胃酸多者，亦无妨碍。大凡西医诊断为内分泌紊乱及蛋白质缺乏之疾，用山药补之亦有卓效。

52. 三论怀山药

成都中医学院方剂教研组曾总结山药功效云："其味甘、其性温，功能补脾、益肾、助消化、止泄泻。在补剂中应用甚广，作一般滋养温补药用，适用于：虚弱不足证候；脾胃虚弱、少食体倦、泄泻等；治疗消渴，但对有温热实邪者忌用。"文老细揣其意，或以性味甘温之故，但甘温不甚，性近于平，配伍得当，又何忌之有？

53. 鹿角霜软坚不伤正气

鹿角霜为炼取鹿角胶所余残渣，其性温而不燥，有推陈除积之效，常用于乳痈，配伍全瓜蒌、丝瓜络、蒲公英等药，消积软坚之力最强，并能通督脉，且攻散之中有温补作用，用于软坚消瘰，量大亦无妨；嫌其温者，则伍以轻清之品即能克制，诚为软坚中之佳品。

54. 羌活鱼治胃痛最有效

羌活鱼产于种羌活之田中，或高原海子及小河中，其形如守宫而稍长大，其性辛温，香窜之力甚强，配入治胃痛药中，止痛之力最速。如胃痛久不愈，草木之品无效时，配入一二条合煎，奏止痛之功，可收立竿见影之效。若以炕干为末，则镇痛健胃之力更强。羌活鱼为四川特产，属两栖类动物，属小鲵科，学名山溪鲵。

55. 牛臁贴治胰腺炎及消化不良有效

牛臁贴即牛之脾脏，性平、味咸，其气香。用法：取鲜者，以利刀割成大片，贴烟囱上，几小时内可炕干，碾为细末，佐鸡内金、酒神曲、藿梗、小茴香等为末，治胃痛、腹痛、消化不良有特效；再佐羌活鱼末、木香、广乌药等为散剂，治胰腺炎，有镇痛之功。

56. 柴胡必须慎用

柴胡有“劫肝阴”之说，故一般温病学派视为禁药。其实本药在六经专药中最为常用，因其升胆气、通三焦，疏郁达邪，为伤寒少阳经枢转要药，及少阳证之专药；但必须知道，气不舒、鼓阳不达者，方为适合之证候。凡阴虚阳越之体，决不能用。下焦虚损、气升喘逆者亦忌用。非少阳疾病，纵体实者，误用之亦可致耳鸣或耳聋，因其力横性升之故。

57. 忍冬藤之力胜金银花

金银花广产于各地，昔人多忽视，而专用花而弃其藤，不知其藤能宣通营卫，清透疏达，渗入经络，能清肝胆风火上窜少阳阳明，而发生龈肿、发颐、痄腮、时毒，善治瘰疬、结核、乳痈、身痛寒热、经脉痉挛、脱疽、水肿、疮疡等，较金银花为胜，勿以其简便廉而忽视其功效。

58. 再论金银花

金银花以山东产者较长大肥润，因其修长弯曲，故名眉金银花，讹写则作蜜金银花，其色淡黄者为金花，洁白者为金银花，合用则称为双花，人皆以此入药。不知此花是经过人工炮制，效力则远逊于忍冬藤，故文老多不采用，常以毛金银花代之。用毛金银花及各地土产金银花（及叶与藤枝）15g，功效在净金银花 30g 以上，且价格便宜。

59. 金钗石斛与鲜石斛

金钗石斛光洁如金，股短中实，其味甘淡。近世药店中所出售者，乃用细小石斛，加以人工捶制，硫黄烟熏染，不但功效全失，且含有硫毒，不能入药。

鲜石斛色青而干实，较金钗石斛粗长，效虽逊于金钗石斛，但清虚火、退余热之效，又在金钗石斛之上，故用金钗石斛不如用鲜石斛更妙。

60. 不能用机械方式解释中药的组合

单味药有单味药的功效，配伍用药又有其不同功效，且一味药的各部分功效也不同。如当归之归首、归身、归尾，麻黄之茎与根，均功效各异。每种药加以炮制后功效又不同，从事中药研究，不能以某单味药含某些成分，在人体内又会产生某些作用，不可机械呆滞地看问题，不可过早地做出结论，要遵循中医理法方药及辨证施治之法。

61. 辨药应从实际出发

古人因时代背景所限，故解释药名、药性，偶有所偏，难免有不可取之处。如云“独活苗见风不动，无风自动；水蛭虽经煅成炭，露之仍能复活成虫；种狼毒之区域内，附近草木皆不生”等。文老根据临床亲身观察体会，实非所云，用药应当从实际出发，决不能偏信古人不足之说而不辨之。

62. 狼毒的效弊

狼毒味辛、性平，有大毒，闻其名则畏其峻猛，不敢试用。文老治肾囊风顽固者，常喜用生者配入洗药中，曾用至15g而未见中毒。近代认为是镇痛解毒药，古人用作内服，有破积、降气、杀虫、镇咳之功，对胸中积癖、痛证有效，但量未超过3g。从未见有杀人事实，现代配伍川乌等外用药，插入阴道中，可以堕胎，临床报道有效。但文老曾亲见用狼毒0.5cm作外用堕胎药，引起中毒死亡，因此用狼毒者，必慎之。

63. 紫荆皮和紫荆花的妙用

文老常以紫荆皮配紫荆花，治皮肤过敏痒症，较单用紫荆皮效果为佳，此为临床经验，无典籍可考。紫荆树虽然粗大，微搔其皮则全枝皆动，其过敏程度可以想见，动则风生，本其义以治风痒。其花据稗官野史载，与鱼合食可杀人。文老亲自尝试，亦未见杀人，而合鱼食则鲜香之味减，涂在鱼上则腥臭之味减，故以治异物过敏之瘙痒症，取其克伐之性，其机理有待进一步探讨。

64. 用籽仁、金石类药物必须打烂入煎剂

凡药物之籽仁，大多外有护膜或护壳，整用多不易煎出其有效成分，故影响疗效。凡用籽仁之品，应打烂入药。唯内服之鸦胆子，则又不宜打破；其他如磁石、龙骨、牡蛎、石决明等金石类药物，均宜打烂入药，其理亦同。

65. 中药止血药兼可去瘀

止血药多兼有祛瘀之力，使瘀者去而新者生。如三七、茜草、藕节、白茅根、地榆、童便、大蓟、小蓟、侧柏叶等，何尝不是此种效力？可大胆地使用，亦不致有滞瘀伤新之弊。

66. 芫荽不可常服

芫荽又名胡荽，一名香菜，为薇科植物，蜀人多喜佐牛羊肉服食。不知此物辛温香窜，多食则有害，故古人有多食则损人精神之告诫。患者服之则身软，久

食令人多虚，以致引发痼疾。禁忌方面，凡有狐臭、口臭、龋齿、脚气、金疮者，皆不宜食；用药上，如白术、牡丹皮皆不宜与之配伍，阴虚火旺之人食之无异于服毒，故芫荽不宜常食或多用。在临床中，每见疮疡缠绵加重或复发者，由于喜食芫荽引起者不在少数，故不可不慎。

67. 芫荽外用之效

芫荽虽不宜内服，但遇小儿麻疹未透者，用布包芫荽，乘热外熨，透发之力颇强。若无芫荽，用西河柳（即柽柳）外用亦佳，因西河柳亦具辛温香窜之力耳。

68. 枕中丹的化裁

枕中丹出自《千金要方》，治健忘有效，能交通心肾，益智安神，其方为：龟甲、龙骨、远志、建菖蒲等分为细末，每服 3g。在临床上常配伍其他方剂而有良效，如合六味地黄汤，治阴虚型神经衰弱；与党参、茯苓、当归、山药、桑螵蛸、龙骨、酸枣仁之类合用，以治心悸、健忘、小便频数；合地黄汤、制首乌、夜交藤、合欢皮，治忧思过度、失眠；去龟甲，加牡蛎、人参、茯苓、菊花、熟地黄、枸杞子、夜明砂，治疗近视，常服有效。本方药味平淡，收效颇大，诚为良方；配六味地黄汤加丹参，治脑震荡后遗症亦有良效。

69. 高血压及痰湿之人宜少食蒜为妥

民间有“大蒜解毒，独伤于目”之谚，仿佛是说大蒜除了伤目之外，便无其他副作用了。其实不然，大蒜具有较强的辛温之性，不能多食。若常用之，不仅损目，尤能生痰助火，故高血压及痰湿之人俱宜少食为妥。

70. 治静脉炎草药方

脱疽（闭塞性脉管炎）常伴发风湿病及静脉炎，患部出现硬结，痛不可忍，治疗颇为棘手。临床常配伍石凤丹、走马胎、过路黄 3 种草药，内服有效。

71. 乌苓参名为雷震子的来源

乌苓参又名雷震子，产于四川灌县大山区域。采药人云：此药根部其形圆滑，皮黑肉白，质坚，常数粒类聚，闻雷声则在地内自动摩擦，故表皮光圆，因而名曰“雷震子”。

72. 乌苓参性味功能

乌苓参在市面出售者，坚硬如石，圆形，大者如拳，重百克以上，小者如枳壳，重约数十克，外表黑色有光，滑润可爱，劈开后里面呈白色或米色，味甘淡，性平补，入肾经，功能补肾、润肺、益气，对肾虚阳痿、早泄、遗精、肺痨等，均有特效，常单味入药，不须配伍。

73. 乌苓参用法

以乌苓参 120g 炖母鸡 1 只，食鸡服汤，将乌苓参取出切片，晒干为细末，每服 6 ~ 9g，每日 3 次，开水送下。因鸡及汤吸入乌苓参之性味，乌苓参吸入鸡之精华，不仅无物可弃，而且效力更增。

74. 高丽参服法

高丽参为高级补品，常习用入丸剂，或入汤液煎服，其效果多不显。文老常用高丽参 6g，微以温水浸透，待药泡软后取出，切成极小细粒，将浸参之水倾出，用 1 个鸡蛋调匀，再酌加人参和糖，蒸熟透，然后连渣及蛋服食，则其效果更好（红参亦可用此方法）。

75. 鹿茸用法

鹿茸为冬季补品，世人喜服用，但不知服食之法，故效果不显。文老常用以鹿茸粉 30g，和醪糟汁 120g 调匀，盛于碗内，做饭时蒸熟后，待冷则成冻胶样，每日用竹片切取 1 片（约 6g），以冰糖开水冲服，较服药末，或入其他药内效力更强。

76. 骨痨散用法

将蜈蚣、全蝎、䗪虫三味中药等分为极细末，每用 3g，用鸡蛋蒸熟服食，对骨痨一病（如骨髓炎、骨结核）有特效。此方名为骨痨散，每日服 1 次，以 10 日为 1 个疗程；服药后停 10 天，再服 1 个疗程，至愈为止，但必须配合其他丸剂或汤剂（如虎潜丸、阳和汤之类）服用，其效更增。

77. 反佐药不能全凭臆想

古方用药有反佐，如紫雪丹加公丁香，肾气丸加桂、附，其中皆有精义，可师可法，但此时用药会出现“反佐”的情况，不能全凭臆想。

78. 腊梅花治喉炎

凡西医诊断之慢性喉炎、咽炎及扁桃腺炎，中医认为是虚火或实火不重之喉痛，用腊梅花（非红梅花）一味，6 ~ 9g 煎水服用，有较好疗效。据考证，腊梅花芳香沁脾，其性甘淡，生于初冬，得一阳之气，以助阴气，功能清肺胃之虚火，有干燥生津之效。瓶插观赏，可留以备用，若弃之殊为可惜。

79. 橄榄不宜多食

橄榄性平微寒，味酸涩而甘，入肺胃肝胆之经，生津润肺，除烦化痰，凉肝息惊，解毒清胎热，故胎火重者多用之；另外，以之炖猪肚子，服之效果显著。若属实火盛，症见口苦者慎用；阴虚痰湿重者亦忌用，否则易引起目瞽或致失明，一般无火热者，亦宜少食为佳。

80. 虫草非虫类

虫草即冬虫夏草之简称，一般本草记载，冬是虫，夏是草。本品产于川康雪地，寄生于土内，乃菌类植物，冬则苗枯，成上草下虫之状。虫似僵蚕而细小，色黄黯，苗枯而黑，为阴阳变化所生长，并非"冬则为虫，夏则为草"之传说。

81. 虫草之功用

虫草性微温，味甘淡，因其得阴阳之气，故有育阴潜阳、补肾益肺之功。其性温平，能补阴阳两虚，故常以治肾不潜阳之虚喘、虚咳及上热下寒之候，效果颇显，常人用为平补之剂亦效。

82. 虫草用法

因虫草微温，不宜于阴虚火旺之人，常用以炖鸭服食，即可中和。其用法：以鸭一只去骨，用锥条刺小孔 40 ~ 50 个，然后以虫草插入孔内，至虫草全入，留草在外，然后以文火清炖至鸭熟肉软，可食鸭，服汤及虫草。因鸭性凉，二者混合乃性平，久服亦无害。

83. 巴豆妙用

巴豆性温、有大毒，其油接触人之皮肤，易引起肿痛而致溃烂。去净油后成巴豆霜，配伍入丹药内，则不损皮肤并能拔毒外出，但不可久用；若顽疮久不愈者，可用巴豆 60g 去外壳，择其破烂者去之，布包炖猪肉半斤，服汤食肉去巴豆，则毒亦解，顽疮易愈，并无任何副作用，文老在临床用之效佳。巴豆尚可治疗哮喘，以苹果 1 个，去顶、挖籽核，选巴豆 7 粒，放于苹果内，填满白糖，放碗中蒸软，去豆食苹果，早晚各食 1 个，连食 7 天为 1 个疗程，重证可食 3 个疗程。近来报道巴豆仁去膜，每次服 0.1g，每日 3 次，治疗胆道蛔虫症效佳。

84. 燕子窠可治喉炎

凡咽喉红、肿、痛、闭之疾，可用燕子泥窠 60g（屋檐下泥作之燕子窠穴），加鸭蛋清、曲酒各半，混合调敷喉外，可消炎导痰，见效甚速。因燕子窠细泥乃经燕子涎液混合而成，取其性类；鸭蛋清性寒，曲酒性温而窜；寒温配合，性能速窜，故适用于寒热诸般喉疾，外用无所避忌。

85. 三七妙用

三七以云南所产为上品，支头大者效佳。外用为粉，可治金刃跌打外伤、流血不止。内服 3 ~ 6g，可治肺胃出血。若血虚之疾，失血过多者，用 6 ~ 9g 炖鸡服食，补血复元之功亦显。

86. 千捶膏具简便廉之效

以蓖麻子 30g 去壳，桑树根皮（去粗皮）90g 切碎，生猪肉 30g 共捣绒，名千捶膏。用治大疮，如对口疮、背疽等，将溃未溃之际，贴上，日换 1 次，可以拔毒外出，揭去腐皮，胜过刀针。一般疮疖，如小儿头上之地瓜疮，贴之亦可消散。此膏具简便廉之效，文老临床常用，但药物必须用新鲜者，用时方捶绒；暑天尤要注意防腐变质，唯不适于阴证。

87. 海浮散制法

海浮散出自《医学心悟》，被誉为外科第一圣药，在临床上用之疗效显著。但乳香、没药之油不易去净，自改用电烘法后，则问题迎刃而解。电烘时温度要适宜，温度不能太高，烘后气、味、效力均不失。另外，必须用乳钵轻轻捣十几分钟，停一下，再捣，这样不易使乳钵、乳棍黏滞，而易研细。如无条件的地方，可用草纸包放烟囱旁，烤 3 天，换 3 次草纸，亦能使药物酥碎，方不失其效力。

88. 韭菜汁止血生新

韭菜有祛瘀血、生新血之功，凡一般的内出血，如吐血、衄血之类，可用新鲜韭菜半斤，切细，加白糖 60g 拌匀，然后用纱布挤滤，则流出绿色稠汁。每用 2 ~ 3 汤匙，开水冲服，则能止血，此方止血不滞，并能生新，治支气管扩张出血尤效。

89. 对膏药之见解

有人怀疑膏药用多种药物，油炸成炭后，去渣，加铅丹凝为膏剂，是否有效。其实，油炸药与水煎乃同一道理，不同之处在于，油液中吸收的药物成分较少。文老临床用膏药治风湿痹证，内服药多佐药末助之，至于《理瀹骈文》用膏药治各种内证，亦应辨证施治。如果不辨证，通治百病，是不可取的。

90. 灸条是否可以不配伍用药?

现代针灸所用之灸条，多用文绒一味，不佐他药。其实，艾绒并非万能，配伍药物入内，则更显效。药物入内，燃烧后是否影响功效之发挥，则尚待进一步的科学研究。根据临床经验，凡配伍药物之灸条，较纯用艾绒者，其效更佳。

91. 触肤灸治牛皮癣效果明显

牛皮癣，皮厚如牛革，搽药、洗药均不易吸收，故不易治愈。文老常用“太乙灸条”或“外科灸条”治疗本病，将灸条制成米粒状，围患部一圈，密布后同时点燃，燃烧至根部，按捺，烧后忌茶水 2 小时，间隔 1 日后，再照原灸内外一粒米之隔，如原法灸之，至最后患处中心一壮，痂脱而痊愈，并可杜绝复发。

92. 雪羹的妙用

荸荠与蛰头合煎雪羹，王孟英最擅用此治疗湿温病后，清余热之用。文老临床上将其用于治疗高血压、癥瘕等病症，均有疗效。

93. 当归四逆汤的广用

当归四逆汤治厥阴病四肢厥冷，近年用来治疗冻疮很有效。文老常用以治疗寒湿型脱疽，效果显著。近代文献记载，当归四逆汤随症化裁，亦可治疗多种疾病。

94. 清凉膏的广用

清凉膏为治烫火伤的妙药，由石灰澄清水与麻油各半而成。文老用其治疗外伤性红肿烧灼及急性湿疹，效果显著。

95. 温病、伤寒，病心慌烦躁，忌冷物罨胸

凡温病与伤寒，症见心慌烦躁，忌用凉水及一切冷物以冷罨法贴胸部，否则使热邪入里，易变坏证。

96. 咳嗽用药宜慎

程国彭论咳嗽有云:“肺体属金，譬如钟然，钟非叩不鸣，风寒暑湿燥火六淫之邪，自外击之则鸣，劳欲情志、饮食炙煿之火自内攻之亦鸣。医者不去其鸣钟之具，而日磨锉其钟，将钟损声嘶而鸣之者如故也，钟其能保乎？吾愿治咳者，作如是观。”其立论最正确，可以为鉴。

97. 咳嗽用药宜忌

凡温病或伤寒，咳嗽初起，忌用人参、党参、洋参、高丽参、地黄、五味子、阿胶、龟甲、枸杞子、大枣等补敛之药，犯之必久咳不止。其他如玉竹、沙参、玄参，初咳亦可随症选用；而诃子、罂粟壳、鸦片三药，初咳、燥咳、寒咳及痰多咳嗽，均不能用，犯之则欲咳难出，痛苦较咳更剧，且敛病邪，反致缠绵。另外，咳嗽口干，忌用半夏，犯之必燥热痰咯不出。

98. 疟疾早截及注意事项

疟疾最忌早截或早补，否则必连发不休，大抵疟疾，必待三发之后方可截，待痊愈后方可补。又疟疾服药，万勿在将发之际，否则药证相斗，令人难以忍受。

99. 溃疡用药宜慎

诸疮溃后，凡筋骨活动之处及下阴谷道、手足关节，宜慎用升丹，否则易使汞毒入筋骨，使愈后留有筋骨疼痛。又凡肉少骨多之处，患溃疡者，更不宜用升丹，不然易致胬肉突出，毒留骨髓，临床上常用海浮散代升丹，收效颇佳。

100. 痹证用药宜忌

凡风寒湿痹、筋骨疼痛，初起忌用地黄、枸杞子、巴戟天、大枣、菟丝子、肉苁蓉、补骨脂、阿胶等滋补药品，因其能使外邪凝滞，致成残疾。又腰脊疼痛而兼有风寒湿邪者，亦忌上述诸药，并忌用杜仲。

101. 用药要有方有法

选用方药，要法度谨严，不管用药多寡，都要有法指导，不能见一症用一药，堆砌成方，使方不成方、法不成法，否则虽偶可侥幸，但如盲人瞎马，放荡山岩，无不偾事。

102. 肺结核辅助疗法

文老治肺结核，常用的辅助疗法有二：一为沙参 30g，煎汤代茶。一为鲜白及 2 个（劈破），糯米 30 ~ 60g，合煮稀饭，粥熟去白及，加白糖，多服以代夜餐。二者需长服，勿间断，纵不用其他药物，亦可治愈，临床效良。

103. 加味琼玉膏治疗肺结核有效

琼玉膏系张景岳方，常加味治肺结核，颇显特效，特录其方如下：沙参、玉竹、百部、白薇、白及、黄精、玄参、生地黄、紫苑、牡丹皮、泽泻、女贞子、墨旱莲、白前根、化橘红、酸枣仁、茯苓、浮小麦、款冬花、桑白皮、地骨皮、龙骨、牡蛎煎取浓汁，梨汁、蔗汁、荸荠汁、广柑汁、藕汁和入药汁，芡实粉、山药粉、尖贝粉、蜂蜜、白糖及冰糖，共和入煎成膏状，收贮。每服 1～2 勺，开水冲下，每日 3 次。浸润型服一二剂即愈；空洞型者，多服亦能钙化；用量可以灵活掌握，三七粉需少用，此方可随症加减化裁。

104. 冬至宜清不宜温

冬至多以附子、生姜炖羊肉，谓服后可以补人身气血，因之形成冬至进补之习惯。体实及阳盛者，服之往往衄血、咯血、浮肿，或埋下来年患大疮、温热病的隐患。盖冬至是阳生之候，不宜温补，最好以橄榄数枚（或绿萼梅 10g）、青头萝卜一小块，煎汁服汤，可以预防喉炎。

105. 乌鲗方治妇女不孕症

《内经》为中医基础典籍，并载有 13 方，其方简而效验，若能广泛采用，加以吸收，确能起沉疴、愈痼疾。如乌鲗丸方，临床上常以此方治妇女功能性不孕，及月经不调所致不孕、带下诸疾，效果显著，其方用乌鲗骨 250g，广茜草 120g，干鲍鱼 120g，共为细末，以麻雀卵调匀，为丸如梧桐子大，阴干备用。每服 30 丸，每日 3 次，治子宫发育不良及女性性欲低下等病症。

106. 血竭治疗脱疽的探讨

治疗脱疽，存在的问题是如何迅速止痛、缩短疗程，这两个问题其实是一个问题，因为脱疽致痛的因素是脉道阻滞不通，如脉道一通，其痛必止，病也速愈，所以，要着眼于通脉道，但必须在辨证施治的前提下进行，不能只为了通脉道而通脉道，如果只是那样，只会事倍功半。在治疗脱疽时，常使用虫类药，如水蛭、虻虫、䗪虫、蜈蚣、地龙、蛇类等，化瘀通络药对轻证疗效较好，对重证疗效欠佳。翻阅各家本草著作，逐一进行研究和分析，又请教老药工，血竭真实功用如下。

关于血竭的记载，始见于《新修本草》，是棕榈科藤本植物麒麟竭的树脂，其性平，微有小毒，色红，入肺、心包经，常外用，有止血、生肌、镇痛、消肿之功，内服可益阳精，散阴滞之气，治内伤血气，还可治妇女产后血晕，小儿诸疾等；血竭为和血良药，且活血之力强，故有“无瘀血忌用”之禁，内服亦不超过 3g。文老在临床中应用，体会血竭并无毒性，每剂 6g 亦无副作用，且效果显著，外用治脱疽溃烂，有消红肿、镇痛、生肌祛腐之效，配海浮散其效更增。所以，在治疗脱疽重证时，常采用本品，疗效显著。由于市面上缺药，故未常用。本品治疗脱疽，可消肿镇痛，通络活肌，在临床上有进一步研究的价值。

107. 文老常用草药治疗瘰疬、肝硬化、宿食积聚等病症

（1）猫爪草 30g，一支箭 30g，苦荞头 30g，水煎服。

（2）猫爪草 30g，一支箭 30g，金刚藤 15g，硬韭头 30g，慈菇皮 15g，杀口肉 120g，炖至肉烂时取汁，分 6 次服用（连肉同吃）。

猫爪草治疗瘰疬效果确切，猫爪草还有明显的利尿作用。经研究证明，本品对人体无任何毒副影响，但对中枢神经有不同程度的抑制作用，可避免情绪烦躁、易怒，对人体具有保护作用，故方中配合本品，可增强治疗瘰疬之效。同时，本品乃疏肝良药。

川派中医药名家系列丛书

文琢之

学术思想

文琢之学术造诣深，经验丰富，以善治肿块、皮肤病及各种疑难杂病而闻名遐迩，其学术思想主要包括以下几方面。

1. 学有所宗，倡导内外合治

文师10岁时，师从四川方外名医释灵溪大师，入室8年，受大师悉心教诲，口传心授，尽得其传。文师将释氏治疗内、外科及杂证经验，以及各种效灵之膏丹丸散的制作技术继承下来，出师后悬壶成都，颇有效验。后随蜀中名医冯尚忠（荫棠）习脉学3年，其医技更精，蜚名于川。在60余年的行医生涯中，一直以治病救人、振兴中医药事业为己任，曾于1983年撰文《回忆中医的存亡斗争与发展》，回顾了从民国时期北洋政府提出“消灭中医”，到20世纪80年代之间的中医发展之路，讲述了中医发展的艰辛道路，我们从中也看出，文师对四川中医，乃至全国中医的发展都做出了应有贡献。新中国成立前，在成都地区两次大流行的霍乱中，文师采用中药治愈患者不计其数，与中医大家任应秋等人合著《霍乱集萃》一书，具有重要的意义。文师虽然从事外科，但很重视内外合治。他指出，习外科者，必须以《内经》《伤寒论》《金匮要略》《温病条辨》等经典著作来指导临床，结合外科疾病的特点，审其因、究其根、治其本，则效果大彰；反之，不习《内经》《难经》，不探索疾病之源，仅以刀圭之术治病，或只司外治，或仅操数方以治疾，皆非外科医师也。文师指出：“人体表现于外的痈疽疔疖，犹江之浊流，树之枯叶，只有澄其源而流自清，润其根而叶乃茂。”如被文师推崇的医家汪机，在《外科理例》中说：“外科者，以其痈疽疮疡皆见于外，故以外科名之。然外科必本于内，知乎内，以求乎外，其如视诸掌乎。”“有诸中，然后形诸外。治外遗内，所谓不揣其本而齐其末，殆必己误于人，己尚不知；人误于己，人亦不悟。呜呼！己虽不知，天必知之；人虽不悟，神必识之。”又如陈实功在《外科正宗》中指出：“医之别内外也。治外较难于治内，何者？内之症或不及其外，外之症则必根于其内也。此而不得其方，肤俞之疾亦膏肓之莫救矣。”文师要求我们必须学好内科，并以此为基础，外治必学好刀圭之术以应急，必亲制膏丹丸散以增效。如此则内外皆通，合而治之，其效若桴鼓之应。余随文师近

20年，目及经文师妙手治愈的怪病及难愈之疾不可胜数。文师治病，严守理法方药及辨证施治的原则，内服、外治皆以八纲辨证入手，深究病源，阐明病机，内外合治，疗效大增，现以脱疽病案一例佐之。

向某，男，45岁，1986年9月5日初诊。患者左下肢胀痛、麻木、发冷半年，伴小趾末节发黑3个月。自1年前始发双下肢胀痛麻木，左脚小腿肌肉松弛无力，时有转筋，有间歇性跛行，休息后可缓解，左下肢发凉，如在冰水中，疼痛彻骨，继之左脚小趾苍白，而后渐渐发紫，痛不可忍。后经当地诊断为脉管炎，建议其进行小趾清除术。由于患者系农民，不愿手术治疗影响其生活能力，故拒绝手术治疗。患者嗜烟酒，左脚有冬季外伤受冻史，左脚趺阳脉未及，右脚趺阳脉微弱，小趾末节发黑，有少许分泌物，恶臭，自觉口干喜饮，下肢疼痛无力，局部灼热，大便干，小便黄，舌苔薄黄质红，脉弦滑。此乃寒邪入络，气血凝滞，瘀阻血脉，气血不通，邪毒化热化腐所致，治宜清热解毒，活血化瘀，通络止痛，方用四妙勇安汤合当归四逆汤加减：忍冬藤40g，生黄芪60g，玄参30g，当归30g，鸡血藤、蚕沙各15g，丹参30g，仙灵脾12g，地龙、红花、牛膝各9g，水蛭、虻虫、土鳖虫、甘草各5g，北细辛6g。外用10%生黄柏溶液清洗伤口，发现有小溃疡，左脚小趾骨外露，外用海浮散撒布，盖紫草油纱布。为使患者伤口早日愈合，用漏芦50g，猪脚1只，炖汤3000mL，食猪蹄，用猪蹄汤温洗患处，外用药同前。后患者病情向愈，黑色小趾溃疡变红，脓液异味减少。用上方治疗半年，伤口愈合，疼痛轻微，行走如常人。局部用药：红花10g，威灵仙30g，煎水熏洗患肢，熏洗后再涂沃雪膏，以温经散寒、活血通络，气血通畅则肢暖脚健，以此方加减，再服药3月后，患肢肿胀麻木及疼痛明显减轻，皮色转红，患肢温度增高，左脚背趺阳脉微弱可及，右脚趺阳脉可明显扪及。服药巩固半年后，患肢肿痛明显好转，仅有微痛，麻木消失，皮肤颜色、温度与常人无异，双下肢趺阳脉均可明显扪及，1988年3月开始正常工作，随访一切正常。

2. 健脾化湿以绝生痰之源，补肺理气以净留邪之所

文师治怪病多从痰入手。凡怪病多有肿块。朱丹溪指出，人身上、中、下有块者，多是痰，而痰要形成肿块，起因为气血运行的失常，导致气滞、血瘀、痰凝三者相互交结，则可发生有形之肿块。肿块可发于人身各处，外至皮肤、肌肉、骨骼，内及五脏六腑，无处不到，多数可称其名，亦有不可名者，故以怪病论之。其治法，当以顺气为先，见痰休治痰。艾儒棣教授根据文老经验提出：健脾化湿以绝生痰之源，补肺理气以净留邪之所。治痰为治病之标，治疗重点应为健脾化湿、疏肝理气、化痰散结、活血化瘀兼软坚消散。文师以此独到见解，创制了消核散，并用于临床数十年，效果显著。随后将消核散研制成消核片，用于治疗乳腺增生病、瘰疬、甲状腺肿瘤等多种疾病，大多数肿块都能得到消散，足以证明痰是形成肿块的基础，气血失常是形成肿块的关键。该方将气、血、痰三者合而治之，达到气血顺、痰涎散、肿块消的目的，所以，怪病从痰治，治法之妙不在专攻其痰，妙在气、血、痰同治，其效大显。1977 年，艾儒棣随文师学习时，用其经验方消核片治疗甲状腺瘤患者曾某（同位素扫描为凉结节，肿块大小 7cm×8cm，质硬），经半年而治愈，患者免于手术。随访至今未复发。

3. 发皇古义，融汇新知，治疗红斑狼疮

文师临证师古而不泥古，方药灵活多变，对中医学理论多有独到见解。尤其是文老晚年还结合新学发皇古义，对西医缺乏特效药物治疗的系统性红斑狼疮，运用中医学理论研究，辨证求因，探索其源，发现了肾虚邪实是系统性红斑狼疮一病的特点。因肾虚则五脏六腑皆虚，红斑狼疮尤以肾阴虚为主，阴虚则阳亢，虚热盛迫血妄行则出现红斑、发热、鼻衄、口糜等症状，邪热炽盛，甚至引发高热而邪犯五脏六腑，因而肾虚是其本，邪实为其标。通过对西医诊断本病的客观检查进行综合分析，文师提出治疗本病的三个步骤：第一步，急性发作期，治以祛邪为主，佐以辅正，常用清瘟败毒饮加减治之；第二步，急性发作缓解期，治以扶正与祛邪相结合，自拟首乌地黄汤加减治之；第三步，慢性阶段，治疗以扶正为主，佐以祛邪，用桂附地黄丸加减治之。将这一治疗原则运用于红斑性狼疮的临床治疗中，取得了很好的疗效，通过对资料齐全的 37 例患者进行分析，显效率为 70.2%。近 30 年来，艾儒棣教授应用文老经验，在临床上治疗了大量的红斑狼疮患者，效果显著。

4. 治疗疑难杂症，多有奇方妙药

文师跟随释灵溪大师学医时，将释师毕生治疗杂症的经验悉数继承下来。文老身怀绝技，治疗杂症多获奇效，其方药之多，治法之妙，被同道誉为“多宝和尚”，足见文老方多效显。如治疗皮肤黏膜处的溃疡，在辨证治疗的同时，加用山药糯米粥，往往获效甚捷。又如治肺痨者，用冬虫夏草炖老鸭肉服食，再加全蝎散 3g 蒸鸡蛋空腹食，往往应手而效，常被患者称颂。又如治阳痿方，对虚证之阳痿，用之确有捷效，采用阴阳双补，主要有鹿茸、熟地黄、仙灵脾、鸽蛋等。文师在治疗某些慢性病时，推崇药食同用，如肾虚者用乌苓参（又名雷震子）炖肉或鸡服；肺痨者用冬虫夏草炖老鸭肉服；脾虚者以山药糯米粥，往往获效甚捷。又如治骨髓炎、骨结核破溃日久，死骨已脱离未出者，用地牯牛粉配九一丹，捻条插入疮口内，则可迅速退出死骨，不必开刀，使伤口愈合时间缩短。巴豆性烈且毒，又能使人峻泻，但文师取其以毒攻毒之理，用于治疗顽固性痤疮、多发性疖疮等皮肤顽疾，每次用 60g 巴豆，炖瘦猪肉，食汤及肉，弃巴豆，其效果异常显著，深受患者欢迎。1977 年，成都中医药学院附属医院某职工家属患结节性痤疮，十分严重，经过多家医院治疗，效果不显。然后请文老治疗，症见：面部满布结节痤疮，潮红油腻，口中有异味，喜食辛辣，尿黄便通，面带愁容，舌红，苔黄腻，脉弦滑。文老认为，患者是湿热内蕴、气血瘀滞而成，内治以清利湿热、活血化瘀、解毒消肿为法。方用枇杷清肺饮合仙方活命饮加减，内服 7 剂；另用巴豆 60g（布包），瘦猪肉 60g，文火炖 4 小时，去巴豆，食肉和汤。1 周后患者复诊，自言食后不温不燥，无腹泻、腹痛，面部无新皮疹出现，情绪明显好转。舌、脉同前，守方再进 7 剂。疗效：治疗 1 个月后，面部结节消退，痘印增多，停巴豆剂，服消瘰丸合清肺饮加味，前后服药半年，面部平复，精神爽朗，已有女友，结婚时文老表示祝贺，患者及家属称谢不已，在我院传为佳话（巴豆一药，性烈且有毒，又能使人峻泻，非临床医师不可自行照搬使用；如若自行用方，后果自负）。文师所用奇方妙药，实难一一枚举，现介绍于同道，使老师之学术得以流传。

5. 释门亦重炼丹术，红白二丹乃家当

文师随释灵溪大师入室求学，尽得其传。文师在探索白降丹的用法时，认为降丹腐蚀力强，且疼痛剧烈，为克服这一缺点，文师进行了艰苦的探索研究。如文师曾得清末川西著名降丹“大乘丹”的俚歌，其歌云：“一人圭，千人降，非也。大丹古，八七五。”其歌意之禅机颇费思考，经多方破译不得要旨，后文师与外科名家张觉人老先生反复推敲，始悟其理：“一人”合并为大字，“千人圭”相合而为乘字，合起来为大乘丹之意。“降”是指本丹为降丹的性质。“非也”是

指古人对秘方多秘而不外传，十分神秘，往往以暗语传于后人，这里指该处方为八味药，非字八画即暗指药味的数量。八七五又是什么意思呢？大乘丹有多个处方，数方之中，仅一方的全剂重量是八两七钱五分（合今日大约270g），这八七五即暗合该方药剂总重量，自此，大乘丹的神秘面纱才算揭开。古方终于恢复了原貌，为了确认是否正确，我们请教了成都中医药大学教授、全国药学大家徐楚江，徐老认为解释是可信和正确的。古秘方之谜终解，将濒临失传的大乘丹被发掘出来，验之临床，其效彰彰。但其弊病是疼痛不可忍，为减轻大乘丹的副作用，文师思之再三：可否用“先降后升”的方法来制取，降法取其本，升法取其性。随后，以此法制出的大乘丹，果然疼痛之弊顿减，后来又将方中白砒改为寒水石，如此一来，大乘丹既保持了化腐蚀管的作用，又减轻了患者的痛苦，在临床上很受患者欢迎，一直沿用至今。大乘丹原方：水银45g，硝石45g，白矾45g，食盐60g，硼砂15g，寒水石（原方白砒）15g，皂矾45g，硇砂7.5g。

文师还亲自制取各种升丹、降丹，疗效皆佳。我们将古代的青杠木烧炭炼丹，改用焦炭，操作更容易，火候更好掌握，药物的质量也更稳定可靠。目前，临床上仍常用三仙丹、红升丹、大乘丹等丹药，治疗各种疮疡获效甚捷。

学术传承

川派中医药名家系列丛书

文琢之

文（琢之）氏中医外科学派的发展源流，最早可追溯至清代四川佛家名医天应大和尚，四川省地方志有所记载。继承人为释灵溪上人，他对中医外科的膏、丹、丸、散颇有研究，对外科疾病及杂病有很深的造诣，传于文琢之教授。文教授对之系统地继承和总结，再传授于艾儒棣教授，使之发扬光大。本学派薪火相传至今，已有四代人，第五代正在培养中，历经一百余年，在全国有很大的影响。目前本学派有理论、有著作、有传承人、有产品（消核片），门人及学生已经形成学术梯队，在全国、四川省主要的中医院有本学派的学生，学术思想已传播到全国各地乃至全世界多个国家，如美、德、法、澳大利亚、加拿大等国以及香港、台湾、澳门等地区均有学生执业，产生了良好的学术影响和社会影响。本学派的学术传承脉络图如下。

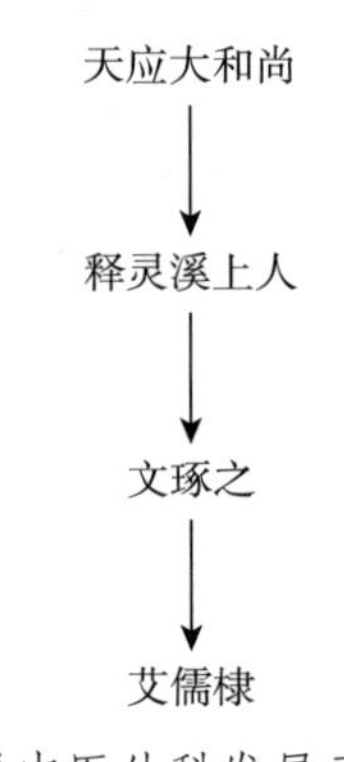

川派中医外科发展示意图

本学派的学术带头人，全国著名中医外科、皮肤科专家艾儒棣，是成都中医药大学教授、博士生导师、国家老中医药专家学术继承人指导老师、四川省名中医、第二届四川省十大名中医、四川省教学名师；40余年来，一直工作在医疗、教学、科研的第一线，主编或参编各种著作30余种，发表论文100余篇，承担国家级课题6项，3项子课题负责人；培养研士及博士研究生百余名、本科生数千名；他医德高尚，医技精湛，为数以万计的患者解除了病痛。多年来，艾儒棣教授博采众长，拜多位名师学习，兼收名家经验，加上临床心得，形成了自己的学术特色。

在外科方面，艾儒棣深得外科名家文琢之的真传。灵活应用文老的经验方，并在临床上取得了较好的疗效，如治疗乳房疾病的消核散，治疗骨髓炎的加减知柏地黄丸，治疗红斑狼疮的首乌地黄汤，治疗肿瘤的消瘤散，治疗皮肤病的疏风活血汤，治疗溃疡的特效药皮黏散等。

艾儒棣亦深得骨外科名家罗禹田教授（四川彭州人）的垂爱，授之以毕生经验，如家传治疗烧伤的秘方地榆膏，治疗骨髓炎及骨结核的加味虎潜丸，治疗肿痛的特效方消肿散，治疗慢性体表溃疡的补血解毒汤等。

艾儒棣的内科特长深受全国著名内科大家陈源生先生（重庆市铜梁县安居人）的影响。陈老擅长治疗内科疑难杂病，有独到的用药经验，如用百合知母汤加梓实、鸭跖草、六月雪治疗水肿，效果十分显著，艾教授融会贯通，将其用于治疗狼疮肾炎，效果良好；又如陈老治疗肝郁气滞、胸胁不舒者，用黄荆四逆散，艾教授将其用于治疗胆囊炎、胆结石效果亦佳。

艾儒棣又追随丹道医家名师张觉人（四川广安人）学习，得其真传，将红升丹、白降丹的制作秘方及马钱子的用法尽数发扬，用于临床效果很好。艾老将所学融会贯通，化为自己的体会，活学活用，治疗外科病、皮肤病、杂病、肿瘤等获得了很好的疗效，深受患者欢迎。

在求学和临床工作期间，艾教授刻苦用功，还深受中医大家李斯炽、凌一揆、邓绍先、李克光、邱明阳、陈达夫、王渭川、王祚久、陆闻鸿、雷德鸣、陶涵清、曾应台、彭履祥、冉品珍、戴佛延、余仲权、关吉多、顾大德、刘洁明等老师的教诲和临床带教，吸收各家之长，为日后的临床工作奠定了良好的基础。

一、学术特点

本学派学术带头人艾儒棣教授在继承和发扬文老学术经验方面，有继承，有创新。文派传承发展的学术新特点如下。

1. 首重脾胃，强调根本

自古以来，各医家均十分重视脾胃在人体生理病理中的作用，因为脾胃乃“后天之本”“水谷之海”，是人体气机升降之枢纽，故而医圣张仲景在《内经》《难经》基础上，提出“脾旺不受邪”的著名论点，突出调理脾胃在防治疾病中的重要性。金元时期，李东垣创脾胃学说和补脾理论，强调补脾胃即补益元气；

外科三大流派之首的陈实功，也十分重视脾胃，其在《外科正宗·痈疽治法总论第二》中指出："脾胃者，脾为仓廪之官，胃为水谷之海……得土者昌，失土者亡……所以命赖以活，病赖以安，况外科尤关紧要。"故艾老在中医外科疾病的治疗中，首先重视脾胃，主要表现在以下三个方面。

（1）从脾肾论治疾病，重病效良

文派强调脾为后天之本，肾为先天之本。在生理上，二者相互促进、相互滋生。首先，脾之运化水谷精微，全赖脾阳之推动，而脾阳则来源于人体元阳之根本——肾阳，即所谓"脾阳根于肾阳"；其次，先天之本必须得到后天水谷精微的充养，才能不断循环化生，永不枯竭。在病理上，二者相互影响、相互克制。脾肾任何一方的受损，都会直接导致另一方的受损，如肾阳不足，必然出现脾阳虚衰；脾阳久虚，也可造成肾阳不足，而成脾肾阳虚之证。研究发现，脾的功能与多系统、多器官的功能密切相关，脾虚可表现为植物神经功能紊乱、消化系统功能降低、内分泌紊乱、免疫功能低下等。临床上，治疗慢性全身性疾病，从中医辨证来看，多属脾肾两虚、气血失和、阴阳失调等证候，采用健脾益肾、补益气血、调和阴阳的治法，多获良效。例如，艾老用具有健脾益肾功效的狼疮合剂，不仅在治疗脾肾两虚为主的系统性红斑狼疮、皮肌炎、硬皮病等结缔组织病上获效甚佳，而且用于治疗慢性湿疹、天疱疮等疾病，也获得了良好的疗效。

（2）健脾除湿法的应用

文派认为，皮肤病的发病病因中，湿邪是一个很重要的因素。若在临床上皮损表现为水疱、糜烂、渗液、水肿或皮肤肥厚，病程较长，缠绵不愈，舌质淡，舌体胖大或有齿痕，根据"诸湿肿满，皆属于脾"及"水唯畏土，故其制在脾"的理论，急性者多是因湿邪困阻脾胃而致气机升降失调，或湿邪蕴结成毒，故在治疗上往往采取健脾除湿、利水醒脾或除湿解毒之法，如治疗急性湿疹、天疱疮等效果显著；慢性者则是因为病情日久，损伤正气，导致脾气不足，不能运化水湿而致，故在治疗上则采用健脾除湿之法，如治疗慢性湿疹、脂溢性皮炎、女阴溃疡、结节性痒疹等慢性皮肤病，疗效亦佳。

（3）治疗溃疡宜补脾益胃，是疮疡内治法的三大原则之一

补法用于溃疡期，根据辨证予以补气益营、补血益卫，或气血双补。文派特别强调溃疡期补脾益胃是重点，正如古人云："有胃气则生，无胃气则死。"脾

胃乃气血生化之源、后天之本，脾胃健运，则气血充足，愈合甚速，因溃后每日流脓而耗伤气血，而脱腐后生新必赖气血之充养。故张山雷在《疡科纲要·卷上·论溃后养胃之剂》中指出："外疡既溃，脓毒既泄，其势已衰，用药之法，清其余毒，化其余肿而已。其尤要者，则扶持胃气，清养胃阴，使纳谷旺而正气自充。虽有大疡，生新甚速。"如艾老治疗慢性溃疡之经验方补血解毒汤，方中黄芪、山药和甘草，均是健脾益胃之品。

2. 以肾为本，调治顽疾

文派认为，顽疾可以从肾入手诊治。肾为先天之本，为人体元阴元阳之根本，调节一身之阴阳平衡。阴阳平衡则气血调和，百病不生；一旦阴阳失调，则百病丛生。在临床实践中，如能以肾为本，通过调节肾中之阴阳而使全身的阴阳达到相对平衡，则顽疾亦可调治。如红斑狼疮一病，病根在肾，本于肾精亏损，而致骨痛、水肿、脱发、恐慌、口中有咸味、遇寒加重等。根据五行生克制化理论，若肾亏母不养子，水不涵木，则肝失濡养，可导致：①肝失疏泄，肝气郁结，故而出现情志抑郁，悲观失望。②阴不潜阳，肝阳上亢，出现癫痫、头痛、狼疮性脑病等神经系统受损的表现，此乃母病及子。肾虚子盗母气，则致肺气亏损，肺阴耗伤，出现口燥咽干、少气懒言、潮热盗汗等表现，此乃子病及母。肾精亏损，则肾水不能上济于心，水火失济，则心火独旺于上而无水能制，出现心烦不寐、口腔溃疡等表现，再因日光照射，内外之火相搏，热盛迫血妄行，则发面部红斑，形如蝴蝶状。肾亏日久，阴损及阳，阳虚失于温煦，水气不化，则浊水内泛，可见浆膜腔积液、不同部位的水肿；又因先天肾阳亏损，必累及后天脾胃之阳，故而脾胃失于运化，一方面水谷不得腐熟，则见腹胀、腹痛或腹泻完谷不化；另一方面水湿不化，则浊水停于中焦，出现腹水或溢于肌肤，上下相合，出现水肿，此乃相侮。可见，对于该病，肾精亏损为本，继之累及五脏六腑，而出现多种复杂症状。因此，在治疗该病时，补肾最为重要，故以金匮肾气丸或首乌地黄汤为基础方加减治疗。

又如阳痿一病，病因复杂，玉茎为肝所主，宗筋所聚，故此病和肝关系至为密切，但疾病发展最终影响至肝肾，乙癸同源，除治肝之外，当补其肾。因痿虽为虚证，但今世之人，多纵欲过度，耗散真阴，阴损及阳，日久致阳痿不用。若纯用壮阳之品，只可兴一时之痿而竭其精，而痿日益加重，治宜阴中求阳，滋肾水而涵肝木，略加温肾之品如韭子、菟丝子，是治本之道，遂用经验方秃鸡丸（鹿角胶、仙茅、仙灵脾、女贞子、熟地黄等）治疗。

又如慢性骨髓炎、骨结核，其溃疡日久不消，或创口久不愈合，治疗则从肝肾入手，补益肝肾，温养筋髓，使肾气旺、筋骨强、气血充，疮口自可愈合。艾老临床常以虎潜丸合金宫散（蜈蚣、全蝎、土鳖虫各等分，研末，每日 3g，蒸鸡蛋两枚服，10 日为 1 个疗程，间断服用）加减，其效甚佳。

（1）扶正祛邪，缓解癌瘤

文派认为，岩瘤之病，宜扶正祛邪。癌瘤古称“石痈”“癥瘕”，为顽固难疗之疾。中医治疗有补益气血、活血化瘀、软坚散结、行气化痰等治法，以消散其结，缓解症状，提高生活质量。西医除手术治疗外，多以放疗、化疗治之，这两种治法都可缓解近期症状，尤其放疗、化疗对部分癌瘤效果良好，但其副作用也最为严重，患者常有疲乏、脱发、纳差，以及气阴两虚等一系列正气不足的表现。另外，不少肿瘤对化疗容易产生耐药性，疗效不佳。尽管癌瘤的发生有多种原因，但正气不足、脏腑功能紊乱是其根本原因，正如《素问·评热病论》所说“邪之所凑，其气必虚”，治疗之法重在扶正祛邪。无论中医、西医，扶正或提高其机体免疫力应始终贯穿于治疗的全过程，以扶正祛邪并举，视不同阶段，有所偏重，只顾攻邪或一味扶正的方法都是不可取的。扶正方面，根据患者情况，可选用四君子汤、生脉散、玉屏风散、四参汤等治疗；祛邪方面，根据不同情况，可选用活血化瘀、软坚散结、通络止痛、除湿利水之品。在临床中，艾老师还常常选用中成药灵芝孢子粉配西黄丸治疗癌瘤。1981 年 3 月，曾治四川省政协参事室夏某，男，56 岁，左肺门癌，癌瘤大如鸭蛋，因不宜手术，亦未用化疗，以沙参麦冬汤合苇茎汤、消瘰丸加减治疗，服药 4 年余，存活至 2000 年，因心脏病去世。1998 年，曾治四川省建筑设计院卫生所内科医生瞿某，患肝癌晚期，以黄荆四逆散（黄荆子、黄芩、郁金、枳壳、白芍、柴胡、甘草等）、生脉散、斑蝥丸（斑蝥、人参、熊胆）加减治疗，存活至 2005 年 10 月。以上治疗肿瘤之法，病虽不同，但扶正始终是一个主要的治疗方面，在此基础上，根据疾病的不同类型，酌加针对此病的药物，如半枝莲、白花蛇舌草、毛慈菇等。

（2）怪病多从痰治，确能疗效优良

文派治疗的患者中，怪病顽疾颇多，针对这类疾病，多遵从“百病多由痰作祟”“怪病多从痰治”的理论，从痰论治，获得满意疗效，这既是艾老师从文老那里继承的经验，也是艾老师治疗疾病之一大特色。中医认为，痰既是病理产物，又是致病因素，艾老师将此理论灵活地运用于临床，认为人体有肿块者多与痰有关，并结合“见痰休治痰，当以顺气为先”的理论，用消瘰丸合二陈汤或逍遥散治疗脂肪瘤、甲状腺肿瘤、乳疬、子宫肌瘤、乳腺增生症等，并常常加用四君子汤或健脾除湿之品，因为“脾为生痰之源”，只有脾之功能正常，才能促进水湿的运化，从而减少痰的生成。艾老师曾治疗一乳疬两月的男性患者，予消瘰丸合四逆散治疗1周后，局部肿块变软，4周后肿块基本消失，守方治疗2月后临床痊愈。成都某公司高级工程师任某，男，60岁，2003年5月初诊，右侧甲状腺肿瘤大约4cm×4cm，仍以疏肝行气、健脾化痰为法治疗6个月，甲状腺肿瘤完全消散，巩固3月而痊愈，随访6年未复发。由于受《外科正宗》海藻玉壶汤的启发，临证时艾老师还往往以淡海藻、淡昆布配伍甘草，以化痰软坚散结，并认为海藻反甘草，用之恰当不为害，而是“相反相激，激之以溃其坚”，用于临床可获良效，非寻常药可比，临床治疗肿块患者数以万计，无一出现中毒，实安全效佳之良药。甘草配海藻的精妙之理，诚如李时珍《本草纲目》所说：“乃不为害，非妙达精微者，不知此理。”《本草纲目》又言，东垣治瘰疬用甘草反海藻，以散肿溃坚，“盖以坚积之病，非平和之药所能取捷，必令反夺，以成其功也”。一般体质的患者，甘草仅用3g即可，体强者可加至6g，则效力倍增。在上述经验的基础上，将文琢之、艾老师的经验方消核散研究制成中成药消核片，这是我国治疗乳腺增生病的第一个新药，获得了良好的临床效果，造福了万千乳腺病患者（注：此方非平常治法，未经有经验之医生同意，不可自行使用）。典型病例如下。

金某，女，43岁，四川峨眉电影制片厂演员，1979年7月16日初诊。

主诉：发现颈部右侧肿块1月。

现病史：患者1月前无意中发现右侧颈部肿块，近日增长较快，至某医学院附属医院检查，同位素^{131}I扫描为凉结节，诊断为甲状腺肿瘤合并囊肿。建议秋凉后手术切除，患者不愿坐等3个月，遂决定先吃中药治疗。其形瘦，面色少华而忧郁，易于激动。询问发病经过，不能自控，言其因“文革”遭受迫害，从长春电影制片厂调成都，不能施展抱负，忧心忡忡而发病；因其父、弟皆因患癌去世，又不知自己病情预后，遂心烦意乱，食少眠差，消瘦迅速。查体：右侧颈部甲状腺中下部有一约7cm×8cm大小肿块，质地中等，活动度可，边界清楚，随吞咽上下移动，附近无淋巴结肿大。舌苔薄白、质常，脉弦细。

辨证：七情失常，气机郁滞，痰瘀互结为患。

治则：疏肝行气，解郁化痰，消肿散结。

方药：海藻玉壶汤加减。淡海藻15g，浙贝母15g，陈皮10g，淡昆布15g，青皮6g，半夏10g，连翘15g，甘草3g，白芥子15g，山慈菇6g，柴胡10g，白芍20g，栀子15g，合欢花15g。6剂。

服上方后心烦稍减，睡眠稍改善，余症同上，舌脉如前，守方再进6剂。上方加减服3个月后，肿块缩小，大约3cm×4cm，此时已秋凉，医院通知手术，患者见药物治疗奏效，选择继续服药治疗，服药至4个月时，肿块大约2cm×3cm，此时因事刺激，肿块又长至3cm×4cm，经开导后患者坚持治疗，前后服药近1年，去某医学院附属医院复查，证实肿块消失，巩固治疗半年痊愈。数年后患者调往深圳电视台任导演，现已退休，随访至今，32年未复发。

（3）巧用虫药，可治顽症

文派治疗顽固性外科杂病，常在处方中巧用虫药，较之草木之药效显力专，但是虫药用之不当，其副作用也较草木之药明显，应当谨慎、准确应用。

①虫药善行入络，搜邪直达病所

文派认为临床治疗顽疾，草木之品确有一定疗效，但总不尽如人意。同时根据顽毒深入肌腠筋骨，难散难除，以及“久病入络”的病机特点，重点运用虫类药物，以虫药毒性之偏以攻其毒，取虫药散行走窜之性，入络搜邪，即所谓：“辄仗蠕动之物，松透病根。”（《临证指南医案·卷四》姚亦陶注云）且虫药走窜之力甚著，内而脏腑，外而经络，凡气血凝滞者，皆能开之散之。如治疗顽固性神经性皮炎、慢性湿疹、银屑病，在辨证基础上，佐以乌梢蛇、僵蚕、蝉衣、地龙、全蝎等入络搜邪；治疗脱疽、附骨疽、瘰疬，以金宫散（全蝎、蜈蚣、土鳖虫等量药粉，取3g，蒸鸡蛋1个）内服，或水蛭、土鳖虫、虻虫并用，取其峻烈之性，逐瘀通络；治疗带状疱疹后遗神经痛，佐以虫药破血逐瘀定痛。同时指出，使用峻烈虫药如水蛭、虻虫、全蝎、蜈蚣时，当重用补益气血之品如黄芪、当归等，以免耗伤正气。曾见艾老师治疗一带状疱疹后遗神经痛患者，患者已有83岁，右侧手臂、右胸半侧疼痛难忍，伴右手及手臂肿胀2月，舌红苔黄，脉弦，辨证为血瘀阻络兼夹湿毒，治以活血化瘀通络兼清解湿热，方选桃红四物汤，佐以全蝎 6g，蜈蚣 2 条，生黄芪 30g，土茯苓 60g 等，治疗 1 个月后，患者疼痛肿胀悉除，患者惊喜异常，感激之至。又有一脱疽病案如下。

熊某，男，31 岁，初诊：1965 年 12 月 18 日。

现病史：患者左下肢疼痛，伴有发紫溃脓半年。1965 年 5 月，患者发生左脚中趾剧痛，色紫，继之紫黑发热化脓，6 月手术后排出紫黑血液，疼痛不减，伤口不愈。右脚小趾发紫剧痛，于 10 月在某医院做双下肢动脉造影，结果：双下肢血栓闭塞性脉管炎。有嗜烟史，无外伤史。左脚趺阳脉消失，右脚趺阳脉微弱。舌质红，苔黄，脉弦数。

诊断：脱疽（双下肢血栓闭塞性脉管炎）。

辨证：寒邪入络，气血凝滞，郁久化热。

治则：清热除湿，活血通络。

药物：忍冬藤 15g，土茯苓 30g，当归 15g，玄参 15g，大血藤 12g，赤芍 15g，地龙 9g，红花 9g，水蛭 3g，牛膝 10g，生黄芪 15g，蒲公英 30g，䗪虫 3g，甘草 3g。外治法：盐水洗净患处，用海浮散与血竭粉各等分，混匀后撒布患处，用紫草油纱布覆盖。

以上方为基础，加减用药半年，患者右脚伤口愈合，双下肢基本恢复正常，但足部仍然发冷，右脚趺阳脉明显，左脚趺阳脉细弱。热毒之证已消失，仍以当归四逆汤加水蛭、虻虫、䗪虫、威灵仙、地龙、红花、丹参、牛膝、生黄芪，服药 4 个月。前后共计服药 10 个月，患者双足皮色正常，皮温恢复，疼痛消失，双脚趺阳脉均可明显扪及。患者痊愈而恢复工作。

②解毒杀虫治疗溃疡，另辟蹊径其效甚彰

文派认为，“虫”为中医外科疾病重要的致病因素，应用“虫蚀为疡”观点来治疗溃疡的经验非常丰富。《诸病源候论》有多处虫邪致病的论述。《证治准绳》云：“虫由湿热郁蒸而生，观之月中有雨，则禾节生虫，其理明矣。”结合朱丹溪“触染含灵之毒，聚而成疮，溃而为疡”的观点，经过长期的临床观察，文派认为，治疗顽固性皮肤黏膜溃疡疾患（如白塞氏综合征、顽固性口腔及角膜溃疡、口腔扁平苔藓等）时，在辨证基础上，佐以燥湿杀虫之品（如榧子、鹤虱），确能收到显著疗效。曾有一个 24 岁女性白塞氏综合征患者，反复口腔溃疡 8 年，加重1月来诊，辨证为气阴两虚兼肝肾不足，一诊予生脉散合升麻鳖甲汤、百合知母汤加减，服药7剂后复诊，效果不明显。仍有新发溃疡5个，伴口干，舌红少苔，脉弦细，乃气阴两虚兼肝肾不足，虫蚀为疡。二诊予生脉散合百合知母汤、二至丸，并加用鹤虱15g，榧子15g，百部30g，服药7剂。三诊时溃疡已痊愈，无新发皮损，守方2月巩固，临床痊愈。又举下面一典型病案为例。

张某，女，40岁，2009年2月25日初诊。

现病史：患者1年前患口腔扁平苔藓病，曾经治疗（具体不详），病情无缓解。症见：两颊黏膜假膜上出现小丘疹，伴有血疱，手足心发热，睡眠不佳，大便干结，舌偏暗尖红，苔薄黄，脉弦。

西医诊断：口腔扁平苔藓（慢性期急性发作）。

中医诊断：口疮、紫癜风（阴虚火旺兼血热蕴肤）。

治则：滋阴清热，凉血安神。

方药：玄麦甘桔汤、百合知母汤合凉血消风散加减。玄参、水牛角粉、龙骨、合欢皮、白花蛇舌草各20g，麦冬、射干、牡丹皮各15g，桔梗、知母、生地黄各10g，百合、槐角、决明子、龙齿、灵磁石、酸枣仁、柏子仁各30g，甘草6g。14剂，日1剂，水煎服。

二诊：口腔血疱减少，手足心发热缓解，睡眠改善不明显，大便通畅，舌偏暗、边有齿印，苔薄，脉弦细。在前方基础上加消瘰丸、太子参30g。14剂，如法煎服。

三诊：口腔假膜变薄，睡眠改善，手足心热，舌稍暗，苔薄黄，脉弦细。方选玄麦甘桔汤、凉血消风散合二至丸加减。处方：玄参、水牛角粉、龙骨、白花蛇舌草、合欢皮、浙贝母各20g，麦冬、射干、牡丹皮、墨旱莲各15g，桔梗、生地黄、玉竹各10g，槐角、决明子、酸枣仁、柏子仁、女贞子各30g，甘草6g。14剂，如法煎服。

四诊：口腔假膜大部分消失，可见基底，仍感时有手足心热，舌淡红、苔薄，脉弦。在前方基础上加天花粉、百合各30g，夏枯草15g。14剂，如法煎服。

五诊：经4个月治疗后，患者口腔假膜已基本消失，仅见线状损害，睡眠时有欠佳，大便稍干，余无特殊不适，舌淡红，苔薄，脉弦。方用百合知母汤合二至丸，加玉竹10g，瓜蒌仁、决明子、槐角、酸枣仁、浮小麦各30g，大枣10g。

14 剂，如法煎服。现患者病情基本稳定，嘱继续巩固治疗，注意饮食及调护，并密切观察皮损变化，定期复诊。

二、特色病种

1. 潜心钻研岐黄，深究红斑狼疮

文派对系统性红斑狼疮有独特的认识，系统性红斑狼疮（简称 SLE）是一种多脏器受损害的自身免疫性疾病，是结缔组织疾病之一，在中医古籍中，尚无一恰当的病名来概括本病的全过程，其症状记载部分，散见于“温毒发斑”“水肿”“痹证”“阴阳毒”等病之中。艾老师强调此病的诊断应辨病与辨证相结合，辨病是为了明确诊断，更好地把握疾病总的发展规律，不致误诊误治，进而可以辨证用药。辨证是为了把握疾病发展过程各个不同阶段的特征，辨证用药，提高疗效，治疗上采取中西医联合用药，暴发或急性发作阶段采用激素迅速缓解病情，对控制病情极有必要，缓解期可给予维持量激素和加强中医药治疗。在病因病机方面，艾老师除了从五行相生相克来理解外，还认为本病的病因病机是先天禀赋不足，肾阴亏损，病后长期大量运用激素，导致水、电解质代谢紊乱，二者相互影响，极易出现气阴两虚或阴虚火旺之证。因此，气阴两虚、阴虚火旺是贯穿此病始终的一个基本特点，只是在疾病的不同阶段兼夹了热毒、水湿等症状。急性期以犀角地黄汤合化斑汤加减，以奏清热解毒、凉血化斑之效；缓解期用经验方首乌地黄汤（制首乌、生地黄、山药、山茱萸、牡丹皮、泽泻、茯苓、丹参、刺蒺藜、紫草、地骨皮、炒酸枣仁、夏枯草、女贞子、墨旱莲）治疗，以收养阴解毒、补肾健脾、保肺宁心之功。艾老师认为，药物的选择固然重要，关键要把握住疾病的病机，才不至于犯方向性错误，艾老师曾用中药辨证治疗 60 例 SLE，效果总结如下：①帮助激素较快撤减，减轻激素的副作用，减少或防止激素撤减过程中或停止所致的病情反复加重。②保护脏腑，防止病邪内传。③调整机体的阴阳和免疫力，重建平衡，防止或减少复发。实践证明，中西医结合治疗 SLE，疗效优于单用中医或西医治疗。因单用中药，急性期病情不易控制，容易造成内脏损害，进而危及生命；单用西药，毒副作用严重，内脏损害也不可阻止，并且西药的使用量和使用期限明显较长，尤其是激素所致的毒副作用难以避

免，中西合治则可取长补短，较好地解决了部分问题，但有许多难题仍在不断的探索中。艾老师在这方面做了大量的研究工作，并以 SLE 的特异性诊断指标 C_3、C_4、ANA、抗 SM 抗体、抗 ds-DNA 抗体及其他免疫指标作为客观观察的可控指标，进行中西药物的疗效评价，并将临床经验方制成“狼疮颗粒”运用于临床，取得了较好的疗效。2003 年，曾经治疗四川省南充市一 SLE 患者，患者因长时间大量运用激素而致股骨头缺血坏死，以虎潜丸加减治疗（熟地黄、补骨脂、杜仲、续断、女贞子、山茱萸、泽泻、牡丹皮、鸡血藤、墨旱莲、陈皮、黄芪、鹿角胶、猪胫骨一段），治疗 2 个月后，诸症减轻，患者在搀扶下已能行走数步，两年后可以自由行走，2010 年 9 月顺利产下一男婴，一切正常，仍在服药维持巩固治疗中。另一例患者，李某，重庆市梁平县人，患 SLE1 年多，1990 年初诊时，由于大量使用激素静脉注射，导致双侧股骨头坏死，亦用上方治疗，病情渐渐稳定，生活自理，行走正常，随访 21 年，能正常生活。

狼疮肾炎是 SLE 最常见的并发症，其主要表现为蛋白尿、水肿、腰痛，严重者出现贫血，四肢及面目均肿，血中肌酐、尿素氮升高，并发症较为严重，是 SLE 最常见和最严重的内脏损害，严重者可发展为肾病综合征。中医文献中无本病名称，仅见于类似症状的描述，如“阴阳毒”“水肿”等名称。从中医角度分析，狼疮肾炎患者多因先天禀赋不足，或后天肝肾亏虚，或七情过极，劳累过度，或失治误治，导致阴阳失调，气血失和，邪毒化火，毒邪妄行，外出肌表则现为关节肿痛、面部蝶形红斑、四肢结节性红斑等多种皮损；若毒邪内攻脏腑，轻则产生咳嗽、心悸等病变，重则可见高热、水肿、腰痛、便血等病变，如继续发展，则可出现肾脏损害，轻则可治，重则成狼疮肾炎，出现尿蛋白、肌酐、尿素氮升高等病变。日久则肾阳虚，气化失常，摄纳无权，精微物质下泄而漏下为尿蛋白，肾司二便之功能失常，则秽浊之物泄下受阻，浊毒上升，形成正虚邪实的病理变化，治疗非常困难。综上所述，狼疮肾炎是本虚标实、虚实夹杂的复杂性难治性病变，可表现为热毒炽盛、肾阴亏损、气阴两虚、阴损及阳等证型。临证尤以阴损及阳、脾肾阳虚为多见。狼疮肾炎治疗的关键是保护内脏，消除尿蛋白。艾老师多年的研究表明，温肾健脾不失为消除狼疮肾炎尿蛋白的有效治法。当然，狼疮肾炎的治疗方法很多，温补脾肾仅为多种治法之一，在此仅为抛砖引玉。

狼疮肾炎慢性期多表现为阴损及阳、脾肾阳虚证。脾阳虚则水湿不运，土不制水，水湿泛滥则腹胀；脾运失常则纳差、大便稀溏，或完谷不化；肾阳虚则水不化气，阳气虚不能摄纳封藏，则精微物质下泄而伤正，肾司二便及通调水道之功能受阻，则毒邪及秽浊之物不能排出体外，淤积于体内，侵犯脏腑，导致脏腑功能失常，从而出现头面全身浮肿、畏寒怕冷、四肢不温、面色㿠白、腰膝酸软、夜尿频繁、大便溏稀或完谷不化、易感外邪等症状；严重者可见胸水、腹水，下肢水肿，皮亮欲破，举步维艰，大量蛋白尿，脸如满月，项粗背厚，舌质淡胖，脉濡细。此为脾不运化，肾不纳气，导致脾肾阳虚，精微物质下泄而邪毒蕴结滞留。

治则：温补肾阳，健脾利水。

方剂：桂附地黄丸合真武汤加减。

药物：肉桂粉 2g（冲服），制附子 15g（先煎半小时），茯苓 30g，泽泻 15g，山药 30g，山茱萸 10g，牡丹皮 12g，白晒参 15g，干姜 10g，白术 15g，仙灵脾 20g，仙茅 15g。

三、病案举例

【例 1】秦某，女，55 岁，四川师范学院（现四川师范大学）教师，退休，1993 年 10 月 24 日初诊。

主诉：患系统性红斑狼疮 12 年伴肾病加重 3 月。

现病史：1981 年，患者经某医科大学附属医院确诊为 SLE，1990 年之前被确诊为狼疮肾炎，多次因水肿、间质性肺炎住院治疗。曾用地塞米松或醋酸泼尼松治疗，症状缓解后出院。本次因全身水肿、尿少（300 ~ 400mL/ 日）、蛋白尿（尿常规：尿蛋白 ++++，尿蛋白总量 14g/ 日）、尿素氮、肌酐明显升高而就诊。患者面色苍白浮肿，声音低微，咳喘不止，纳差，完谷不化，不能平卧，下肢Ⅲ度水肿，舌质淡，苔黄腻，脉细数。

辨证：脾肾两虚，肾不纳气，水湿泛滥，邪毒侵犯脏腑。

治则：温补脾肾，利水消肿，排毒摄精。

方药：真武汤合滋肾通关散加减。红参 10g，生黄芪 60g，茯苓 30g，白术 10g，砂仁 6g（冲服），肉桂 6g（冲服），熟附子 15g（先煎），山药 30g，焦黄柏

15g，鲜鸭跖草 100g，金樱子 30g，莲须 30g，知母 15g，牵牛子 3g，黄精 20g，椒目 15g，甘草 6g。4 剂。

二诊：尿量增至 500 ~ 800mL/ 日，面部浮肿稍减，尿蛋白总量 12g/ 日，余症同前。舌淡红，苔薄黄，脉细数。药已中病，效不更方，守上方加山药 30g，仙灵脾 30g，再进 6 剂。

三诊：用药 10 剂后，纳增，精神好转，尿量增至 1200 ~ 1400mL/ 日，水肿明显减轻，利尿剂已停，醋酸泼尼松片减为 20mg/ 日。服药 1 月后，头面、四肢水肿已消，腹水仅余少许，尿量保持在 1400mL/ 日左右，尿蛋白（++），尿蛋白总量 4.5g/ 日，继续治疗直到水肿消失，尿蛋白（–），随访至 2011 年 12 月，一切正常，醋酸泼尼松片减为 5mg/ 日。

【例 2】王某，女，47 岁，四川省劳动人事厅干部，1984 年 11 月 26 日初诊。

主诉：患系统性红斑狼疮 3 年，加重半年。

现病史：患者 3 年前曾以四肢关节疼痛，先后在数家医院按风湿病治之，疗效不显著。近半年仍以风湿病治疗，病情逐渐加重，在省医院诊断为 SLE，入某医院用醋酸泼尼松片 60mg/ 日治疗，疗效不显著，后改为地塞米松治疗，症状缓解，住院 1 年后出院，改服醋酸泼尼松片 30mg/ 日，半年后病情加重，再次入院治疗，出院后病情仍重，在家休息。望诊：患者脸如满月，苍白水肿，项粗背厚，双下肢Ⅱ度水肿，头发稀疏。口中有烂苹果味，尿量 400 ~ 500mL/ 日，尿蛋白（+++），颗粒管型（+），血沉 75mm/ 小时，对日光敏感，大便稀溏，动则气喘，畏寒怕冷，醋酸泼尼松片 30mg/ 日。舌质胖嫩边有齿印，苔白，脉细。

辨证：脾肾阳虚，水湿泛滥，摄纳无权。

治则：温补脾肾，益气利水，排毒摄精。

方药：真武汤合肾气丸加减。熟附子 15g（先煎），茯苓 24g，泽泻 15g，肉桂粉 3g（冲服），潞党参 30g，生黄芪 120g，鸡血藤 30g，山药 30g，车前草 30g，金樱子 30g，莲须 30g，益母草 60g，牵牛子 3g，黄精 30g，椒目 15g，焦黄柏 15g，制首乌 30g，甘草 6g。4 剂。

二诊：尿量增至 800mL/ 日，脚肿稍减轻，余症同上。药已中病，仍守方加梓实 20g，再进 4 剂。

三诊：连服本方加减 30 余剂，尿量增至 1000mL/ 日，尿蛋白（+ ~ ++），精神好转，纳增，大便正常，脚肿消退明显。

服药 3 月后，患者可出户外活动，步行可慢走 1000 ~ 2000 米，生活可完全自理。第 2 年春天自觉病情减轻，晒太阳后当晚发热，咳嗽，鼻衄，从急诊入院，终因肺炎抢救无效死亡。此例患者病情缓解，但日久正虚，脏腑受损，一旦病情反复加重，要成功救治也是有相当难度的。同时，晒太阳会加重病情，本例亦是明证，说明紫外线照射确实可以加重患者病情。

【例 3】刘某，男，45 岁，成都市某有限责任公司总经理，2002 年 6 月 13 日初诊。

主诉：患系统性红斑狼疮伴肾病 3 年。

现病史：患者 3 年前面部出现水肿性红斑，伴关节疼痛，经对症治疗无效，后经某医科大学附属医院诊断为 SLE 伴肾病，用醋酸泼尼松片 40mg/ 日，加环磷酰胺 1000mg/4w 冲击治疗，病情缓解后出院，环磷酰胺总量用至 9g 后停药，病情时轻时重，尿蛋白在 0.9 ~ 1.6g/ 日左右，醋酸泼尼松片 30mg/ 日。就诊时面色苍白浮肿，气短乏力，下肢Ⅱ度水肿。夜尿频多，纳可，眠差，大便稀。舌质淡红边有齿印，苔薄黄厚腻，脉细滑。实验室检查：ANA（+），C_3：0.54g/L，C_4：0.09g/L，IgG：34.1g/L，抗 ds-DNA（+）< 20%，尿蛋白 1.5g/ 日，尿量 800mL/ 日，BUN：11.6mmol/L，CREA：179umol/L，UA：786umol/L。

辨证：脾肾阳虚，湿毒内聚，摄纳无权。

治则：温补脾肾，益气排毒，摄纳肾精。

方药：真武汤合滋肾通关散加减。潞党参 30g，茯苓 30g，白术 15g，肉桂粉 3g（冲服），生黄芪 60g，鸡血藤 40g，大腹皮 15g，焦黄柏 15g，砂仁 6g（冲服），黄精 20g，椒目 10g，金樱子 30g，六月雪 20g，鸭跖草 30g，梓实 15g，甘草 6g。6 剂。

二诊：服药后尿量增至 1200mL/ 日，纳增，苔厚腻情况较前减轻，余症同上。守上方加桑螵蛸 20g，益母草 60g，再进 6 剂。

三诊：服药 1 月后查尿蛋白为 1.2g/ 日。

服至 3 月后，尿蛋白降为 0.8g/ 日，其他生化指标亦有改善。2003 年 10 月，连续 3 个月尿蛋白在 0.14 ~ 0.24g/ 日。2004 年 10 月，搬新房后因劳累，尿蛋白增至 0.4g/ 日，引起患者重视，加强治疗，按时休息，1 年后尿蛋白控制在 0.20g/ 日以内。2005 年，患者出现右髋关节疼痛，经 X 片证实，髋关节股骨头轻度缺血坏死，用加味虎潜丸治疗半年，病情稳定，股骨头轻度缺血坏死明显减轻。2008 年 5 月，连续 3 个月尿蛋白低于 0.15g/ 日，用醋酸泼尼松片 15mg/ 日，免疫生化指标基本正常，水肿消失，肾脏功能正常。2011 年 10 月随访至今，患者坚持工作，目前仍在巩固治疗中。

2. 病分三期，论治脱疽

文派认为，脱疽发病的内因为脾肾阳虚，外因为寒邪侵袭，其他如吸烟、外伤等亦为发病诱因。在发病过程中，尤其在中后期，血瘀阻塞经络较为明显，活血化瘀之法已为大家所普遍认同，但活血化瘀的运用必须掌握时机，把握轻重，抓住致瘀之因是非常重要的。治疗时，可大致将此病分为三期：初期寒湿阻络，表现为患肢怕冷，有间歇性跛行，苔白脉细或沉紧，轻者以当归四逆汤，重者以阳和汤加减治疗，佐以益气活血祛瘀之品，加用虫药如水蛭、虻虫、䗪虫，三药合用，“飞、潜、动”之力并作，通络之力较强。寒邪一散，经络通畅，诸症好转。艾老师对方中鹿角胶一药尤为推崇，认为其既可填精补肾，又可推陈出新，巧用此药，可以达到通畅经络的目的。若寒湿甚者，还可加制川乌、制草乌。中期湿热毒盛，表现为患肢剧痛，肿胀发热，紫暗腐烂，舌红苔腻，脉弦数或濡数，运用四妙勇安汤加清热解毒之剂，如黄柏、白花蛇舌草、半枝莲等，此期断不可重用活血之品，尤其是温热活血药，大量活血之品可助热，使病邪走散，而致病势加剧，应以清热解毒、利湿通络药物为主。后期毒邪留恋，正气不足，应根据阴虚、气虚、阳虚的不同情况，适当加重养血活血之药。需要强调的是，如创面久不愈合，肉芽不鲜，必须调补中州，顾护脾胃，以养脾胃而助生化之源，诚为经验之谈。

四、经验之方，确有妙用

艾老师临床几十年，有很多宝贵经验，亦有很多经典的经验方，文派将其灵活地用于临床，取得了满意的疗效。在此介绍两个常用方，与诸位共享。

1. 四逆散之妙用

文派擅用之四逆散，其来源于《伤寒论》，是为少阴病而设，阳为阴郁于内，不得宣达于四肢的热厥证。先祖师结合临床经验，认为四逆散是疏肝、解郁、行气的主方，已不局限于《伤寒论》的范围。大凡人身之疾，不外乎升降阖失调，若气机升降正常，开阖有度则阴阳调和，气血畅达，何疾之有？四逆散中柴胡、枳实（虚者用枳壳）能升、能降、能开泄，白芍、甘草能收、能敛、能缓急，四药并用，寓开阖之妙，故四逆散为和解之剂，功能和解表里内外，调和肝脾，疏肝解郁，可用于治疗肝胃、肝脾、肝胆疾病及胸腹诸疾。

①肝胃不和：主症为胃脘部反复疼痛，游走不定，疼痛连及胸背，食后尤甚，苔薄，脉弦，用四逆散加黄荆子、青皮、陈皮、香附、郁金、羌活鱼。②肝脾不和：主症为胃脘部隐痛，闷胀不舒，时轻时重，空腹尤甚，食后缓解，多食则腹胀，神倦便溏，舌质淡，苔白腻，脉弦细，用四逆散合香砂六君子汤（四君子汤加香附、砂仁）加黄荆子、羌活鱼。③肝郁气滞，血瘀胃络：主症为胃脘部痛有定处，拒按，食后痛剧，痛如针刺，或见吐血、便血，脉弦，用四逆散合失笑散（蒲黄、五灵脂）加羌活鱼、黄荆子。④若系胆囊炎：见右上腹疼痛，放射至右肩背，舌红，脉弦，用四逆散加黄荆子、郁金、茵陈、金钱草、黄芩、羌活鱼、生大黄（泡水喝，便通即止）。⑤若系胆结石（胆囊结石、胆道泥沙结石）：见夜间平卧腹痛，晨起减轻，食油腻食物后不舒，舌正常，脉弦，用四逆散加黄荆子、金钱草、栀子、玉米须、鸡内金、羌活鱼（亦可用于胆道术后综合征）。⑥若系慢性胰腺炎：症见食油腻后即腹痛，腹胀，曾有胰腺炎病史，舌红，脉弦，用四逆散加黄荆子、金铃子、铁线草、羌活鱼、大黄（泡水喝，便通即止）、马蹄草结节 10 个，洗干净，捣碎，加麝香 0.1g，加热包肚脐，利小便排毒。

以上诸药，其中：①黄荆子为黄荆树之果实，疏肝理气，化痰止痛，能通达气机，调和肝脾，肃清肺气，化痰止咳，镇痛之功颇强。②枳实其用有四：消心下痞塞之痰，泄腹中滞塞之气，消胃中隔宿之食，消腹内连年之积（《东垣用药珍珠囊》）。③枳实与枳壳相比：实则用枳实，虚则用枳壳；重则用枳实，轻则用枳壳；力宏者用枳实，力逊者用枳壳。

2. 凉血消风散之妙用

文派创建的凉血消风散为临床常用之验方，专为血热型皮肤病而设。全方由水牛角、生地黄、牡丹皮、僵蚕、龙骨、紫荆皮、甘草组成。方中水牛角清热凉血、解毒化斑，生地黄清热凉血、养阴生津，牡丹皮清热凉血止痒，僵蚕搜风止痒，紫荆皮祛风止痒，龙骨重镇安神、平肝潜阳，甘草调和诸药，诸药共奏凉血清热、祛风止痒之效。该方以《内经》“诸痛痒疮，皆属于心”为依据，从心主血、心属火、心藏神三方面进行组方，故在临床中应用广泛，可治疗多种血热型皮肤疾病，如银屑病、荨麻疹、过敏性紫癜、激素依赖性皮炎、湿疹、皮肤瘙痒症等，疗效显著。该方在临床上可加减应用，如热甚者可加黄连解毒汤；便秘者加瓜蒌仁、草决明、牛蒡子；阴虚者加女贞子、墨旱莲；眠差者加灵磁石、石决明；纳差者加四君子汤；痒甚者加刺猬皮、白鲜皮、刺蒺藜、蝉蜕等。

3. 创办外科专业，传承发扬并重

文派在治疗外科病、皮肤病时，强调内外合治，而且精于内，长于外，对外科的外治法有深入研究，比如红升丹、白降丹、黑膏药等，并每年都进行传授。自 2000 年起，在成都中医药大学领导的关心下，艾老师承担了中医外科学本科专业的教学工作，每年招收本科生 50 ~ 80 人，10 年间共培养本科生 600 余人，其中 60 余人考取了中医外科的研究生，这大大补充了外科队伍，使外科队伍后继有人，对发展中医外科事业做出了贡献。他编著的《中医外科特色制剂》一书，凝结了艾老师大量的心血，该书将外科的膏、丹、丸、散，皮肤科的膏、霜、散、溶液、酊、油剂、凝胶、湿敷等治疗经验，悉数进行介绍，希望这些外科、皮肤科绝技，能够代代相传，发扬光大，造福百姓的健康。此外，艾老师长期工作在临床、教学、科研的第一线，至今仍坚持培养本科生和硕、博研究生。

论著提要

川派中医药名家系列丛书

文琢之

文老一生著作颇多，如《中医脉诊》《霍乱集粹》《医林人物剪影》《戒烟宝筏》《实用胎产必备》等书稿，1949 前即已出版。《医学心悟阐注》由香港求实出版社印行。《文琢之中医外科经验论集》由文老亲自指导，艾儒棣教授编撰而成，科学技术文献出版社重庆分社出版（1982）。此外，文老及弟子在《中医杂志》《新中医》《辽宁中医杂志》等杂志上，发表了《卫气营血实际运用》《皮肤瘙痒症辨证施治》《十问歌阐注》《乳痈临床经验》《溃疡性结肠炎中医药治疗》《分类用药歌注释》《用药点滴经验》《外科常用方选》《红斑狼疮辨证论治》等多篇论文。文老的著作原稿，大多至今已无法找寻，编者将着重介绍文老在世时成书，1982 年出版的《文琢之中医外科经验论集》，此书真实、客观地反映了文老 60 余年的丰富治疗经验和独到的论治观点。文老在古稀之年又瘫痪多病之时，倾注心血、坚持修订整理旧稿《分类用药歌注释》，亦将收入本书，以将此文流传，对文老亦是告慰。

一、《文琢之中医外科经验论集》

本书出版于 1982 年，由文老传承弟子艾儒棣教授执笔编写。该经验集共收录了 14 个病种，每个病种贯彻理法方药、辨证施治之大法，每病种后附验案。介绍病种简明扼要、重点突出，以中医辨证施治为法，同病异治、异病同治，以介绍经验为主，因此本集内容远非 14 个种病，如皮肤病一文就包括数种疾病，以其有共同点而采用异病同治之法，使重点突出、便于掌握。书中内容紧密结合临床，切实可用，只要掌握了该经验集的内容，对一般外科、皮肤科疾病的诊治就有所提高。正如蜀中名医陈源生所评价的："不尚空论，重在实践，立法简要，出方平正，选药便验，能切实用。"该书一经出版，就深受国内外中医外科同辈的推崇。该书内容精华和临床见解独到之处如下。

1. 纵贯古今，辨证独特

文老论治外科、皮肤科疾病，讲究整体观念，曾说："人体表现于外的痈疽疔疖，尤江之浊流，树之枯叶，只有澄其源而流自清，润其根而叶乃茂。”文老临证辨析入微，以八纲辨证为主，将常见外科、皮肤科复杂多变的疾病，归纳成一两个类型和较多的兼证，以简驭繁，治法简要，用药灵巧。如疔疮是外科急症之一，与疖相比，邪毒较深，容易恶化，有很大的危险性；但临床上往往容易与疖混淆，导致误诊。为避免疔毒走黄，文老十分重视对两者的鉴别“令患者嚼生黄豆，如无生豆味便是疔”，确是简便有效之法。

又如痈和疽，历来在众多中医外科书中混淆不清，如把疽分为“有头疽”“无头疽”两大类，而“有头疽”应为痈之范围内。事实上，痈病属阳，发病迅速，严重时可致三陷证，可危及患者生命；而疽则属阴，发病较慢，病位深，治疗困难。此证可以下陷肌肉，枯竭筋髓，耗伤气血，使筋骨肌肉多受损伤。如附骨疽、乳岩、失荣、石疽、鹤膝风、骨槽风等均属疽证，文老一再强调：“辨痈与疽，不在名称，而在细查病位，属脏属腑，再别其阴阳，四诊合参，辨证施治，方能收到良效，若刻舟求剑式的治疗必酿坏证。”指出了“局部红肿热痛为痈，白色漫肿为疽”的辨证要点。此外，文老并不拘泥于历代外科医家以附骨疽为阴证的观点，独抒己见，论证了附骨疽也分阴证和阳证两种证型，这种能自出见解的创新精神，十分难能可贵。

又如瘙痒性皮肤病，症状复杂多变，辨识不易，文老根据丰富的临床经验，由博返约，不拘泥于病名的诊断，而灵活地进行辨证施治，从探索病源入手，总结分析各种瘙痒性皮肤病的共性和个性，将其归纳为 7 个类型：风热型、湿热型、血热型、血燥型、血瘀型、血虚型和风寒型。并且强调，以上 7 个类型的皮肤病在临床上并非单独出现，而常常二三型混合出现，因此一定要辨别主次，抓住主要矛盾，才能正确地立法遣方用药。

此外，文老对脉学颇有研究，文老早年曾随蜀中名医冯尚忠精研脉学，深得奥旨，凭脉可推测疾病的轻重顺逆，提出了“趺阳脉不显乃脱疽的主要诊断依据”的观点，发现了脱疽患者有交叉脉象的体征，总结出趺阳脉、太溪脉、委中脉的强弱有无，可以决定病情的轻重和病变的部位，并传授了“趺阳脉宜轻取，委中脉宜重按”的宝贵诊法经验。这些细微而独特的体会，对后学有很大的启迪作用。

2. 广集众长，讲究实效

文老为百姓治病，不用价格昂贵的药材，而喜用简便价廉之品。以书中提到的健胃散为例，该方由左金丸衍化而来，由黄连、吴茱萸、酒神曲、广木香、鸡内金组成。黄连与吴茱萸配伍，能清肝解郁，和胃止呕；木香行气和脾；酒神曲和鸡内金帮助消化。诸药协同，有镇痛止呕、调整脾胃功能的作用。观此方中诸药，皆为常见而价廉之品，服用方便，笔者在临床上以此方加减化裁，治疗多种急慢性胃病，疗效甚佳。

文老不尚空论，注重实效，如书中所载文老治疗瘰疬的秘诀："是促其早愈，愈后不留硬结瘢痕及后遗症。关键是掌握好时机，辨证施治。"不可轻易刀切、针挑，不然必成坏证。文老认为，本病重在疏肝解郁、化痰散结，自拟加味消瘰丸，从《医学心悟》原方化裁。原方仅三味：玄参、牡蛎、浙贝母，文献报道也见用于治疗瘰疬，但方中多用川贝母。经过多年临床观察，文老认为浙贝母较川贝母疗效佳，且价廉，因此常用浙贝母。文老不尽信文献，坚持从临床实际出发，类似的经验之言颇多，足资后学取法。

3. 医理精深，重视脾胃

中医外科学中，刘河间"诸痛疮疡皆属于火"的理论占有重要地位。在治疗上，中医外科多用苦寒药和虫类药，但是，"前者有败胃之忧，后者有戕正之虑"。文老细揣"亢害承制"之机要，在攻伐之际不忘顾护脾胃之气；顾护脾胃也非一味蛮补，而要"以平为期，补而不滞"。视辨证情况或疾病发展阶段的不同，或扶脾阳，或益胃阴，或疏肝理脾，或补肾健脾，或并行不悖，灵活运用之妙，存乎于心。

文老一生喜用山药，书中亦有很大篇幅论证山药，发前人之所未发，可谓独树一帜。书中 27 个病案中，用怀山药的有 9 个。文老说山药："不仅健脾益胃，凡人体气液亏耗者皆能培养固摄，凡人身诸不足之病，配伍入药，无不有效。无论以实质气化两者而言，怀山药适宜平补，但必须重用 30g，并随症配伍他药，方不呆滞，而见良效。"又认为山药"山药之汁似膏似乳，为补脾健胃养阴之佳品"。由于山药味有酸涩，故胃酸多者忌用，但文老将其与锻瓦楞子合用，则可克其弊，配伍得当，"以治胃酸多者，亦无妨碍"。

4. 制方严谨，按语精当

文老发皇古义，在反复实践研究的基础上，精选了126方。书中经他甄改的经验方、秘方和加减方共96个，是他多年医疗经验的结晶。其中，文老和弟子研发的消核浸膏片获得了1982年四川省卫生厅鉴定的医药卫生科研成果奖，说明文老所传之方确实有效，得到了社会认可。

文老搜集整理了许多民间方药，去除其不合理之处，运用出神入化。文老和弟子整理挖掘的大乘丹等古秘方，重焕光芒，对中医事业可谓贡献卓著。文老说“药有相反相畏之说，不能从字面理解，应当从相伍同用效力倍增之义解说”，发人深省；又说：“余最佩服‘一病分而治之，则用寡可以胜众’一语”，“用药必知开阖升降”，“辨药应从实际出发”等。文老选方用药有理有节、配伍严谨，由此可见一斑。

在常用药上，文老经过亲身观察体会，提出了许多独到见解，而非偏信古人。如文老认为，忍冬藤之力胜金银花，“其藤能宣通营卫、清透疏达、渗入经络，能清肝胆风火上窜少阳阳明而发生龈肿、发颐、痄腮、时毒，及善治瘰疬、结核、乳痈、身痛寒热、经脉痉挛、脱疽、水肿、疮疡等较花为胜，勿以其简便廉而忽视其功效”；又如文老治疗乳痈时喜用鹿角霜，认为“其性温而不燥，有推陈除积之效”，并能“并能通督脉，且攻散之中有温补作用，用于软坚消瘰，量大亦无妨，嫌其温者，则伍以轻清之品即能克制，诚为软坚中之佳品”。

纵观全书，可知文老制方严谨，加减有因，方后按语精当，有画龙点睛之妙。如加减仙方活命饮乃“外科首方”；誉蒲公英为“疮家圣药”；自拟疏风活血汤为基础方，治疗瘙痒性皮肤病，并称此方“既能养血活血，又能祛风止痒，清热解毒除湿”，切中病机，临床加减，效如桴鼓。

二、《医林人物剪影》

《医林人物剪影》系文老早年旧作，乃文老在20世纪40年代发表的一系列短文，对当时中医界名家凡40余人一一描绘，笔调简明轻快，形象栩栩如生。后于1947年集结成册出版。由于年代久远，编者查阅多家图书馆而无果，后于网上旧籍书店购得一本，但仍有不少缺漏。经多方考证，遂重新修订，现将此文编入本书，以求展现原貌，读者从中可领略文老活泼幽默的行文风格，以及不畏权贵、刚正不阿的风骨品格，同时也反映了四川省早年中医流派的基本情况。

（一）各家作序

1. 段君尧序

锦江文君琢之与余为道义交。曩昔代表川省医会来渝出席，全国中医师联合会成立会，因与各省市医界名流巨子相结纳，咸钦慕其为人，相见恨晚，而与余过从尤勤，故知君不但为中医界卫道好汉，且为多方面之作家，学识渊博，旁及杂技，故乐与交，乃相偕游渝南诸峰，徜徉竟日，慨论时政人情及医林逸事，时而歔欷太息，时而放歌长啸，于兹已窥其抱负之不凡，暨感寄之深矣。君禀性超介，宅心仁厚，天资颖悟，迥异流辈，敝屣名利，淡泊自持，而于公务则热肠尽瘁，凡省中历届医校、医院、医会、医报，与乎医药新兴建树，无不系文君幕后主持，身任繁巨，劳心役形，终无厌倦意，且从未贪名居功。友朋相交，披肝沥胆，助人之急，勸人之成，日入诸费，尽用于公，以故省方医药界及文化界无不称道，其为人推重，可以想见矣。尝以四不室主自号，因不蓄财，不做官，不图虚名，更不娶妻故也。其誓愿终身作鳏夫之因，乃期免室家之累，志尽毕生之力，以服务人群，此种居尘不染，同流不污，不即不离，出类拔萃之独特异行，举世亦乏侪侣，更非耶教神父，佛教僧衲遁世逃俗之行，所可比附者也。其治学也，淹贯百家，于书无所不读。若夫为人诊治，率不计酬，贫苦者反助以药资，常怀人饥己饥、人溺己溺之精神，岂非菩萨乘愿而来现身作大医王者乎？其著述甚富，散见各地报章杂志，近在会刊发表《医林人物剪影》连载二十余次，颇脍炙人口，比应读者催请，拟汇专集行世，寄稿索序，且云："文字愈拙劣愈佳，愈不通愈妙。"盖素知余不文，先发制人，使不容自诿，直是强逼牯牛诞儿之恶作剧耳。征序云乎哉，不禁怒火中烧，谋面有机，首当饱以老拳，方泄此忿，继思螳螂捕蝉，安知黄雀不随其后，彼剪人之影，余亦何妨剪彼之影以为报耶？及读其稿，不期瞿然惊其非游戏文章也，虽彼自白不寓褒贬之意，不为月旦之评，而医林妍媸美丑之影，智愚贤不肖之形，皆跃然隐显于字里行间矣，其词意幽默，其笔调隽逸，读其书者，当必有肃然而致慕者焉，乃觉其心苦，其旨微也。若徒以医林小品等闲视之，匪特不足以知文君，抑自贻管窥蠡测之讥耳。余尤佩其不蹈医界故习，匠心独运，成此创作，以视一般意图沽名猎誉，藉著作冀出露头角，不惜因袭陈言，敷饰西说，拾人糟粕，杂糅成书，强词厚颜以医界作家自豪，而不知人间有羞耻事者，其相距又奚可以道里计哉。余既剪文君之影于前，并书读文君剪人之影之所感于后，拉杂以搪塞之，文字拙劣不通之处，文君其代任之乎？是为序。

民国三十六年丁亥仲夏古巴段君尧书于陪都黄桷垭医庐

2. 陈倦云序

代表全面的一角，或一断片的事物，名叫“剪影”，这是舶来的名词。在我们中国的大都市，如北平、上海……有一种街头艺人（抗战后成都也有一人）一手持剪，一手持纸，把人们的形象剪成轮廓，以代表其人，也名叫“剪影”。手法高妙的，竟会把所要剪的人轮之神态、个性……显现出来，以与其人对照，不差累黍，虽然仅仅动几下剪子，但所留下的轮廓，已足以代表其人了。文学家用艺术的手腕，描述人物，每多喜采用此种手法，给人以一个简明愉快的印象。此类作品，在近代的报纸、杂志上，颇为习见，而在旧文学中则很少见，不是绝对没有，单就诗、词、小说来说，其嘲讽医者的文字，何尝不是一片一片的绝妙剪影呢！如《帝女花传奇》的“缕缕金”一曲，说：“凤炉暖，草根香，何曾谙药性，骗他娘！冤鬼知多少？不堪算账。若然起死有神方，扁陀寿无量，扁陀寿无量！”已把一个庸医的轮廓勾勒起来，再加上：“门条高贴，大书三世祖传，家学低微，小可十分儿戏，虚排架子，必须靴帽双辉，要做忙来，常坐轿车一辆……我说你们不用取笑！若是死病也医得好来，这些人，大家都活到千把岁，世界上挨挨拥挤，如何容得下！总要替他开发下结，所以催命尽管催命，名医还是名医。”一段科白，更令许多冒绷名医的人，看在自家心里，而啼笑不得了！又如某笔记所载，一人读书未成，去而习医，自称儒医，作对吟诗，附庸风雅，其事最秽，其诗则堪喷饭！诗曰：“乘醉归来喜可知，正是吾侪得对时，此去谁人还出对，闲时遣兴与吟诗。情来腹内三杯酒，全仗家中两片皮，从此门前悬人辗，个中居士是儒医。”这嘲讽未免刻画太过，正和漫画家的夸大笔调一样引人入胜，而加重其注意力的！以上两例，虽说挖苦医生，还是文人游戏之笔，究不若医生骂医生来得切实！让我把徐洄溪的《行医叹·道情》抄在下面，看一看他的剪影手法如何！

"叹无聊，便学医，人命关天，此事难知！救人心，做不得谋生计，不读方书半卷，只记药味几枚，无论臌膈风劳，伤寒疟痢，一般的望闻问切，说是谈，要入世投机，只打听近日时医，惯用的是何方何味？试一试，偶然得效，倒觉得稀奇；试得不灵，更弄得无主意。若还死了，只说道药不错，病难医。绝多少单男独女，送多少高年父母，拆多少壮岁夫妻，不但分毫无罪，还要药本酬钱，问你居心何忍？王法虽不及，天理实难欺，若果有救世真心，还望你读书明理，做不来，宁可改业营生，免得阴诛冥击！"

徐老先生这首小词，描写得何等凄婉，只是末尾太道学气一点。试想无计谋生，借医糊口的劣医生，那还顾得上王法天理？况且阴诛冥击，更属渺茫！纵有苦口婆心，也是不会动转的，这就无怪乎劣医之日渐其多，而流传世间的，也只有这些丑恶的剪影了！

难道亘古迄今，偌大医林，竟无一个惊奇出众、圆满美好的人物吗？一定不会的，不过那些智慧超群的人物，已被人们奉若神明，郑重地用传道式的古文笔法，替他们作传，以供人们景仰。要是用轻松的笔调，做剪影式的文章，描写世医林贤豪，恐怕除了文琢兄的这部创作——《医林人物剪影》，此外，尚无其他的人尝试过吧？

本书所剪的人物印象，可以说都是美好的，但也不免有些缺点，而绝无一丁点丑恶的阴影掺杂其间。这不是琢之见的"阿其所好"，是为中医学术界不绝如缕的演变时期中的"形态美"所美化了！文字的技巧，也是相当成功的。读者试一读本书，你会相信中医要灭亡吗？不！中医复兴的光芒，正灿烂地发挥着，而蒸蒸日上咧！

这小册子便是一个开篇，中医的人物，又岂仅这三四十人，还望琢之兄继续努力，把美的印象剪下来，都收来我们眼底，蔚为大观！不过，作者的印象，想为读者所急欲一见的，让我也来替他剪一个影。

熟习人情"老成都"，文章游戏笑哈哈！曾为记者又为医，心广体胖饮酒多。诊罢余暇无事忙，别号"情僧"没老婆！献身医林争光荣，不辞劳瘁喜奔波，陪都远赴医联会，少长成集乐人和，一篇"剪影"好收获？琢之琢之意如何？这剪影也许太拙劣，还是让作者高兴时自剪吧！

注："老成都"乃琢之笔名，写有《成都通》一稿，在极端连载两年余，尚未

印单行本。

陈倦云一九四七年新中秋，于成都

3. 廖蓂阶序

孟氏谓一国之善士，斯友一国之善士，为未足，又尚论古之人。予自束发习岐轩之术，日与古人相酬酢，然遇黄农，则北面而称小臣；遇仓扁长沙，则就弟子之位；若亲聆其训诲，遇唐宋金元诸名家，则或师之或友之，若亲促膝而与语，若遇□□□（注：此处原文空缺）之流，或叱之或奴之，屏诸医门之外，而羞与为伍，然是皆仅读其书，论其学而已。至其人之优劣，为智为愚，为贤为不肖，不可得而知也，文君交游半宇内，而有国士之目，今辑其所知之名医，年无少长，地无遐迩，驱而集之于一堂，又各剪其影，绘其形，摭其逸事，状其平生，俾阅者如见其人，如闻其声，虽未足以尽一国之贤豪，然东箭南金，已略致其美矣。凡吾景仰有素，而识荆无缘者，胥得于此展卷而同亲炙，宁非一大快乎，不愈于尚友古人，恍惚而不可知之也乎，且使人憬然于斯。风雨飘摇之中，国粹之亡而不亡者，幸赖有君子之相与维系于其间，则此编之作，岂无意耶。仆不敏，忝列医林，得执鞭而附骥末，何胜幸焉，至文君宅心之善，笔花之妙，犹锦云丽空，有目共睹，固无事鄙人之鳌颂也。嗟乎，方以类聚，物以群分，声以同应，气以异乘，猗尔多士，孰与吾同声而相应者乎，孰与吾异气而相乖者乎，盱目天涯，无任神往。

北郭处士廖蓂阶民国三十六年孟秋于成都

4. 文琢之自序

吾人欲仰望古今名医风采，至为不易，今人散处各地，未必得以把晤，古人长逝多年，又焉能聚首。往者可以已矣，生存者即不能放松，但一人之精力、物质……有限，势难遍晤各地硕彦，此为心有余而力不足之必然性也。笔者夙具结交世界名医之愿心，念余年来，通函结交，遍达海内外，唯大多数天南地北，仍无一面之缘，幸于民国三十四年奉派参加“全联会”成立典礼，方始一尝夙愿，在四十余日中，与各省名医晤对一堂，快何如之。欢聚不常，丽歌忽唱，返蓉后乃有剪影之作，唯以既忙且懒，文债又多，仅于每周描写一人刊于会刊，半年来仅二十余人。初本一时兴趣，无意成书，殊各地要求刊印单行本之函电，有如雪片飞来，可见人同此心。如我期望者亦不止少数，爰乃为其难，分集出版，以答雅爱，更以有相知而未晤面之神交好友，依每集人数三分之一为殿后附集，藉资预先轮廓介绍。且俟时局稳平，当漫游环宇，遍访贤达，再出二集三集，至无穷集，以供他年修医史者之采择，亦未始非一助也。且于此时能供大多数之同道：均有所认识平时所崇拜之医林人物，亦以慰我宣扬中医竭尽绵薄万分之一耳，此为本书发行之旨趣，唯是书述而不评，以待见仁见智者之胆，记述先后并无成见，信手而录，原无高低，唯事求确切，褒贬不涉，挂漏自多，遗记不少，且俟他日有机再为增正。又中医薰莸不一，未必全为正人君子，故拟采访事实，另作一传奇式影射小说，名曰《医林百丑录》，此亦笔者夙具剪影流芳千古，百丑遗臭万年！自诩必达之阿Q式精神，特为补叙，以作前言，而如演戏之序幕。

情僧文琢之撰

（二）正篇

1. 焦易堂

焦先生是中医界的大护法，他以国家元老的资格，同著谭延闿、陈立夫等诸公，为飘摇欲坠的中医奠定了磐石般的基础，手创中央国医馆，为整个中医界谋生存。

焦先生是陕西人，有着高高瘦健的北方汉子之特点，而又兼着如江南才子般温文尔雅的风度。现已年逾花甲，背部微曲，僧式光头上的短发也稀疏了，在唇上微微蓄点斑白须痕，喜欢穿着长衫马褂，常策杖游行街头，对人非常客气，常常露出诚挚谦和态度，少有虚伪假笑，更无一点官僚架子，说话陕西口音中兼有川话口音，更证明不善打官腔。或许是因年事已高，发出的声音并不十分高亢，可是也并不细微，而且还很明晰。笔者曾在渝城同焦先生相识日期也不为短，每次同先生上街，他总是步行，不但不乘车坐轿，并且不要人搀扶。笔者有次扶先生上冠生园二楼，先生拒之曰："你不要把我认为衰老了，我还要替你们干点大事呢！"由此可见先生之精神及抱负了。先生能书，但不轻易捉笔。先生之夫人为一精明能干之内助，年三十余，体魄健康，红光满面，常戴通光白眼镜，每于先生延见宾客商议要事时，则在旁协理笔录，以备遗忘参考之需。凡国医馆有焦先生签名之公私函件，多出夫人手笔，今人但知焦先生，不知幕后尚有贤明之焦夫人，故特为表扬。先生对人凡事热心，有求必应，近更发起中医革新运动，名正言顺，挽回中医颓风，当不待蓍卜，而必收宏效。

2. 孔庚

曾在参政会与傅斯年力争中西医药问题而出名的孔庚参政员，在国民大会也有“大炮”之誉，他老先生真算得是我们中医界的一位护道菩萨。外传他是孔圣之后，其实全非，他是湖北人，号雯掀，是国民党最忠实的老同志，曾追随先总理倡导革命有年，与党国元老多半友善，所以他的势力颇不小。论其为人直率敢言，虽非中医从业人员，但对中医学术是非常有研究的。瘦瘦的身躯，并不高大，白发苍苍，银须飘飘，五官清秀，走起路来，偏着头背着手，谈起话来，声如洪钟，颇具革命性强悍之态。说话时爱双目微闭，若有所思，见着人总是笑眯眯的，非常客气，常衣粗布，无浮华气，十足代表其学识与人格，并不愿做无谓的应酬，凡往晤候者，必须注意其客厅壁上谈话不过十分钟之启事。他老先生现仍好学不衰，卧室之中新旧书籍及报章杂志环列，一天总是手不释卷。若遇相契之人来访，必健谈科学与哲学，中医与西医，归纳中国医药合乎科学逻辑之铁证，虽逾限时而仍不许客去。笔者曾于陪都青年里孔宅与孔老先生晤谈多次，不但佩仰其能为中医界做狮子吼，尤钦其学理之渊博，惜乎此老过于耿直，兼之年逾古稀，辩答之灵机稍逊，故又难免为贻者加以背地之讽言也。

3. 陈郁

行政最高机关，当然是卫生部中医委员会了，卫生委员会现在共有十三人，计陈郁、张简斋、沈仲芳、丁济万、林业农、卓宗海、郭受天、唐吉父、沈铸臣、钱今阳、宋大仁、张友之、高德明，十三人当中，以湖南陈郁先生为主任。陈先生字文虎，身躯魁伟，年近花甲，蓄发无须，着西服，精神奕奕，和蔼可亲，面部戴通光白镜。初任卫生署中医委员会主任，改部后仍蝉联供职，可见其人干练多才。当政府西迁，国势危如累卵之际，国库空虚，而幸赖先生不辞烦难困苦，于此时手创陪都中医院，使中医在战时发挥了补西药来源断绝，建中医药起沉疴之伟大功勋，值得钦佩。他曾以七事相勉同仁为中心工作：一创设中医高级训练班；二筹设首都中医院；三请教部广设公立中医专校，并公布办理私立中医专校之最低尺度；四编订统一古方丸散膏丹初编；五编纂中药典；六随时审查成药等案件；七组织编审委员会审查中医研究所所编教材。方针既决，今后中医委员会之新猷，全中医界将沐陈先生也惠也。

4. 郑曼青

不提起人还则罢了，提起此人大大有名，他是海内四大画家之一，原名郑岳，他的姨母便是国内第一女画家红薇老人，老人与宋氏姊妹善，故当朝大吏均以得老人一画为荣。郑氏本人不但精绘事，长书法，且深通文学，兼长武技，尤以太极拳较褚民谊辈更有深刻之研究，故国内名流不与唱和，便与议技。郑氏虽博学，但只以中医为业，悬壶京沪，颇有声誉。抗战随国民政府来川，卜居渝来龙巷，时已将近四旬，尚未偶，始由林故主席（子超）主证结婚，方始授室，今已儿女成行矣。陈立夫先生素敬重郑氏，陈先生之爱好中医，郑氏实有力焉。三十四年，郑氏与谭醒群诸公筹组全国中医师公会联合会，初任筹备主任，继被选为理事长，乃持全国中医界职业法团牛耳，后又被选为国大代表，卫生署中医委员会委员等职。当时中医界有曼、醒二公之私谥，而无直呼二氏之名者，可见见重于众。郑氏为浙江人，其身材介乎高矮肥瘦之间，蓄拿破仑头，喜着长衫马褂，见人笑容可掬，态度和蔼可亲，满口浙江音，谈吐文雅，唯不好交际，凡事实事求是，对人坦白诚恳，识贤爱才，谦恭下士，不愧领袖。旋京后见中医行政机构寄人篱下，乃与施今墨翁商议，愤然挂冠辞职，专致力于争取中医行政权独立及中西医待遇平等。

5. 覃勤

覃勤，字醒群，我认识的朋友当中，唯有覃醒群先生算是健谈而最动人的一位了，他是湖南人，他的叔父是覃振院长。此人不但勇敢善言，干劲十足，专凭那幅仪表就使人会生敬畏心了：高高瘦瘦的身材，蓄发整齐，颚下一部五柳青须，两颧微耸，眼睛常常垂帘。常着马褂长服，嗓音明晰而含悲壮激昂，一谈就是几个钟头，除了不断地吸纸外，他是不让人插话的，所谈尽是关系中国医药存亡的问题，无一字及私。尤其是苦干精神，夜无安枕，日无暇食，真使人不相信他是一位当道要人的侄少爷。他从不以势骇人，但刚直勇敢，又不愿居人之下。全国中医师公会之成立，完全是他一人奔走呼喊，其人格之高尚可以想见矣。覃先生善饮酒，也可以代表他的豪迈精神。他的同事人对他都是服帖而不敢马虎，但是这位先生一天总是东一奔西一驰的，对自己的私事完全不过问，甚至在筹备“全联会”工作紧张之际，他的太夫人病重，专电到重庆嘱他速归，他也不愿抛弃工作返梓。及至仙逝，他只嚎啕大哭，绝食致哀，但对“全联会”筹备工作一点也不放松，形销骨立之际，他还是冒暑公办。“全联会”成立了，他并没有当领袖的企图和野心，只是抚掌大笑。等待会务完成，他才回乡奔丧。旋又取道赴京，筹组全中医界的喉舌刊物——《济世日报》。他见中医界之受辱受制、没有政治立场，所以他又带动全国中医界绝食请愿，要使中医设置专署，还政于民，使中医自治。为了争取中医的平等待遇，及呼吁全国中药技工应与西医药剂师称谓、待遇一律平等，曾因绝食请愿至昏厥，这些事实都是值得整个中医药界敬仰的。他的年龄并不大，不过四十开外，我愿祷祝上苍，希冀这位醒公，干劲长存，奋斗永在。

6. 韦宏歧

旧小说上叙记的武侠义士是怎样一个形状，那么韦宏歧确是这类典型人物了。韦先生是江苏昆山县（今昆山市）人，其尊人亦是当代名医。他家学渊源，医学与文学都有相当的功底，并且还能写一笔好“颜”字。他幼好中医，精通内外功夫，一只手可以举起千斤重的铁鼎。因为好中医的关系，于伤科治疗更有特别的技能，接骨续络之事，一经治疗无不复原，无怪乎他会成为国内有名的伤科专家。说到他的性情，豪爽、耿直、最富正义感，而且好学不倦，凡医林中有特殊技能者，不结交为友便投拜为师，这点也是最值得钦佩的。因为抗战的原因，昆山沦陷，他不愿当“顺民”，便随国民政府西迁重庆，于通远门外设泰山堂国药号，兼以伤科名世。上至长官，下及贩夫走卒，一有跌伤，无不前往求治，亦无不痊愈，但从未计较锱铢，有钱人当然凭心索取，无钱之人不但医药并送，并且还要酌赠生活费。抗战时期，当敌机袭渝时，凡有炸伤，他是一概诊治。西医院不能疗治之创伤，他也奉送治疗。至于他的诊所内，各方学者云集，人数之多，足以办所大学，而且每人均享有优厚的待遇，有人说他有孟尝君的丰度，这话倒也不错。他因为医药两方面都有相当贡献，而且家资也颇有积蓄，所以对于社会救济及医药团体及同业福利事宜，他无不踊跃地出钱出力。如全国中医师联合会及重庆市中医公会之成立置产，他都有莫大的助力，并且私人独资创办《医学导报》，开抗战时期中医刊物之先河。编印《伤科全书》《举重练习法》等书，皆有精要独到的见解。抗战胜利后，他主持中国医药改进会，策动中医请愿团，现又荣膺全国医药视导团主任之职，或许不久的将来，他有旅行全国各地的可能。他今年四十余岁，黑健的肤色，中等身材，蓄有小须，作“一”字形，常穿着整洁的西服，勇敢善言。医林小丑，敬畏如虎，每逢集会，只要他在场，宵小之辈无不敛迹。还有件值得记述的事，就是“全联会”成立时，他被选为常务理事，自己却不愿就任，后让与潘国贤，赢得了广泛赞誉。

7. 林业农

据川康考诠处饶炎处长对笔者谈，考试院院长戴天仇在抗战前，一次因公出国，不幸为疾病困于广东边隅。戴氏既苦误期，但病又沉重，在行不得也住不得的紧要关头，经当地好友介绍，一位中西汇通的老中医林业农大夫为其诊治，在很短的时间里，戴氏便告康复。后戴氏出国，未几又突然重病，经国外多名医师治疗均无大的起色，只好派专机迎林老前往诊治，不久便痊愈。抗战时期，国民政府迁都重庆，广东沦陷，林老在当地颇有声誉，不愿为敌人利用，便毁家从粤来川。以将近古稀之龄，沿途饱受危难困苦，奋不顾身，逃入内地，好容易才到重庆，精神、物质所受的痛苦及损失，说来也算相当的巨大，林老这种正气是值得钦佩的。戴院长既感其妙手回春之术，复又仰慕其人格之伟大，于是迎林老居歌乐山陶园，并征聘其为改选委员会中医师检核委员及卫生署中医委员，并为其介绍当道要人，如故主席林子超公病重之际，亦曾延为诊查。笔者目光中所见的林老，广东口语，中等身材，红光满面，银发蓄头，白八字须，戴着老光眼镜，西装革履，大有博士风度。见人非常客气，总是笑容可掬，对审核检查一丝不苟，对同道公共利益常做有力的争执。某年中医师考试，林老为试官之一，出题、评审无不加惠后学，以拔出真才为主要。当局对其倚畀甚殷。

8. 卓海宗

改组政府酿声中，除开党派人物及社会贤达外，职业界也推了代表向有关机关请予参加，我们中医师的代表就是卓海宗老先生。卓老是浙江宁波人，新旧文学均有相当的功底，对中医学理造诣也很深，人格之高尚，值得万众钦仰。作为七旬老翁，桌老头脑清醒，他有着修长瘦瘦的身材，不蓄发、不留须，一点也不显龙钟气态，常常穿着简朴的制服。除忙于自己的诊务外；最爱给别人帮忙；暇则手不释卷，或握管吟咏，悠然自得。他和蔼可亲的笑容，令人一望便生敬爱。他到川便主持陪都中医院之事务，到后来被选为中国医学改进会理事长，领导全国中医师作学术上的改进。后来返京，卫生部聘任他为中医委员会委员，他便竭力尽忠于中医界。此次又公推吾界代表，据理力争，使今后中医在政治上谋定立场，不为人所歧视。此千古不朽之功勋，唯卓老可担之。尤忆桌老曾赠笔者七律四章，兹恭录原文，则可见卓老之抱负及文墨一斑。原诗云下：

聚首陪都乐若何，光明心迹似银河。
自愧衰朽纡长策，全仗鸿才教益多。
乐莫乐乎新相知，羡君才识足匡时。
从今别后常相忆，悟寐难忘文琢之。
时局艰难大可忧，与君风雨正同舟。
济人事业亘今古，团续精诚莫少休。
辜负家传三世医，悬壶深悔识荆迟。
渐余年老为新妇，画得峨眉不入时。

9. 张简斋

这是一位全国名中医师，他是南京人，随国民政府西上，到重庆悬壶，于是上至官员，下迄贩夫走卒，都奉他为仓公再见，叶天士复生，门庭若市，应接不暇。每日午刻起床，诊室候满是患者，最少有百人之多；门外迎接出诊的汽车、包车等，总有几十辆之多。张先生从容不迫地坐上诊案，两个门人代他开药方，他两只手诊两个患者，用很简明的诊断结语，便说出汤剂加减，不等开药方的写完，他已诊完两个患者了。假使以你我这些通常医生来相比，恐怕诊一个患者的时间，张先生最低也要诊六人以上，这个特别之处是值得惊异的。张先生已有七十岁了，人很瘦弱，个头也很小，沙白八字须，右手持杖，左手不离雪茄，走起路来似乎有点掣肘。谈话声音沙哑，最妙的是对面谈话好像听不清他的发音，十步之外却又听得非常明亮，据说这叫“鬼音”，主大富贵亦寿考之征。张先生表面看来似乎很消沉，但是为公共福利事业，他却具有青年人的竞争精神。他因与国民政府要人有往来的关系，又兼门人众多，且具绝技，现在他在全国中医行政上是有崇高地位的。民国三十四年，美国著名记者白修德曾远渡重洋，到渝拜访张先生，有过两次谈话，第一次发表了《中医治病方法》一文，第二次又发表了《阴阳互相生长》一文，于是轰动一时，听说已被收入《世界名人传》中了。

10. 高德明

全国中医师公会联合会第二届职员中，有三位理事长既是同志又是同庚，且均享有盛名。他们就是浙江的高德明、湖南的刘国辅、四川的任应秋，这三位都是我们中医界的复兴健将。刘、任二位且俟另条介绍，兹且专谈高君罢。民国三十四年，“全联会”成立的时候，高君年仅三旬余，他便身兼“卫生署”中医委员会专员、“考试院”考选委员会委员、“教育部”中医教育专门委员会委员、陪都中医院副院长等职，并且在学术界也有一定的地位，尝致力于“新中华医学运动”，曾手订《理论与实践》一文，主张中医时代化、西医民族化。并同沈炎南诸君发起组织“新中华医学会”，出版书报，以树全国性中医学术团体之楷模。著有《药物提纲》，颇合时代需要，曾获教育部褒奖。至于其人之状貌，身躯修长，蓄发，著西服，翩翩然有学者态度，沉默寡言而胸有成竹。待人接物诚挚端稳，彬彬有礼。学术界有赞之为“医学斗争战士”，乃指其对医学界奋斗精神，非状其人之貌也。

11. 龚醒斋

在一个伟大庄严的会议席上——“全联会”预备会（地点在重庆合作大会堂二楼，时间为民国三十四年十月二十三晚七时），有一位年近五旬、高高的瘦健汉子，蓄发无须，着整洁灰色西装，戴白色通光镜，一副英明精干的样子，他站了起来，用很清晰很响亮的声音发表了一篇演说，他说：“中央国医馆成立了多年，干了些什么？简直等于一副棺材，把整个中医装了进去……”我当时很惊异这位先生的胆识过人，乃就座请教，才知他便是前上海市国医公会常委，赫赫有名的“江苏三斋”之一（所谓“三斋”，乃张简斋、陈逊斋、龚醒斋）的龚醒斋。这几句话虽对国医馆大不敬，但也是事实。凭良心说，焦馆长之苦心孤诣，不惜一切、不避嫌怨地倡导国粹医药，成立了国医馆，这是值得我们崇敬感谢的。不过自馆成立以来，便产生了一批假势借名的人物，滥用职权，闹得个满城风雨。就以四川省为例，当时省馆初成立，便由一位被判了死刑的西医来主持工作，简直是一个要钱机关。后来曹叔实受了焦馆长之托，返川处理馆务，一到改组后，竟把四川国医界闹得四分五裂，笑话百出。这些铁一般的事实，真与龚先生的话若合符节。可是话又说回来，骂国医馆的大有人在，但像龚先生这样的，于大庭广众之下公开痛骂，确也少见；但是龚先生也要知道：并不是国医馆不对，老实说，只怪部分干部低能。像龚先生这类人才，最好面晤焦馆长，检举国医馆如棺材之症结，同焦馆长及一批有用人才共同携起手来，创造一个有用的国医馆，则较一席大胆演说更为实际、更有价值。未识龚先生及与龚先生有同一见解者，以为如何？

12. 张锡君

现在每日诊治患者最多的，除了南京张简斋，便数重庆张锡君了。锡君是江苏人，年龄不到四十，十几年前便在中医学上负有盛名了。他那时主编的《光华医药杂志》，其中的“皇汉医药”专栏曾轰动一时。抗战时期，他随政府西迁，在川东万县创办医药人员训练班，后来移渝，悬壶应诊，名噪一时。若论其仪表，头上的青发，那肥胖身躯，笑容可掬，慈悲和蔼，任何人也要把他认成禅院中坐镇山门的布袋和尚去了。他不但仪表像佛爷，而且真的具有菩萨心肠，利济为怀，诚实忠厚，谦恭礼让，勇于为公，乐善好施……这些都是他的美德。抗战胜利后，各地名医都凯旋复员，唯有锡君先生被渝城友好及患者挽留，不能离开重庆；而且公会方面，他再次蝉联了常务理事，其为人所钦重，则可想见矣！

13. 刘国辅

有人说，湖南人生性任劳任怨，不辞艰辛，不畏强暴，只晓得苦干、硬干、实干、彻底地干。我初尚不相信，后来遇见覃勤先生，再而接近了刘国辅兄，真使我折服了湖南人的精神了。他是湖南芷江县人氏，世居上户村养园，其尊人为当地有名乡绅。国辅幼年攻读于上海中国医学院，以品学兼优著称，卒业后返原籍，办理地方公益。民国三十四年，受覃勤先生精诚感召，自费到重庆参加组织“全联会”，任重责繁，白日冒暑奔驰，晚间通宵办公，经常不眠不休。若非有此人幕后出力，“全联会”恐难以成立。其人短小精干，肤色黝黑，沉默寡言，见人非常客气，最讲信义，最负责任。“全联会”成立前数日，他以筹备会秘书职务兼任了从主任到走卒的工作，两三天来，忙得寝食俱废，甚至无一分钟之空闲，以艰苦卓绝的精神，实现了千古未有的全国中医之大团结，而国辅兄此时已伏病根矣！大会成立，他力主退让，使贤能当选，其作风尤为可佩，后以众意难违，当选了理事。后来积劳成病，遂返原籍养疴，以著作应世，国内各大医志皆以刊其大作为荣。民国三十五年，他获选为当地中医师公会理事长，建树颇多。一俟病愈，期待奔京再度苦干，我们大家都祝福国辅健康早复，以待他再建功勋。

14. 赵峰樵

如果医药界要评一位走国际路线的代表人物，那么我非推荐“全联会”常务监事兼国际医药考察团团长湖北赵峰樵先生不可，因为他交际广，手面阔，仪表伟，头脑新，而且八面玲珑，对任何人都含着一种示好的启示，总不会使你讨厌他。他的年龄比中华民国长一岁，所以不年轻也不老，渐渐发福的白面书生式“小胖子”，服饰又相当考究，从墨油油的头发至整齐的西服，到足下的漂亮皮鞋，无一处不是四平八稳，没有一点看得出瑕疵。言语交际都大方平淡，任何人都不会说他拘谨或太俗。总之，要问他是一种什么类型的人物，我也说不出是英国绅士风度，抑或是美国民主作风，简言之，一切都要得就是。他追随焦易公主持国医馆医药人员训练班，做得有声有色，手订讲义不但衷中参西，而且简明实用；并创造诊脉计时器，用玻管实砂质若干，管的中部缩细，使只能流过一线砂质，然后外配金属防固，诊病时命患者竖而持久，使有砂部位立于上，砂由玻管细腰缓流，至砂尽落管底恰合三分钟为准则。颠倒转之，一管可永用。唯管之计砂量及折腰细度，外套护体动力、重量皆不使有微分之误，方能准确。故乍看其器制造实易，但一经仿制试用，则计时便不准确，比峰樵之器差矣。

15. 沈仲圭

将中国医药精微学理与治绩，用科学方法整理出来，写成一篇篇通俗化兴趣的小品文，以宣扬国粹医药之真价值，创之者首当推杭州沈仲圭先生了。沈先生二十余年以来，在每个医药杂志报章上发表的文章数以千计，每篇每段无不受人欢迎称道。我在十五年前，便仰慕其人，只恨无缘识荆。抗战时期，闻先生来蜀，以为必到蓉市一行，殊后闻先生在渝讲学，并主持青木关中医院，故一直到抗战胜利后，我方到渝城拜访，但又闻先生移住北碚，再到北碚，闻先生又到市区，折返渝市亦未晤面，乃拟归蓉并感见面缘悭之时，无意在夫子池新运会茶座上始晤得了沈先生。他中等身材，蓄着浅一字须，留的平头，背部微曲，上龈齿牙微微露出，眼神很饱满，态度很沉默，衣服简朴整洁，对人谈话总是一幅不苟言笑的面孔，不慕荣利，不流俗套，只知看书、写稿、诊断、讲学，除此以外，其他嗜好一点也没有。可惜我同他相处不久便告分别，须有鱼雁频传，但我对这久仰的沈先生谨具了这肤浅认识，他日有机再当作长久之问道。

16. 冯志东

抗战期间，中国医药界发明了震惊世界的“常山素”，奎宁治疟万能便宣告破产，这个为民族争荣的发明人便是大科学家冯志东先生。冯先生是察哈尔人，年已花甲开外，毕生尽力科学之研求，对提炼草质木本的中药非常有兴趣，但从不借此宣传。他供职于卫生署及中央国医馆创立的中国制药厂，深感当时政府对私人发明毫无保障，所以才愤而离职，受聘于太平洋药房，从事药理之研究。在当日重庆空袭紧张的时候，常常碰着一位两鬓斑白、无须矮矮的老叟，穿了一身不十分合体的制服，戴一顶古式呢帽，肩上背负一个搭链式布包袱，满塞着臃肿不堪的笔录稿，持着手杖，白天蹒跚地过市赴乡，晚上则慢吞吞地缓步转来。不认识他的，竟会把他疑成是卖福音书的传教士了。他一天总是整理笔录，设计一些制炼药材的器具。他主张一切从国内就地取材，可不用外国货。他的笔录，除了在国外有名的科学刊物或医药杂志上发表外，有时会供给国内中医药刊物登载，其他西医西药杂志则不愿作只字发表。目前在埋头研究人尿制剂，据说，若这人尿制剂成功，像盘尼西林、磺胺嘧定等药品将大为逊色，并且还可在世界医药史上为中国留下千古光荣，大非今日高唱医药科学化者之肤浅可笑。

17. 承澹盦

以四张立体铜人图出名的针灸大家承澹盦（淡安），几乎桃李满天下、举世皆闻名了。他在江苏无锡举办针灸学校面授及函授班，并建有雄伟校址，可惜都为日寇所毁。后来，他携眷入川，由川东到川南，再从川西到川北，在各地应诊讲学，负笈问道及抱恙求医者总是户限为穿。承先生因患有心脏病，故不胜烦恼，数月一迁，一迁就是百里外，但总避不了人们的烦扰。记得他第三次来成都时，住东半节巷，第一日尚托笔者代觅适宜住所，第二日就举家迁往离市区百余里的一个小乡镇去了。承先生在每交一个朋友时，必先声明：自已有严重的心脏病，不作应酬，不在任何医药机构挂名，不坐茶馆，不赴宴会，不列席开会，出钱顾来，出力则不来，并且不出诊。这些都是他的原则，因为朋友们都知道他为人诚挚，所以也就不认为他孤僻，而反多了几分亲近。他生平著述颇多，但售价甚昂。入川后著有《伤寒注解》，衷中参西，并附针灸治法，颇为实用。近年诊病已少用针灸，仍喜用汤液，技术也相当不错。承先生不苟言笑，虽年过五旬，望之仍如四十岁左右之人，中等身材，蓄发无须，衣着长衫，形态较为消极，仿如抑郁过度之人，谈话温文尔雅，音甚低微。入川时尚喜为医刊写稿，近年则少有执笔矣。

18. 余律笙

在四川省中医圈子里，提起“余律笙”三个字，就是乡村医生也知道，他是一位统一四川医界局势的英明人物。余先生是四川什邡县（今什邡市）人，现年近花甲，身材高瘦，仪表不俗，声如洪钟，面部有五露之贵，蓄发无须，态度严肃。性情上，他最爱才，而且慷慨豪爽，最恨鬼祟之人，大有古之侠士风度。民国十七年，他曾一度主持蓉市医会，因不满少数医痞假势出卖公共利益之行为，不但退出医会，而且息业迁乡，抱眼不见为净之志。直至民国三十年，为众拥戴出山，主持成都县中医师公会，蝉联至今。上至政府，中及地方士绅法团，以至整个会众，对其无不称道。在此数年中，他以“发皇古药，融汇新知”八字为学说中心，并先后办有《医药特刊》《新中医旬刊》《医钟》《医灯》《医声》《医光》等刊物，并创立四川省医药学术研究会，受到监察院于院长右任、林监委绍和、国史馆严顾问谷声、国民党四川省党部周委员璧城及川省士绅耆宿之赞助。其分会遍布全川，会员逾万众。省中医师公会成立，更被选为监事长，以其刚直不阿故也。全国中医师公会联合会筹备时，因慕其名，聘其为设计委员，成立后又被选为监事。至于各地所聘之医职、名誉职务，不下数十个之多，其声望之著，可见一斑。著有《中医治愈脑瘤经过》一书，为中医增光不少。唯其生性不慕荣利，凡含有政治性之职务，概不接受（两选参议员皆不就之类事实甚多），有君子之风。按日只诊十人之病，数满则垂帘，收入之费尽耗于公或加惠于贫苦同道，或奖励有志上进之青年。余先生又有一特性，凡遇志行高洁之士，则谦拜而敬之，费用再多亦所不吝。又凡于中医药之有利之事，无不助之以成。是故万众倾向，群相敬慕，便自然形成四川唯一医林领袖。其弟子多系四川省杰出人才，故又为四川省中医实力派之主要人物。

19. 曾健民

在重庆市，川帮的“太平洋派”仍然颠扑不破，永远掌握西药界权威，可以说是让人惊诧了。太平洋派的领袖是太平洋大药房的创办人曾健民，曾先生是四川什邡县人，微胖身材，须白浅发，笑容可掬，走起路来躬着背、弯着腰，可是做起事来，恐怕有许多青年都无他那种干劲。太平洋药房初设于重庆，渐次设分号于国内外数十大商埠。川省西药帮中的要人们，多半出其门下。他曾在港、沪创立制药厂，所生产之药，其功能效率远在舶来品之上。抗战时期，他将香港手创之药厂移渝，聘冯志东先生主持其事，发明常山素，更全力集中于渝市经营。抗战胜利后，又致力于港、沪复员，业务更蒸蒸日上。曾先生好客，其所交游者，多为国内知名人士或实学分子。他虽然从事西药事业，但却致力于中医研究，该厂所出药品多取之于国产，名为西药业，实为倡导国药机构。中国制药厂之成立初期，全由先生赞助，发扬中国药业，从不落后于人。晚年他笃信佛学，有退隐意，近年来，名利场中已鲜见其踪迹矣。

20. 段伯阳

“段伯阳”三字，在四川省很是响亮，因为他很少与医界人士交往，所以行内中人对他的印象不怎么好。当我初到重庆，经朋友介绍与他认识后，不但改变了对他的鄙视心理，而且崇拜其人之渊博清高，是真正齐全的直谅多闻型的益友。其人身材短小精干，多才善辩，年届五旬左右，蓄“一”字须，光头短发，戴近视镜，穿着整洁，左手持书，右手持牙骨烟管。见到朋友便寒暄一番，在你一不留神之际，他那英明的眼光，已将你内相外相及性情举止完全鉴定完，可交则合作，不可交则拂袖而去。此点确可证明其社会人情之熟达，大有司马徽之遗风。虽然有点盲目恭维，但其必有一套“刘四骂人使人折服而不愤怒”的法宝。谈到他的藏书，数量之多，国内少有。不过他藏的并不是版本，而是古今奇奇怪怪、各类各式的书，几市面上有的书，他几乎都有，当年号称“万国藏书楼”的，主人便是此公。因他是成都人，但生长于重庆，他很想一返故乡养老，但均苦于他的书城无法搬移。他有位贤明而又十分能干的夫人，为他管理保存这些宝物。抗战期间，敌机不断轰炸，在段夫人的详密筹划下，书籍未受丝毫损失，无怪乎有人说他俩是天精地华综于一室。他每日诊费收入不菲，但大都用来买书。其人好佛，而且精研人生哲学，著有《种子百法》一书，风行一时。手创事业不少，但闻笔者将他收入“剪影”，便来函阻止，几经交涉，只准透露这点。友谊情真之下，只好就此“煞角”（指事情结束）。伯阳之不居功、不好名，可以想见矣。

21. 张觉人

在我们中医界中，多才多艺的恐怕要数张觉人了。他原名梦禅，以书画名于世，其所通之技艺，确超出七十二行外。兹且引少数为例。学术方面，哲学、科学、文学、化学、物理、数学等皆有相当功底；宗教方面，佛、道、儒、回、天主、基督以及旁门小道等无所不通；工艺方面，画像、照相、刻章、机械、土木工程等，样样皆会；医药方面，中医、西医、中药、西药、新式提炼药等皆有涉猎；文学方面，涉及八股文、新文艺、专门演述、英法日俄文字；武技方面，涉及僧、道、岳、雷、内功、外功；杂技方面，涉及演电影、耍魔术等。几乎无一不是内行。总之，凡是人间有的，除开卑鄙及犯法事件外，他无不学习，也无不研究，故有“多宝道人”之绰号。这些都不足为奇，其奇妙在最“好动”，凡国内各省、市、县、乡镇、名山大川，他大多都到过。又有藏书的嗜好，虽两度遭遇大火，而现所藏者尚有数万种之多。其著述亦不少，民国前十年，多为谈玄谈道之作；民国前十五年，多为魔术及其玩艺类；民国二十年之后，又侧重于实用技术，如实业、工艺一类书；民国三十年之后，则偏重于中医学方面之著述。现已年近花甲，历经沧桑，乃返四川，长住蓉市，以医自给。他发明了肺病蒸雾疗法，并改进机制药片，用科学方法提炼粉剂、液体与机制成片以代汤液，量少便服。其人沉默寡言，遇事实干，身躯高健而不肥胖，蓄“一”字须，发已斑白。行不坐车，手不释卷，性最诚恳，凡事总是抱定自己吃亏，不占他人便宜。不做无谓应酬，待人接物，皆有古君子风。祖籍四川广安县人，晚年生活于成都，被选为成都县（今成都市）参议员，留下赞誉无数。

22. 周禹锡

民国时期，四川中医界以著作名于海内外者，第一位便是隆昌周禹锡先生了。兹摘其传略为证：禹锡原籍内江，生长于泸县，赴居隆昌，父亦知医。禹锡历受业于同郡刘汉庵、余瑞灵及天津张寿甫，重庆邹趾痕诸先哲之门，遍览古今中外医书，凡二千六百余种。于西学则师从丁仲祜先生，民国七至九年，任援鄂靖国联军医院主任及院长，历任万县中学校医、红十字医院医务长，后参与组织医会，并在各省医报杂志中，与海内外医学大家进行文墨之周旋，故中央国医馆聘其为名誉理事，又特约为撰述员、南阳医圣祠董事，其他函聘者不下二三十个。第一次何廉臣主撰《当代全国名医验案类编》时，选列九十人之一；第二次郭奇远主撰续编时，又列全国名医二百零八人之一。初撰《拯瘼轩医学就正录》为学医导径，两次与萧尚之同志联名建议中央国医馆，均蒙采纳，次第实现。民国二十三四年，瘟疫流行，于是删补清太医院治瘟速效适合时代之方以救之，未及一载，各地翻印竟达五万余册之多。并应中央国医馆之函聘编审教材，埋头苦干，费时六载，编成《中国医学约编》十种，在天津印行。民国三十一年，在蓉讲学，两年后返回故里，被选为国医支馆馆长，兼任中医师公会理事长，更被选任医药改进支会会长及中医审查委员。

以周先生半百之年，而今尚未得一息仔肩，此之谓能者多劳耶？据闻，周先生现正积极筹备隆昌县中医讲习所和县立中医院，以造福学子，福利患者，周先生或将从此老居隆城矣。

23. 任应秋

任君是四川江津人，现任江津国医支馆馆长，县参议员，县中医公会常务理事，江津《民言日报》的创办人，“全联会”常务理事等职。抗战前留沪，便以医药著作闻于世，七七事变后，任君返梓，专门从事著述，先后有《仲景脉法学案》《中国传染病学》等著作刊行，全国医药刊物亦常有撰稿。初与笔者神交多年，深佩其著述，以中国学说为依据，博采西说以发挥，实与吾川最近所倡“发皇古义，融汇新知”吻合，故于民国三十四年，全国中医师联合会川省推举代表出席参加时，力荐任君同行，果然，任君出马为吾川增荣不少。如捐巨款，提草案，阐发学理，争取同仁福利等，皆有莫大之功勋，故笔者更钦其人，乃不惜一切，联络全体人士，力荐任君出任常务理事，竟致把任君作为省外与省内中医界联系的一道坚固桥梁。任君现年仅三十四岁，在学术界就有了相当立场，国内医药界也有了显赫地位。他中等身材，瘦瘦的，蓄发无须，常着得体整洁的长衫，大有翩翩公子的风度，更有点名士风流的气概，现已子女成行。他在县中也是个名流，不但能医，并且能诗能写，其居号曰来青阁，县人多求其撰书楹联以增光居室，任君亦不吝笔墨，有求必应，大有应接不暇之势，他要按日为《民言日报》写一篇社论，并兼任重庆《华西医药杂志》主编，又经常要为国内各医药刊物写稿；要从事专门著述，还要吟诗遣兴；诊务繁忙，并且还要看报看书，处理分内的相关公务，这种超越常人的伟大精神，真令人叹奇而钦佩。

24. 吴偶仙

四川这个地方，是广出人才的，如宋时眉山有三苏，清末酉阳有三吴。三苏的本事固无待介绍，三吴乃吴楚（小山），及其公子撝谦（又山）、亨谦（再山），吴楚老以名孝廉主讲龙翔书院，桃李满川湘，尤妙在父子三人不但精于文学，而且通医理，遂以讲学论医名满海内，远近负笈求学者甚众，此乃逊清时之事也，已详见《县志》及《三吴传略》，兹不再述。亨谦先生有子派名祖任，号君大，字偶伊，今以偶逸名。偶逸生即聪慧，幼承庭训，文辞敏壮磅礴，于医学尤能克继家传，博古通今，风仪俊伟，倜傥尚志，弱冠毕业于中学，负笈故都，适值袁世凯窃国残戮日甚，因见邑人邹汉清、川人张列五遇害，乃感独夫之专横，遂弃读至上海，加入中华革命党，入军校，习兵事，参佐军幕，垂二十余年，其间亦间从教职，大有文通孔孟、武达孙吴之慨。待至革命成功，乃退隐故里，以医药自给，因其貌清秀而有长须，故号逸髯，诊余之外，尝究新学，并研杂技，地方人士嘉其贤，推为参议员，代表民众，有颇多建白。民国三十四年，四川省医药学术研究会同仁慕其贤达有为，特聘以名誉理事之职，时酉秀黔彭等县尚无医团组织，学会乃请先生为之倡，未及一年，川湘边区各县公会学会纷纷成立，虽先生之德誉素著为因，但实际运筹帷幄、组织民众之力量，亦未可湮没，先生最负责任，守信义，事必躬亲，常自署其居外楹联以明其志，其简而明者有："医人病易难医俗，参议原是旧参军。"其申述抱负者有："一生玉骨可敌饥寒阿堵肯将存眼底，半世冰心罢谈风月管谈常运贮囊春。"其他诗词歌赋甚多，不遑枚举，录此两联，则可见一斑矣。

25. 曹燮阳

在抗战的前几年，川东一带提起曹大爷曹燮阳的招牌，虽村姑黄童亦莫不竖起大拇指赞叹一声"顶好"！宵小之辈及偷盗之徒，闻到"曹大爷"三字，则无不胆战心惊。至于防区制的军阀，谁又敢在曹大爷的地盘内筹款拉夫？曹大爷为什么会有这种威望呢？因为那时他正在办团务联防，他便是联团中唯一的首领。刘甫澄驻节重庆时，对他也倚畀而敬重，尊为一方之仰的福星。曹大爷在鸿运当头时，对中医研究兴趣很浓。直至后来，曹大爷因年事已高，又因有肺病，所以才退休于医林，设诊所于渝城鱼市口。因为才高望重，故被公推为重庆市中医师公会常务理事，曹大爷对于社团结组工作很有经验，他首先把省外来的一批医师拉入社团，以增强中医的力量，在同仁中有很大的影响。

正今仅六旬便逝，而身后萧条，毫无积蓄，此虽一生廉洁好义足为后世楷模，但笔者确要搔首怨造化之不公了。曹民身躯仅中材，瘦弱而精神萎靡，斑白浅发，无须，肤色红黑，谈话声细而明晰，喜打小麻将，对人接物谦恭诚恳，临事则健谈，且语多中肯，闲居闭目养神，不多说话，自俸颇俭，常布衣小帽，行步街头，颇类中小商人，不经人介绍，不相信此即十年前驰名全国之川东民众褓姆，赫赫有名之曹大爷也。

26. 张乐天

重庆有一个国粹医馆，是一个相当有规模的中医医院，主人张乐天爱才好客，凡有医技特长或研究佛学，维护中医与佛教的，张先生必迎之入馆住宿，如多杰活佛、焦公易堂、覃秘书长醒群、吕参军长汉秦，都是曾在国粹医馆居住过的，待刘甫澄驻节重庆，也常到此玩耍，各界要人多半乐与张老交游，其人品格清高，不但礼贤，而且对清寒高士也是一样尊敬的，张老现任重庆市国医分馆馆长，因精于伤科，故又组织成立骨伤学研究社会联会，张老被选为理事，为山城唯一老名医。佛学方面，他深研密宗，穿着番僧装，拍影赠笔者；张老不但精研汉文，且通藏文，并好布施。现年花甲，高瘦身材，光顶无须，沉默寡言，言必有中，曾辑有《国粹医报》，内容精彩，自制有接骨丸、止咳灵、金刚丸等药，功效超逾舶来品，多次获得政府奖励。

27. 周复生

周复生由原籍武胜到重庆，不过十多年，便在这偏重商业化的山城，闯出了一条医药文化之路。他开创设立了空前未有的医药学术机构——中西医药图书社，办理了堪称唯一注册的华西医药杂志，一洗过去诬称重庆中医界不重学理研究之陋习，与成都平分秋色；他手编药业指南，对于药物之炮制、个别制法、丸散膏丹自制术、蜡壳制法、伪讹鉴别等，均精要中肯，公开不传之秘，书出三载，已连载四版，其价值可以想见。周君现年四旬左右，高瘦身材，项部特长，蓄发无须，健谈，唯刚毅正直，出言决不留情，不免为宵小之辈所议论。

28. 张骥

四川有位在医学上很考据的老翁，姓张名骥，字先识，四川双流县人，其师为同邑刘豫波（咸荣），曾经任过几任县官，晚年返回成都，设“义生堂”药号于成都，悬壶济世，更设“汲古医塾”以课弟子，成为四川中医药讲学名流，其人装束古札，头挽髻，蓄苍白长须，中等身材，红光满面，戴老花镜，知识渊博，态度大方，喜执笔写医药方面文章，但恶谈西医药，诊录讲学之暇，喜逛旧书肆，无他嗜好，现年逾花甲，尚精神奕奕，已刊行的著作有《雷公炮炙论》《内经方集注》《医古微》《史记扁仓传补注》《三字经编》《内经药瀹》《难经缵义》《三世脉法》《五色诊微篇》《周礼医师补注》《左氏秦和传补注》《华佗传补注》《伤寒论脉证式校补》《黄翼氏难经正全卷》《金匮正文补注》《医古文选评》《难经丛考》等书。

29. 周叔阜

曾掌四川师范大学的教育界耆宿周叔阜先生，少年即潜心医药研究，晚年退休医林以养天年，现年五十八岁，高瘦身躯，小帽长服，无须，面色似久病之人，性最仁慈，状貌和蔼可亲，惜乎耳沉且发音最细，故少与外界接近，否则将永为大学校长矣。学识渊博，精通外国文字，尤善写作，曾作有《中医之价值及将来》一书，引证真理，见解之高，医界著作少有，现任四川医药学术研究会常务理事、省中医师公会常务监事，为笔者辈最崇敬之贤达，故以之作本书一集最后一人，乃示周老为吾川之压轴人物云。《医林人物剪影》第一集正篇完。

（三）附篇

1. 薛正清

薛公名正清，陕西韦城县人，年六十三岁，检核及格中医师，抗战时期在重庆任中央国医馆主任秘书，后因事他调，复员后仍任该馆主任秘书兼卫生部中医委员会顾问，薛君奔走革命多年，遍游欧西，著作甚富。

2. 施今墨

浙江箫山人，现年六十六岁，为废清川督李隶衡之外孙，十三岁时即从母舅李可亭先生学医于豫章间，继后随其尊人宦游山西，奉命考入山西法政专门学校，成绩优异，保送入京师法政学堂，入乙级正科毕业，曾与范源廉、陈嘉会诸公创尚耳学会于北京以倡革命，鼐革命黄与曾陆为陆军部顾问，曾编有陆军法令多种，继因见袁世凯窃国，乃不满政治生涯，遂悬壶于京都，洪宪告终，南北军马，又随军入湘，以抚慰处名义任安抚流亡赈灾，成绩优异，后返平协熊秉三办慈善专业，民国九年后则不问他事，专以医为职业矣，为反对废除中医药，由平到京，深得中医界人士信任，佐焦易堂公为国医馆副馆长迄今。主张统一学说，主张改良药物，使中医成为系统之科学。曾在平办华北国医学院，现已毕业十数班，并拟在各省设国医专门学校，使第二代人才辈出，施公为吾界第一届国大代表，民国三十六年入京制宪，被首都人士阻驾，现尚在南京。

3. 陈存仁

上海人，现年四十岁，为丁仲英高足，曾主编《健康报》四年，编有较《本草纲目》丰富三倍之《中国药学大辞典》及《标本图谱》，堪称空前巨制，又主编《皇汉医学丛书》九十三种及《国医文献》，在上海曾建国医大厦，并主办《中医药》月刊。

4. 钱今阳

江苏武进人，名鸿年，号苍灶，世代均为名医，尤以钱君思想前进，不守旧复不迷信，奉经方不薄时论，诊余对医林建树甚多，如马沈医痒等创国医学会，马元放创武进国医专科学校，办医药刊物甚多，抗战时期，钱君辗转皖、赣、湘、粤，绕道香港等地倡导中医学术。民国二十七年，抵沪，经侯洽卿、闲国亭诸氏怂恿留沪应诊，并讲学于沪上学校，更创建江浙诊所，故林主席会颁题“今之仲阳”横额。钱先生著作甚多，尤以《中医儿科学》为杰作之一，现任卫生部中医委员会委员，并任《中医医周刊》主干兼主编，各方聘职甚多，不胜枚举。

5. 萧尚之

四川隆昌县人，为当代国医林中绩学士也，学异寻常，为治时令病之能手，潜斋而后第一人也，助同邑周离锡编著中国医学药篇十种，出其学验，参加研究，严为去取，无微不信，字推句敲，旁参正订，倾全力以成之，周先生曾题学优识卓，治擅胜长，曷克臻此，勤奋异常，劳谦不伐，成友之良，互助自助，相得益彰，筹句以老不忘；又有乡先前辈郭敬三先生，夙有药王之名，遗著医案数十篇，无人整理，经尚之评按而梓之，此萧君乐于助人，不喜自著，天性使然。去冬为本县中医师公会起草驳卫生署违法乱政之代电，想见其人之风度矣。

6. 张德培

张德培，江苏淮安人，幼随其父张公铸三马兄炳衡攻习医学，民国二十四年五月三十日，曾独资发行首都巨轮周刊，深得中央国医馆长器重嘉许。抗战时期，方告辍刊，流亡苏北，从事医学文化抗战工作。同时一人曾在南京《救国日报》《大声日报》《新中华报》任国医周刊主编，于民间宣扬中国医学，深得京中各阶层信赖，其所撰稿，文字通俗而精干。民国二十九年及三十一年，苏北军中疫证，多由张君指下金针治愈，其术乃其父传也，为医已数代，家学渊源，汇通中西，但以中为主，绝不用空心针治病。鉴于目前中医药日趋低落，受西医之排挤，于本年追随“全联会”诸君，绝食请愿于南京国民政府，立法行政两院，凡事热心负责，勇敢善言，“全联会”正理事长谭秘书长曾题“学校两隼”匾额赠之，沪上名医陆清洁向笔者喻其为“中医界赵子龙”，其才识胆魄可以想见矣。现悬壶下关，著有《中国医学之命运》一书。

7. 陆清洁

江苏青浦人，为名医陆士谔先生之哲嗣，秉家学，刻苦自励，对中国文学素有修养，曾悬壶杭州八年，历任杭州市中医师公会理事长及其他医职。抗战期间，避难来沪，复从事地下工作，卒遭敌人之忌，遍遭毒刑，死中求生者数次，其忠贞爱国可以概见，固不独医药卓越也。抗战胜利后，任中华民国全国中医师公会联合会上海办事处主任，中央国医馆名誉理事，神州医国学会常务理事，中医友联社社长，《友声医刊》主编，其人个性坚毅不屈，敢说敢为，勇往直前，立论公正，伸张正义，诚可以骇豪门、惊世俗，曾著《伤寒卒病论疏证六卷》《金匮要略疏证三卷》《千金方疏证三十二卷》《评注本经疏证十二卷》，著作等身，立论透彻。他的一生，孜孜为整个中医奋斗，曾有警语：“整个中医师有地位，个人方有地位；整个中医师兴隆，个人方得兴隆，昔范文正公云：先天下之忧而忧，后天下之乐而乐，民与医国，亦抱此志。”

8. 张相臣

一字树筠，河北青县人，现年八十一岁，银须飘胸，精气神充沛于眉宇间，实足代表仁者多寿之征。在天津施诊有年，冯焕章时曾任总统府医官，壮年曾宦游国内，晚年则编印医药书籍，著有《婴奥轩丛书》七种，即《丸散真方汇录》《原本亟齐达生编》《白喉忌表抉微驳议》及《白喉问答》《经验良方》《丸散真方续录》《新本草拾遗》《医药卫生格言》等，及其他医药多种，笃信理教，编有理教书籍，人最谦和仁慈，曾惠玉照于笔者上书“心心相印”“志同道合”。笔法苍劲，并承颁赐各项大作。故探知此老之根基不俗，非读破万卷书，不克臻此处，只有望北恭拜，愿与先生为遥从弟子（即函授）。

9. 张见初

广东潮安人，少受中等教育，辛亥革命后乃辍学习医，并从事爱国工作，民国五年南渡，初入商界，后执医务，在马来西亚早负盛名，尤热心于华侨公益及教育文化，被选任侨校董事，二十余年未或有间。民国二十四年，因不忍见中医之式微，乃集合同志十余人，共组医药研究。民国二十五年，又与陈少明、文先、田修德等创办《医药之声季刊》《君主本刊笔政》，被举为研究社社长、华侨筹帐会监察主任、邻埠各校校医，以及星洲中医中药联会等名誉会长。日本南进，毒政横加，乃逃难农村，荷锄耕种三年又八月。和平后始燕归旧巢，再复本来之面目，现乃任前各职外，又为北马中医师公会主任，比力中医师名誉委员，《槟城中医药半月刊》编辑委员，及国内多处医社之分社长。现年五十三，夫妇齐眉，兰桂盈庭，其爱国护医之热情，仍不减于青年，著作亦甚丰富。诚我道之可敬而又可畏之人物也。

10. 陈少明

广东普宁人，现年四十一岁，少受中等教育，后于医专学校学医，毕业后经市政府考试，名列前茅，乃南渡执业于北马，由是负有盛名。民国二十四年，乃与诸同仁合组医药研究社，复合办《医药之声》，亦为北马中医师分会发起人之一。

11. 田修德

为广东普宁天农家子，父为一勤苦之农人，由勤俭而成小康，因目睹乡人不识字者多，以致礼仪之邦形成蛮夷之俗，足以妨碍国家之发展，乃将积蓄所有之田园变卖，以为三子读书之费。后来，田离学后即走访名师，勤攻医道，十年有成，乃南渡马来，悬壶问世。民国二十三年，应槟城南华医院之考试入选，乃移址北马，与张见初、陈少明、文光诸君共组医药研究社及《医药之声季刊》，至今十余年，亦中医道中之热心人也。君年五十四，已桂子成行，兰孙绕膝矣。

12. 沈反白

沈反白，名皈，乃祖筠庭公宦陕，为陕名医，祖籍浙江，世居山西，商专毕业入银行界，因母与妻均死于病，乃勤奋研医，从赵兴周研谈，更得杭州徐公则之指点，乃本其家学，朝夕研讨，越三年豁然贯通。民国十二年，参加国民党工作，组织河东市党部，乃入军政界，随军入北平，寻转青岛，又任银行主任，参加胶澳警厅中医考试，名列第一，继赴上海，均附以医问世。民国二十年，返晋参加考试，又名列前茅，继应陕西建厅之聘，入陕主持文墨之职，以治绥署场主任（虎臣）少公子之天哮疮，邵省主席（力子）夫人等奇重之疾，名闻西京，乃专习医以自给，历任西京国医公会理事长，建树颇多，尤以抗战时期，应朱庆澜将军之聘，筹中医救护医院，收效更伟。民国三十四年，被选为陕省中医公会理事长，三十六年改选，又被推为常务理事，先生善书喜谈，好善乐施，兼习太极拳，专讲实际，不尚空谈，闲时以花鸟自娱，至今仍然两袖清风，抗战时无暇著作，近写《反白诊余集》，医界唯崇张仲景、恽铁樵之说，并潜心西医学理之研究。曾曰："仲景医中之圣，铁樵医中之杰也，其他均系零星片段，无贯彻之学理，拾他之墨录以演义耳。"

跋琢之先生著《医林人物剪影》

中国医药学术，自从民国十八年起，确曾由环境的刺激与演变，产生了怒潮似的自力更生运动，在国内普遍地有力地开展着，时贤譬之为中医药学术的"革命复兴时代"，崭崭地写出医学史上划时代的一页。这个运动的主流，一直影响到现在，其间自有不少杰出人物在那里领导迈进，奋勇参加。更有不少的后起之秀，随着这伟大的自力更生的运动而成长起来。同时，也就在这一段过程中，激浊扬清，也逐渐暴露了许多意图摧毁中医药学术的败类，大众当提高警惕，留意清肃中医的队伍，正本清源。

古语有云："道高一尺，魔高一丈。"二十年来，中医药界本身虽力求猛进，但是恶劣的环境，实质上仍是变本加厉地拼命相逼，处处陷阱，随时随地都有濒临绝灭的危机。祸起萧墙，在自己的行业内，到处潜伏着"挂羊头，卖狗肉"的灰色分子，他们以蝙蝠的姿态，阴谋捣鬼，专事进行其出卖中医药学术的毒计。那么，究将如何继起已有的革命精神，来健全自己，克服环境的困难，实为当前中医药界最迫切的问题。

吾人能深信不疑，中医药学术的伟大价值及其存在基础，绝非任何阴谋与暴力所可撼动。同时可以很坚决地说：十八年前三月十七日所高举谋革命大旗，现仍凌空飘扬，巍然擎起，中医界本身自有其大无畏的精神和坚强的力量。历史原为人类所创写出的，从人的各种情形可以观知此项事物的前途演变。俗话说："跟好人，学好事。"那么，现在我中医界内究竟有多少够"好"的人？又"好到何种程度？倒确实是值得大家留意的一件大事"。

琢之先生的《医林人物剪影》一书，以轻灵朴实的手法，将今日国内中医界的阵容素描于此。读者自能在这许多的人物与事迹中，澄清认识，明辨邪正，坚定地保持并发扬固有文化——中医药学术的信心，力求进取，为国家、为人类获得确保康乐生存的基础。在此洪流激荡的时代，本书印发问世，其意义深大与影响所及，应是最重要的了。

民国三十六年秋，龚休适因公留省，便常与省医药学术研究会的诸先生时相过从，得先拜读琢之先生本书原稿，深深地感到它的现实性和重要性。以琢之先生在国内医界中的成就和主张，来写这一本书，那是最恰当不过的。至于叙事的真实和文笔的生动，只不过是一种余技而已。医林人物剪影第一集完，第二集尚在整理中。

三、《分类用药歌注释》

《分类用药歌》系清末名医、四川省双流县刘清臣先生所作。原文曾载于《医学集成》，言简意赅，条分缕晰，尚较实用，唯分类作歌，虽易记诵，但嫌简略，若从辨证立法，仍多茫然。1930年前后，文老先生常与好友廖蓂阶老师谈及此事，均有同感，遂商定于每首歌后均加以简要注释，歌词中有错乱者，再加以更正，缺如者加以补识。稿成后，又反复讨论修改，方始定稿，迄今已四十余年，尚未刊行。在打倒“四人帮”之后，文老中医焕发青春，不顾古稀之年，而又瘫痪多病之身，决心将丰富经验及未刊存稿重加整编。

1. 补气箭芪与人参，党参洋参白条参。
   茯苓焦术怀山药，炙草桂圆白茯神。

注：治一切气虚内伤，虚热自汗，懒言少食，气虚不能摄血，脾虚久疟久痢，中气衰弱不足之证。

2. 下气杏仁铁锈浆，郁金苏子甲沉香。
   前胡葶苈枇杷叶，莱菔瓜蒌枳实良。

注：治痰涎壅盛上气喘息咳嗽，大便闭塞，胸膈满闷等。

3. 顺气青皮陈皮橘，藿香效与木香齐。
   香橼香附和乌药，柿蒂砂仁白蔻宜。

注：治阳明壅滞气不宣通，胸膈痞胀，腹胁胀满，气窜作痛，大便不利者。

4. 冷气疼痛要肉桂，吴萸姜附胡椒配。
小茴丁香炒砂仁，元胡灵脂阴气退。

注：治中寒心腹大痛，呕吐不食，舌白肢冷，口不渴，脉弦沉而迟。

5. 破气槟榔紫厚朴，三棱薤白逢莪术。
姜黄莱菔花青皮，枳实宽胸胜枳壳。

注：治癥瘕积聚胸腹胀满，腹中气痰浊瘀滞疼痛不通等。

6. 补血生熟二地黄，当归白芍首乌良。
一味丹参兼四物，河车不用又何妨。

注：凡一切血虚妇人经病，以此加减。

7. 凉血丹皮地骨皮，丹参生地地榆宜。
龟胶鳖甲焦荆芥，犀角青蒿赤芍奇。

注：凡温热伤营，吐血衄血嗽血便血，紫斑出血，发斑发疹，夜热舌绛，口干脉数等。

8. 止血蒲黄茜草根，茅根三七发灰灵。
阿胶侧柏灶心土，焦芥当归藕节茎。

注：以上止血通用。

9. 破血桃仁归尾加，泽兰苏木与红花。
姜黄莪术郁金子，赤芍丹皮干漆渣。

注：凡气血凝滞瘀血内停，大便黑色胸腹痛肋胀痛，夜晚发热，腹内包块，结核肿瘤或少腹硬满，小便自利，有瘀血者宜之。

10. 暖胃丁香与藿香，良姜草蔻炮煨姜。
砂仁白蔻兼红蔻，荜茇胡椒效最强。

注：治中寒腹痛呕吐清水或肠鸣吐蛔，腹胀下泄，欲食不入，脉沉迟者。

11. 调脾开胃用参苓，焦术炮姜半夏陈。
白蔻砂仁甘草炙，藿香堪与木香伦。

注：一切阳衰气弱，脾胃虚损，饮食少，饮食不化，四肢无力，呕吐便溏，腹中胀气，体瘦面黄，脉来软弱者。

12. 虚咳补肺款冬花，五味阿胶紫菀加。
山药参苓和炙草，天冬薏苡蜜升麻。

注：肺气虚损，经常咳嗽，或吐白痰，或痰中带血，或干咳肺结核日久不愈，饮食少思，精神疲乏，脉濡弱者。

13. 风寒咳嗽芥薄荷，桔梗苏前杏枣姜。
头痛加芎寒麻入，身痛无汗加羌防。

注：外感风寒，咳嗽，头微痛，恶寒，咳嗽痰稀，鼻塞清涕，脉弦无汗者。

14. 风热咳嗽芥薄荷，桑芩麦冬知贝和。
紫菀杏前枇杷叶，芦根瓜蒌一服瘥。

注：治风热咳，嗽头昏胀，身或发热，鼻涕痰稠涎黏，口干，脉浮大者。

15. 实咳泻肺用黄芩，葶苈桑皮桔梗匀。
枳壳杏仁花粉配，天冬贝母马兜铃。

注：治痰热滞肺，浊痰不清，咳嗽胸满，喘息不能就枕，脉滑数者。

16. 肺实喘急款冬花，兜铃苏子杏仁加。
肺虚喘息当补气，肾虚金匮或阳八。

注：外感喘息为实，实宜泻肺；内伤喘息为虚，虚则补气，肾虚纳气归之。

17. 消痰半夏胆南星，枳壳杏仁块茯苓。
贝母瓜蒌金沸草，陈皮白芥桔黄芩。

注：化痰通用之药，但须分燥痰、湿痰，各有所宜。

18. 退诸火热用黄芩，心热黄连灯竹心。
肝热柴胡并白芍，脾热明粉同熟军。
肺热天冬桑皮效，肾热黄柏知母临。
胆热竹茹龙胆草，胃热石膏花粉均。
大肠槐花通大海，小肠木通车前仁。
膀胱滑石同萹蓄，三焦有热栀子遵。
热重羚羊犀角屑，火结硝黄效如神。

注：以上泻实火之药，分经而用。

19. 虚热玄参天麦冬，女贞知母骨皮同。
粉丹石斛怀生地，苓术参芪任变通。

注：凡阴虚发热或潮热盗汗，咳嗽，偶盗汗不敛，目花耳鸣，遗精便血，失血，舌燥阴虚，齿痛脉来细数者，若脉大而无力，饮食减少，因气虚发热者宜人

参、白术补齐，如四君子加山药、白扁豆、生姜、大枣煎，名六神散，治小儿表热退后又发热者最有效。

20. 骨蒸痨热用青蒿，生地骨皮鳖甲烧。
知母丹皮黄柏炒，胡连更比银柴高。

注：治痨热骨蒸，午后发热，咳嗽痰血，肌瘦颊赤，盗汗，脉细。

21. 发汗麻黄并紫苏，浮萍淡豉薄荷俱。
升麻白芷霜苍术，荆芥葛根葱白须。

注：以上为发汗解表之药，临床选用。

22. 收汗黄芪酸枣仁，桂枝白芍麻黄根。
乌梅牡蛎冬桑叶，浮麦山萸合四君。

注：诸药均能止汗，但须分气虚阴虚、自汗盗汗，各有所宜。

23. 消食山楂油厚朴，麦芽香附六神曲。
青皮莱菔花槟榔，枳实宽胸胜枳壳。

注：治饮食不化，腹痛胸痞，嗳腐吞酸，恶食泄泻等。

24. 宽中枳壳与陈皮，苍术腹毛厚朴宜。
桔梗槟榔莱菔子，木香香附奏功奇。

注：治气不宣通，胸膈痞满，腹肋胀闷，大便不利，饮食难下者。

25. 膨胀槟榔厚朴宜，冬瓜皮和茯苓皮。
腹毛枳实牵牛子，萝卜头和香附施。

注：治七情气郁，顽痰饮食积聚，胸腹膨胀，大便不爽，小便不利者。

26. 止渴葛根与麦冬，石膏花粉乌梅宗。
梨浆五味兼文蛤，犀角饴糖竹叶同。

注：诸药皆能生津止渴。

27. 解郁川芎与郁金，腹毛苍术炒栀仁。
台乌芍药合香附、神曲槟榔合二陈。

注：治气郁不舒，胸膈痞闷吞酸，呕吐，饮食不消，胸腹气滞疼痛者。

28. 大便不通用大黄，朴硝巴豆杏仁霜。
油归生地苁蓉肉，松子麻仁郁李强。

注：治大便因火结，或寒结，或血燥肠枯而不通者，分别选用。

29. 小便不通赤茯苓，猪苓泽泻车前仁。

木通滑石同瞿麦，葶苈石苇竹叶心。

注：治热闭小便不通。八正散去大黄，大便不通则加大黄。

30. 病属气虚微下陷，补中益气最为灵。

不通若是真寒闭，火药煎汤效更神。

注：小便不通膀胱气不化，或膀胱热闭，或寒闭，或气虚下陷，各宜分用。补中益气合五苓散。

31. 浮肿不消用木瓜，猪苓泽泻与芫花。

木通大戟同商陆，薏苡牵牛信不差。

注：水气泛滥，周身肿胀，小便不利，大便不爽，体来虚者，上药能排泄大小二便之水，脾虚兼用培土益气之药为当。

32. 呕吐合香并二陈，丁香白蔻缩砂仁。

生姜草蔻延胡索，胃热芩连栀子匀。

注：凡呕吐须分寒热，若舌白喜热饮，脉迟小者，属胃寒，宜辛温芳香之药；若舌黄，喜冷饮，食入即吐，脉数者，属胃热，宜二陈汤加黄芩、黄连、栀子。

33. 止泄车前参术苓，猪苓泽泻缩砂仁。

建莲肉蔻怀山药，诃子乌梅粟壳神。

注：治脾虚不能健运，水湿不分，大肠滑泻，此药有补脾利水止泄之功。

34. 痢疾黄连广木香，槐花归芍地榆良。

桃仁莱菔青皮草，枳壳槟榔厚朴强。

注：治夏秋湿热，红白痢疾，腹痛，里急后重，口苦咽干，下痢日数十行，腹痛甚者加大黄。

35. 疟疾常山草果仁，槟榔苍术及威灵。

柴胡干葛焦知母，厚朴青皮合二陈。

注：治痢疾不止，若热多口渴者，加麦冬、石膏、天花粉。

36. 头痛川芎白芷辛，天麻藁本菊花均。

辛夷苍耳蔓荆子，见症尤宜分六经。

注：诸药善治头风通，但头痛种类甚多，宜分六经见症施治。

37. 头风眩晕明天麻，独活细辛旋复花。

白菊苏荷荆竹沥，辛夷萆薢效无差。

注：治头风眩晕昏痛，祛风化痰。

38. 腹痛元胡白芍强，小茴苍术高良姜。

栀仁草蔻吴萸子，香附沉香广木香。

注：治阳虚内寒，气血凝滞，腹中绞痛，或膨胀呕吐，脉沉迟者。

39. 心痛良姜及黑姜，元胡肉桂橘皮汤。

灵脂没药焦栀子，香附檀香广木香。

注：治寒气上逆，气血不通，心中绞痛，凡寒痛、气痛、血痛均宜。

40. 腰痛菟丝熟地黄，寄生续断小茴香。

胡桃杜仲川牛膝，故纸芦巴肉桂强。

注：治慢性肾虚，腰酸痛久不愈者，阳虚加附子、鹿茸尤效。

41. 膝痛薏苡与木瓜，灵仙牛膝绿升麻。

加皮杜仲汉防己，故纸羌防续断加。

注：治下焦风湿关节肿痛，足跟麻木肿痛，功能祛风除湿。

42. 喉痛射干山豆根，连翘大力广玄参。

薄荷荆芥芩连等，甘桔僵蚕灯竹心。

注：治风火上升，咽喉肿痛，饮食阻碍，口干，脉数属风热者。

43. 木通羌防归芍芎，黄芩栀子菊花同。

柴胡荆芥谷精草，木贼蒺藜白木通。

注：治风火，时气目赤肿痛，畏日羞光，多泪多眵，功能除肝经风热。

44. 身体风痛海风藤，防风荆芥与威灵。

秦艽羌独延胡索，狗脊桐皮桑寄生。

注：治风湿性关节炎，遍身关节疼痛通用药。

45. 齿痛石膏北细辛，蒺藜生地与黄芩。

骨皮丹皮栀子等，碎补荆防并谷精。

注：治阳明风火牙齿痛，龈肿多涎沫，上连头痛，脉数大者。

46. 耳聋全蝎石菖蒲，木通碎补乳香扶。

气虚耳聋当补气，肾虚滋水是良图。

注：耳聋耳鸣一证，若气逆而闭者，宜通气开窍；因气虚而闭者，宜补中益

气汤加通窍药；因肾虚鸣闭者，宜六味地黄汤加石菖蒲、远志、枸杞子、磁石、五味子、龟甲等。

47. 祛风荆芥西防风，苍耳天麻乌药同。
白菊薄荷羌独活，僵蚕全蝎正川芎。
蒺藜蝉蜕蔓荆子，藁本藓皮白芷充。

注：以上风药各有专长，当随症选用，荆芥散肝风，治身发热头目昏眩，咽喉不利；防风治头痛目眩，脊痛项强，周身尽疼；苍耳除风湿，通关节，治四肢拘挛，头顶风痛；天麻治诸风眩晕，语言不遂；乌药治反胃吐食，胸腹不快，冷气内结；菊花祛风明目，治眼目诸疾；薄荷治头痛，发热恶寒，能祛风热；羌活治风寒头痛，周身骨节痛；独活治同羌活，兼治足痹，除湿祛风；僵蚕治中风失音，咽喉肿痛；全蝎治肝风，幼儿四肢抽搐，大人半身不遂；川芎散肝风，治头痛良品；蒺藜祛肝风，治目赤肿翳；蝉蜕治目疾，及身热瘾疹，善治小儿夜啼；蔓荆治头顶痛、齿颊痛；白鲜皮治风湿热，皮肤疮疥发痒；白芷治阳明风湿头痛，目昏，齿龈肿痛。

48. 风温发热头疼痛，自汗口渴咳不宁。
脉数银翘荆荷蒡，桔甘豆竹鲜芦根。

注：凡风温初起，发热头痛，自汗口渴，咳嗽，脉浮数宜用此方。

49. 苏羌饮治感风寒，发热无汗而恶寒。
头身疼痛苏羌杏，陈防淡豉姜葱全。

注：治感冒风寒发热，无汗头痛，肢体酸痛，咳嗽，口不渴者。

50. 祛寒宜用理中汤，白术人参炙草姜。
更有吴萸真肉桂，细辛附子蜜麻黄。

注：治太阴脾脏虚寒，自利不渴，寒多而呕，腹痛便溏，脉沉无力，感寒拘急，或结胸吐蛔，及感寒霍乱、四肢厥冷等。

51. 祛湿秦艽薏苡仁，木瓜苍术西茵陈。
天麻白术汉防己，草薢菖蒲块茯苓。

注：通治诸湿肿满，四肢肿痛，身痛身重，大便溏泄，周身筋脉拘挛，关节炎等。

52. 湿温潮热四肢酸，胸痛自汗倦不安。

杏蔻苡仁通滑石，竹朴苓夏服自安。

注：三仁汤治湿温头痛，四肢酸软，自汗，舌苔滑，午后潮热，痞满者。

53. 补肾怀山熟地黄，胡桃枸杞首乌良。

鹿茸杜仲苁蓉肉，芡实枣皮及锁阳。

注：治真阴亏损，肝肾不足，精血枯竭，憔悴羸弱，腰痛足酸，自汗盗汗，头晕目眩，耳鸣耳聋，遗精便血，消渴淋浊，失血失音，舌燥喉痛，虚火牙痛，足跟作痛，潮热不止等。

54. 壮阳枸杞并蛇床，故纸胡巴桂附姜。

阳起石与真韭子，仙灵脾与鹿葱良。

注：治真阳虚，潮热，由子时至巳时，口干咽痛，口舌生疮，失音，手足心热，阳事不举，腰膝酸痛，不思饮食，遗精白浊，肌肉消瘦，牙齿浮动而痛者。

55. 补阴二地麦天冬，龟甲龟胶鳖甲同。

归芍女贞怀薯蓣，首乌萸肉菟丝通。

注：治真阴虚损，痨伤咳嗽，潮热，一切阴虚液枯之证。

56. 安魂定心用人参，远志柏仁酸枣仁。

龙齿朱砂龙眼肉，茯神益智效如神。

注：心脏虚弱，心累心跳，健忘惊悸，盗汗失眠，多梦虚烦等。

57. 强筋壮骨五加皮，枸杞菟丝续断齐。

虎骨鹿茸焦杜仲，胡桃碎补仙灵脾。

注：补精除湿、壮筋骨通用。

58. 梦遗精滑用金樱，莲蕊石莲益智仁。

龙骨鹿茸真牡蛎，菟丝巴戟合人参。

注：遗精固脱之通用药。

59. 补虚益损黄芪参，焦术怀山白茯苓。

杜仲鹿茸甘枸杞，枣皮熟地当归身。

注：治一切气血两虚，神经衰弱，惊悸健忘，发热自汗，食少无味，身倦肌瘦，色枯气短，发汗过多，身振脉摇，筋惕肉动，下元虚弱，足软无力等。

60. 跌打损伤血木通，乳香没药加皮充。

泽兰碎补真三七，苏木桃红并臭虫。

注：治跌扑打伤压伤，筋骨折伤，疼痛，瘀血凝滞诸症。

61. 消肿排脓归芍芎，连翘大力西防风。
银花羌活天花粉，白芷黄芪白木通。
山甲漏芦川贝母，陈皮皂刺及蒲公。
地榆知柏疗红肿，白及还同白蔹功。

注：治一切痈疽肿毒初起不消者，选用之，排脓消肿，定痛消炎。

62. 瘰疬银花六谷根，夏枯香附蒲公英。
黄芪海藻和昆布，贝母天葵及胆星。

注：治淋巴结核，肿硬不消未溃者，实践证明，海藻、昆布必须与甘草同用，疗效更佳。

63. 乳痈一痛金银花，贝母公英山甲夸。
没药乳香香白芷，木香甘草瓜蒌加。

注：治妇人乳痈，乳房红肿疼痛，寒热往来，未溃者。

64. 肠风下血鸡冠花，荆芥樗皮木贼夸。
刺猬乌梅陈枳壳，地黄山甲地榆加。

注：治肠风下鲜血者。凡下血鲜者为肠风，色暗而紫黑为脏毒。血色鲜为热，自大肠气分来，色暗者为寒，自小肠血分来。肠风由风邪伤胃，脏毒为湿邪侵胃。两证之血出于肠脏之间，痔疮之血出于肛门漏孔之处，治之各不同。

65. 痔疮流血地榆宜，槐角樗皮刺猬皮。
苦参柿饼无花果，乱发陈棕火煅齐。
久流黄水健脾胃，文蛤参归术地芪。

注：治痔疮、痔瘘，有脓血，大便燥结，痛不可忍，须分新久虚实。

66. 热淋又用海金沙，甘草木通通草夸。
滑石石苇瞿麦穗，猪苓泽泻大黄加。

注：治湿热下注，少腹急满胀痛，小便不通、淋涩痛，如刀割或尿血者。

67. 凉血丹皮百草霜，麦冬犀角及蒲黄。
桑皮侧柏焦荆芥，生地茅根白芍强。

注：湿热病火邪上升，鼻衄如泉或吐血者。

68. 通经牛膝红兰花，归尾桃仁赤芍佳。

莪术三棱香附子，木通苏木丹皮夸。

注：治妇女经血停闭，瘀血癥瘕，气滞不通者，随寒热加减。

69. 调经肉桂延胡索，香附泽兰益母属。

血虚宜用四物汤，气虚箭芪人参术。

注：治月经不调，差前错后或经行过多过少，腰腹胀痛，随气虚血虚而随证加减。

70. 安胎白术与黄芩，艾叶阿胶桑寄生。

杜仲菟丝川续断，当归酒芍缩砂仁。

注：妇人有孕，漏下，胎动不安，亦治损伤冲任，月经过多不止。

71. 产后血昏用黑姜，芎归童便桃仁良。

灵脂益母延胡索，焦芥红花熟地黄。

注：产后恶露不尽，攻冲作痛，及胞衣不下，昏晕不知人。

72. 血崩三七炒阿胶，续断蒲黄茜草高。

牡蛎地榆香附子，棕灰侧柏血余烧。

注：治妇女经行不止，崩中漏下，随寒热加减。凡血来紫黑成块，脉数急者为阳崩，本方加龟甲、白芍、黄柏、黄芩（皆炒灰）、樗皮等，若崩漏身热，自汗短气，腹痛倦怠，脉来小弱而迟，为阴崩，本方加炮姜合补中益气汤。

73. 白带补中益气汤，参芪归术广皮良。

升柴炙草全方用，加入苡仁引枣姜。

注：妇女白带淋漓不止，倦怠食少等症。

74. 伤暑益气箭芪加，扁豆苡仁及木瓜。

滑石香薷甘草配，陈皮参术蜜升麻。

注：治长夏湿热炎蒸，四肢困倦，精神减少，胸满气促，身热心烦口渴，恶食自汗，身重肢体疼痛，小便赤涩，大便溏黄，脉来洪而虚者。

75. 虫积槟榔与使君，雷丸榧子乌梅增。

牵牛鹤虱霜苍术，干漆川椒苦楝根。

注：治虫积腹痛，时止时痛，口吐清沫，喜食异物，随寒热加减。

76. 养血柔肝肝血虚，阳升头晕眼昏迷。

归芍女贞沙蒺藜，胡麻茯神钩藤菊。

注：治血虚肝阳上亢之头晕眼花等症。

77. 理气畅中肝气横，脘痛腹胀元胡陈。
蒺藜瓦楞郁苓枳，香砂佛手越鞠吞。

注：此理气畅中法，治肝气横逆，脘腹胀痛。

78. 理气温中土寒虚，胀满不运浊气填。
二陈乌药与肉桂，香苏芍姜治何难。

注：理气温通法，治中下虚寒、浊气不化，致生胀满。

79. 培土生金咳嗽夸，党参怀山与谷芽。
甜杏蛤壳川贝母，女贞橘络草神加。

注：此培土生金法，治久咳肺虚。

80. 健运分消脾虚胀，苓腹冬瓜陈四皮。
葫芦鸡金白术老，泽朴薏苡与神曲。

注：此健运分消法，治脾虚作胀。

81. 消积杀虫方可珍，术老肉桂请使君。
乌梅川楝椒雷鹤，陈砂黄连一扫清。

注：此消积杀虫法，治一切虫积。

82. 重坠镇逆咳逆方，代赭旋复柿蒂汤。
竹茹陈皮刀豆子，杏仁又把贝母邦。

注：此重坠镇逆法，治呃逆上气等。

83. 育阴固摄肾气虚，元梦而遗六味俱。
龙牡芡实金樱子，再加一味白莲须。

注：育阴固摄法，治遗精虚证。

84. 泻火固精肝火横，龙栀芍黄草地通。
有梦而遗宜降火，不与虚热一般同。

注：此泻火固精法，肝火鸱张，扰梦乱遗。

85. 清利湿热治淋浊，革薢通草赤茯苓。
滑扁车前瞿麦穗，草梢木通海金灵。

注：此清利湿热法，治淋浊。

86. 清化祛瘀血淋丹，地通革薢小蓟钻。

蒲黄黄柏瞿桃芍，藕汁琥珀与车前。

注：此清化祛瘀法，治血淋。

87. 疏肝理气疝称雄，柴芍青皮治从容。

二核金铃延胡索，泽苓又将路路通。

注：此疏肝理气法，治肝气郁结、疝气等。

88. 理气祛瘀痛经夸，苏延芍青金铃佳。

红香乌药绛通草，佛手楝来月季花。

注：理气祛瘀法，治行经腹痛，及一切气滞、血分不和等。

89. 和营调经事先期，丹皮丹参与陈皮。

归芍藕节兰香附，佛手月季不可离。

注：此和营调经法，治血热、经事先期等。

90. 养血清热经淋漓，黑芩黑芥归芍齐。

乌贼胡麻薇藕地，棕炭侧柏与丹皮。

注：此养血清热法，治月经淋漓不止。

91. 固撮冲任气虚崩，参芪术草与陈苓。

杜续阿胶归止漏，再加三七更通神。

注：此固摄冲任法，治气虚崩漏不止。

92. 和营温经事愆期，艾芍归芎与吴萸。

丹参炮姜炙甘草，时到法夏桂枝齐。

注：此和营温经法，治冲任有寒、经事愆期等。

93. 清血通经倒经夸，益母花粉桃仁花。

石斛丹参茜香附，栀子牡丹牛膝抓。

注：此清血通经法，治妇女倒经等症。

94. 化湿固带效如仙，二陈术芍萆苡兰。

银杏葵花椿根皮，寄生谷芽乌贼丸。

注：化湿固带法，治腰酸、纳少、白带异常等。

文琢之常用方剂

川派中医药名家系列丛书

文琢之

本处所选之方，多为文老临床数十年之经验方，亦有屡用而奏特别疗效之秘方，其余为习用之古代经验方。文老有菩萨心肠，对经验方不轻易示人，但对学生是一一传授，故其所传授之方，用法、用量、注意事项等均有细致说明。因此，文老的绝大多数方剂均在本书中有所应用，仅有少数方剂未在本书中应用，但在临床上都是常用之方，故一并选入。

文老常用方剂可分为内服、外用及秘方三大类，分别以汤（丸）、膏、丹、散、酒等剂型出现，共有126个方（其中对于古方，文老在临床实践中多有改动）。

一、内服药方

1. 加减仙方活命饮（《证治准绳》方加减）

金银花、菊花、防风、白芷、木香、陈皮、赤芍、乳香、没药、浙贝母、天花粉、薄荷、瓜蒌皮、夏枯草、蒲公英、怀山药、甘草。

功效：疏风清热，活血解毒。

适应证：一切初起阳证疮疡。

用法：水煎服，每日服3次，日1剂。

按：本方为外科内服第一方，若临证化裁，初起即消，未成即散，已成则溃，已溃易愈。临床运用：如化脓未溃加皂角刺；脓溃而稀薄者加黄芪；疔疮加野菊花、地丁；热重加三黄；在腹部加地丁；在足加牛膝；在背部加皂角刺；在胸部加瓜蒌；在上肢加桑枝。

2. 加味普济消毒饮（《医方集解》方加减）

黄芩、黄连、连翘、大力子、陈皮、玄参、板蓝根、马勃、薄荷、僵蚕、桔梗、甘草、怀山药、蒲公英。

功效：清热解毒。

适应证：大头瘟、痄腮、咽炎、喉炎。

用法：水煎服，每日服3次，日1剂。

按：本方按照古方有增减，去升麻、柴胡，防其升阳；加蒲公英、山药解毒健脾，防其苦寒败胃；若阳盛热重，可加栀子以清利三焦。

附：普济消毒饮（《医方集解》）

黄芩、黄连、陈皮、甘草、玄参、连翘、板蓝根、马勃、牛蒡子、薄荷、僵蚕、升麻、柴胡、桔梗（一方无薄荷，有人参；亦有加大黄治便秘者）。

功效：疏风散邪，清热解毒。

适应证：头面风热痰核，急性腮腺炎，咽喉肿痛等病症。

用法：水煎服，每日服3次，日1剂。

3. 八珍汤（《正体类要》）

熟地黄、当归、川芎、白芍、人参、茯苓、白术、甘草。

功效：补益气血。

适应证：气血两虚诸证。

用法：水煎服，每日服3次，日1剂。

按：内科用本方意在气血双补，而外科用本方可调和营卫，扶正托毒外出，促进伤口早日愈合。

4. 加减阳和汤（《外科证治全生集》方加减）

熟地黄、麻茸、白芥子、鹿角霜、炮姜炭、桂枝、赤芍、地龙、红花、细辛、当归、木通、木香、威灵仙、续断、防风、防己、透骨草、甘草。

功效：温经通阳，活血逐瘀，祛风除湿。

适应证：骨结核、淋巴结核、慢性骨髓炎等病症。

用法：水煎或作散剂、丸剂内服均可。

按：此方为治疗外科阴证内服首选方，阳证疮疡万不可用。

5. 加味虎潜丸（《丹溪心法》方加减）

黄柏（盐酒炒）、知母（盐酒炒）、熟地黄、锁阳、当归各45g，陈皮、白芍、牛膝各30g，虎胫骨30g（酥炙透），党参、黄芪、杜仲、菟丝、茯苓、补骨脂、山药、枸杞子各60g（虎骨可用猪骨30g代替）。

制法：上药共为细末，蜜丸，每丸重9g，密封贮藏。

功效：补肝肾，强筋骨。

适应证：佝偻病、骨结核、骨髓炎、外伤后遗症及筋骨痿软疾患。

用法：每次 1 丸，日服 3 次，开水送下。

按：丸药效力缓慢，重症骨结核、骨髓炎可配合加味阳和汤、骨痨散服用，疗效更佳，但风湿痹痛患者不宜服用。若为骨髓空洞患者，内服此丸，合用猪、牛、羊骨髓，疗效更佳。

6. 小金丹（《外科证治全生集》）

白胶香、草乌头、五灵脂、地龙、马钱子各 45g，乳香 22.5g（去油），没药 22.5g（去油），当归身 22.5g，麝香 9g，墨炭 3.6g。

制法：上药分别各研极细末，用糯米粉和糊打千锤，待混匀后为丸，如芡实大，每料 250 粒左右。

功效：破瘀通络，祛痰化湿，消痈止痛。

适应证：瘰疬、流痰、瘿瘤、骨髓炎、岩等疾患。

用法：成人每次服 3 丸，日 2 次，陈酒或开水送下，孕妇忌服。

按：本方不仅治瘰疬有效，凡包块（如乳房包块）及良性肿瘤亦有效；若系恶性肿瘤，可酌情配合汤剂服用。

7. 蜡矾护心丸（经验方）

黄蜡 30g，白矾 48g，琥珀 3g，朱砂、雄黄各 3.6g。

制法：将黄蜡入锅内熬化，乘热入蜜 60g 搅拌，待油附锅边凝，而中心未凝时，加入药物搅匀，做丸如绿豆大。

功效：护心护膜，活血解毒散邪。

适应证：疮毒及火毒攻心者效佳。

用法：每服 6 ~ 9g，白开水送下，轻证每日 1 次，毒盛者早晚各 1 次。

按：本方宜备存。凡遇外伤已成败血症，及烫火伤后火毒攻心、疔疮走黄诸证，大有起死回生之妙。

8. 橘核丸（经验方）

橘核、柚核、荔枝核、昆布、海藻、川楝子、枳实、延胡索、厚朴各 30g，桃仁、木通、木香各 15g。

用法：共为末，炼蜜为丸，如梧桐子大，备用。

功效：行气活血，软坚散结。

适应证：疝气。

制法：每服 9g，每日 3 次，白开水送下，儿童酌减。

按：此方可作煎剂服，如睾丸炎、睾丸鞘膜积液或输精管鞘膜积液，可用此方合五苓散加白芥子，煎水服更有效。本方对瘿瘤（如单纯甲状腺肿大、甲状腺囊肿）亦效佳，但服用时间较长，需坚持服用。

9. 醒消丸（《和剂局方》）

乳香 30g，没药 30g，麝香 4.5g，雄黄 15g。

制法：将乳香、没药、雄黄三药分别研细称准，再合麝香共研末，用黄米饭 30g，入药末捣为丸，如莱菔子大，晒干，忌火烘，备用。

功效：和营通络，消肿止痛。

适应证：初起之痈肿、流注等证。

用法：成人每服 3g，每日 2 次，用热酒或温开水送下，儿童酌减，服后盖被取微汗。一般连服 7 天后，要停药 3 天，可再继服；孕妇忌服。

按：《外科证治全书》中，将本方麝香剂量改为 0.9g，供临床参考。

10. 二参地黄丸（经验方）

沙参、丹参、地黄、泽泻、茯苓、山药、山茱萸、女贞子、墨旱莲、枸杞子、菊花、酸枣仁、牛膝、补固脂、续断、菟丝子、桑椹、钩藤、豨莶草。

制法：将上药共为细末，将龟甲胶、鹿角胶各 30g，上述药物融化后，与炼好之蜂蜜搅匀，加入药末，做丸，如梧桐子大，以朱砂、琥珀穿衣，风干备用。

功效：养阴清热，活血解毒。

适应证：红斑性狼疮善后长服方。

用法：每次服 20 ~ 30 粒，每日 3 次，白开水送下。

11. 骨痨散（经验方）

全蝎、蜈蚣、䗪虫各等分。

制法：上药共研极细末，备用。

功效：活血通络，抗痨杀虫。

适应证：骨结核、骨髓炎。

用法：每日 1 次，每次 3g，蒸鸡蛋服用，1 周为 1 个疗程，停药 1 周后可继续服用。

按：体质虚弱者配合加味虎潜丸服用，孕妇忌服。

12. 龙蛇丸（经验方）

地龙、乌梢蛇、红花、木香各 60g，乳香、寻骨风、川牛膝、佛手、桂枝、羌活、独活、防风、白芷、赤芍、威灵仙、千年健各 90g，当归、松节、续断、桑寄生、杜仲、五加皮、海桐皮、海风藤、防己、制马钱子各 120g，细辛 30g，蜈蚣 20 条。

制法：上药共研极细末，水泛为丸，如绿豆大，穿糖衣，风干装瓶备用。

功效：祛风除湿，活血通络。

适应证：凡风湿性关节炎疼痛，陈久性扭伤兼风湿痛，以及类风湿关节炎痛均有效。

用法：每次服 20 粒，每日 3 次。饮酒者可佐酒服效更佳；孕妇忌服。

按：本方味苦难服，作为丸剂为妥，然不宜蜜剂，适合饭后服，治类风湿关节炎已变形者有卓效。

13. 犀黄丸（《外科证治全生集》）

犀牛黄 0.9g，麝香 4.5g，乳香、没药各 30g，去油研极细末。

制法：将上药各研细末和匀，加入米粉为浆，做成粟米大丸剂，阴干后密封备用。

功效：活血行瘀，解毒消痈，散结镇痛。

适应证：对内痈、外痈及炎症包块和恶性肿瘤有效。

用法：轻证每日 1 次，服 6g；重证每日 2 次，患处在上部者食后服，患处在下部者空腹服。

按：此药近年来在日本研究甚多，用以治肺痈、肝癌、肠痈及输卵管炎症，以及恶性肿瘤效果甚佳。近年来畅销东南亚一带，其疗效有待于进行深入研究和总结。

14. 加味消瘰丸（《医学心悟》方加味）

玄参、牡蛎、浙贝母、白芥子、淡昆布、淡海藻、木香、郁金、夏枯草、甘草。

功效：疏肝解郁，化痰软坚。

适应证：瘰疬不红肿者及各种良性包块。

用法：水煎服，每日服 3 次，日 1 剂。

15. 山羊消瘰丸（经验方）

山羊角 1500g，威灵仙 120g（用文火将两味药同煮 4 小时，羊角软后取出晒干，河沙炒泡，去威灵仙），浙贝母 500g，全瓜蒌 250g，玄参、香附各 250g，法半夏、山药、郁金、金银花、刺蒺藜各 180g，淡昆布、淡海藻各 150g，僵蚕、大力子、明参、木香、白芥子、山楂、橘核、陈皮各 120g，制南星 90g，桔梗、蜂房各 60g，升麻 30g，牡蛎 500g，川楝子 360g，蜈蚣 10 条，甘草 120g。

制法：共为细末，用夏枯草 2500g，苦丁茶 500g，煎取浓汁泛为丸，如绿豆大，穿糖衣，风干备用。

功效：疏肝消瘰，软坚散结。

适应证：瘰疬无论已溃未溃，或瘿瘤、痰核均有效。

用法：每服 20 ~ 30 粒，每日 3 次，白开水送下。

按：若患者体质虚弱，可用四君子汤煎服，本方对皮下脂肪瘤、纤维瘤亦有效，但需要常服，勿间断服用。

16. 加味防风通圣散（《宣明论方》加味）

防风、大黄、芒硝、荆芥、栀子、赤芍、连翘、川芎、当归、薄荷、苍术各 60g，麻黄 30g，甘草 60g，桔梗、黄芩、石膏 120g，滑石 300g，黄柏 60g，川黄连 30g，地肤子、白鲜皮各 300g，蒲公英、怀山药各 500g，毛金银花 60g。

制法：上药共为细末，备用。

功效：表里双解。

适应证：对湿热郁久之疖疮、顽癣有特效。

用法：每次服 9 ~ 15g，每日 2 ~ 3 次，白开水送下。

按：本方根据河间《宣明论方》防风通圣散加味而成。河间方为 17 味，本方加黄柏清利湿热；川黄连清心火；地肤子、白鲜皮消风除湿；蒲公英、毛金银花助连翘解毒；山药益胃，制诸药解表过甚；苍术易白术，取其能燥湿益脾胃；赤芍易白芍，以凉血和营。

本方治体实之人顽疮年久不愈，及顽固性肾囊风有特效，但体虚患者不宜用。

17. 瘙痒丸（经验方）

生地黄、赤芍、制首乌、金银花、连翘、地肤子、白鲜皮、地龙各12g，当归、白芷、刺猬皮、僵蚕、蝉衣、苍耳子、天麻、防风各9g，蜈蚣2条，川芎、红花、全蝎、乌梢蛇各9g。

制法：上药共为细末，炼蜜为丸，每丸重3g，备用。

功效：养血息风，止痒除湿。

适应证：一切痒疹、风疹、斑疹均可使用。

用法：每服2～3丸，每日3次，白开水送下。

按：此方为治疗瘙痒症的通用方。若为风丹（荨麻疹），可用铁扫把、野菊花、红活麻、紫荆皮等分，熬水吞服。其顽固者，可在止痒药中加红浮萍9g，煎汤吞服；热邪重者可配合紫雪丹服用。外用苦参汤，煎水洗浴患处，效果更佳。

18. 藿香解毒汤（经验方）

藿香、香薷、金银花、连翘、土茯苓、蕺菜、马齿苋、佩兰、赤芍、防风、白芷、夏枯草、蒲公英、钩藤。

功效：清热除湿，解毒消肿。

适应证：夏季暑热疖疮。

用法：水煎，分3次服，日1剂。

按：疖疮虽小，分易治、难治两类。易治者不治易愈，难治者俗称蝼蛄串，近称多发性疖疮。病虽不重，但患者痛苦异常，可在上方的基础上加当归补血汤，以调和营卫。外搽五妙膏效果很好。

19. 菊花解毒汤（经验方）

野菊花、金银花、连翘、竹叶、土茯苓、蕺菜、夏枯草、紫花地丁、黄花地丁、牡丹皮、赤芍、生地黄、黄连、甘草。

功效：清热解毒，凉血活血。

适应证：一切疔疮。

用法：水煎，分3次服，日1剂。

按：疔疮轻证日1剂，重证每日2剂；高热者加服紫雪丹，外搽紫金锭或万应锭，或蟾酥锭。如发生疔疮走黄，应加服蜡矾护心丸。

20. 紫金锭（又名玉枢丹，《乾坤生意方》）

山慈菇 60g，麝香 9g，千金子 30g，雄黄 22.5g（水飞），红毛大戟 45g，朱砂 22.5g，五倍子 60g。

制法：上药分别研细末和匀，用糯米糊与药粉拌匀，作为锭剂，或作片剂，每片 0.5g，阴干备用。

功效：辟秽解毒，消肿定痛。

适应证：无名肿毒、疔疮、痈及疖疮、毒虫咬伤等。

用法：内服：成人每次 1～4 片，宜饭后服，每日 3 次，小儿酌减；外用：用好醋磨药，涂敷患处，日敷数次。

按：此方可作内服用，近年来有的地方出售此药，明文规定只能外搽，不能内服，这是不妥的，古人就用此药内外合用疗效增强。我们在临床上照古人办法，内服外用功效增加数倍，外搽时若破损皮肤者勿搽。

21. 六味地黄汤（《小儿药证直诀》）

熟地黄、山药、大枣、泽泻、茯苓、牡丹皮。

功效：滋阴补肾。

适应证：肾阴不足，虚火上炎，腰膝痿软，头晕耳聋，自汗盗汗，遗精梦泄，消渴，舌燥喉痛，齿牙动摇，足跟作痛等病症。

用法：水煎，分 3 次服，日 1 剂。

22. 一号脱疽方（经验方）

当归、黄芪、熟地黄、党参、赤芍各 45g，金银花 90g，细辛、肉桂各 15g，血竭 15g，红花、炮姜、地龙、麻黄、牛膝、木香各 30g，玄参、鹿角霜各 60g，水蛭、虻虫、䗪虫各 9g。

制法：上药共为细末，水泛为丸，如梧桐子大，朱砂、白蜡为衣，备用。

功效：补益气血，温经通络，和营解毒。

适应证：脱疽寒湿型，足冷，重被不温，色时正时变，行走胀痛。

用法：每日服 30～40 丸，每日 3 次。

按：此药适用于寒湿型，湿热型不能用。

23. 二号脱疽方（经验方）

秦艽、防风、防己、当归、川芎、桂枝、牛膝、乌梢蛇、红花各 30g，威灵仙45g，续断、桑寄生、土茯苓、金银花各60g，全蝎、水蛭、虻虫、䗪虫各9g，蜈蚣4条，细辛15g。

制法：上药共为细末，水泛为丸，如梧桐子大，滑石粉、白蜡为衣，备用。

功效：祛风除湿，温经通络。

适应证：脱疽风湿型，足趾冷，小腿胀，关节痛，有游走性静脉炎（风湿结节）者。

用法：每服30～40丸，每日3次。

24. 三号脱疽丸（经验方）

玄参、怀山药、桑枝、土茯苓、蒲公英、连翘各60g，金银花90g，石斛45g，赤芍、红花、地龙、怀牛膝、木香、甘草各30g，水蛭、虻虫、䗪虫各9g。

制法：上药共研极细末，水泛为丸，如梧桐子大，百草霜、石蜡为衣，备用。

功效：清热利湿，和营解毒通络。

适应证：脱疽湿热型，足现红肿热痛，溃烂奇臭，口干肌热，小便黄赤等。

用法：每服30～40丸，每日3次。

按：一号脱疽丸主治寒湿型，二号脱疽丸主治风湿型，三号脱疽丸主治湿热型，此三丸分治三证，务须辨证准确，万勿妄投，若不属上述之型者，亦勿乱用，慎之！慎之！

25. 玉真散（《外科正宗》）

白附子60g，明天麻、羌活、防风、白芷、生南星各30g。

制法：上药共研极细末，用罗筛筛过，收入瓶内，密封，勿令泄气。

功效：祛风解痉。

适应证：治破伤风，内服外敷均可。

用法：只要心前微温，用此药敷伤口（如脓多者，可用浓茶避风洗净，无脓不必洗），另用热黄酒冲服9g，下肢冰冷者，用盐水送下，能起死回生。呕吐者难治，青肿者水调敷。若溃口烂不能收者，用熟石膏6g，铅丹0.9g，共研极细末调敷。

按：文老常用此方加三七粉30g，治金刀跌伤流血不止，干捻、止血有效。必须说明的是，外伤瘀肿切忌外搽揉按。出血者可用酒精局部消毒，上干药粉后，纱布盖贴。忌用滋膏覆盖，用之则易化脓。一般伤口，伤口不感染者，上药一次便可结痂痊愈。若上药后不感疼痛者，不必换药。若有疼痛红肿，则有感染化脓之症，应迅速医治。

26. 定痫丸（《医学心悟》）

明天麻、川贝母、姜半夏、茯苓、茯神各 30g，胆南星（酒制者）、全蝎、僵蚕、琥珀、朱辰砂各 15g，丹参、麦冬（去心）各 60g，陈皮、远志（去心，甘草水泡，否则口感较麻）各 21g，石菖蒲 15g。

制法：用竹沥 1 小碗、姜汁 1 杯，再用甘草 120g 熬膏，和药末为丸，如绿豆大，琥珀、辰砂为衣，阴干备用。

功效：豁痰镇痫，消风缓痉。

适应证：一切痫证（如俗称羊儿风、母猪风、猝倒抽搐等病症）。

用法：每次服 30 ~ 50 丸，每日 3 次，开水送下。

按：文老用此方治诸般痫疾均有特效，治愈患者不少。若痰涎多者，可拌服白金丸，并可治癫狂因痰郁气滞而成者。

附：白金丸（《普济本事方》）

郁金、生白矾各等分。

制法：上药研细末，加面粉糊为丸，如梧桐子大，备用。

功效：豁痰开窍。

适应证：痫证痰多者。

用法：每服 6 ~ 9g，每日 3 次，开水送下。

按：此方常与定痫丸合用，奏效更捷。

27. 疏风活血汤（经验方）

生地黄、制首乌、当归、蝉衣、僵蚕、地肤子、白鲜皮、金银花、苍耳子、刺猬皮。

功效：养血息风，解毒止痒。

适应证：各种皮肤病及瘙痒症的基础方。

用法：煎水，每日服 3 次，每日 1 剂。

按：此方系基础方，各型应加减化裁，湿热型患者可用药渣煎水外洗，增加疗效又节约药材；阴虚者不能外洗。

28. 紫雪丹（《和剂局方》）

黄金3000g（可不用），寒水石、磁石、滑石、石膏各1500g，犀牛角、羚羊角屑、青木香、沉香、玄参、升麻各500g，甘草240g，丁香30g，芒硝5000g，硝石1000g，麝香36.9g，朱砂90g。

制法：将寒水石、磁石、滑石、石膏打碎，熬汁去渣取汁，将犀角屑、羚羊角屑、青木香、沉香、玄参、升麻、甘草、丁香入前汁水里，熬取汁水三分之一，去渣，再入芒硝5000g，硝石1000g，化匀后倾出，欲冷时入麝香、朱砂，搅匀，即成霜雪，紫色故名，退火毒2日，作丸备用，每丸重0.3g。

功效：清热解毒，镇痉开窍。

适应证：热邪内陷，壮热烦躁，疔疮走黄致昏狂谵语，口渴唇焦，尿赤便闭，甚至痉厥、小儿热病、高热惊痫等证，及各种原因引起的败血症。

用法：每次0.9g，每日2次，重证者可加倍服。

按：方中黄金可以不用，亦不影响其效力，古人用黄金取其重镇安神之功效；另一方面是因黄金价格昂贵，说明此药贵重。

29. 补中益气汤（《脾胃论》）

黄芪、甘草、人参、当归、陈皮、升麻、柴胡、白术。

功效：调补脾胃，升阳益气。

适应证：气虚乏力，中气下陷之脱肛、阴挺，久病及气血虚弱之疮疡，久溃不愈者。

用法：水煎，分3次服，日1剂。

30. 玉屏风散（《世医得效方》）

黄芪、防风、白术。

功效：益气固表，止汗。

适应证：表虚自汗，虚人易感冒者，及表虚卫气不固，而易发过敏性疹块者。

用法：水煎，分3次服，日1剂。

按：凡易过敏者，乃卫气不固，表虚也，用本方益气固表，合用养血息风、祛风止痒之剂，其效大增。急性过敏性疹块患者不宜使用本方。

31. 疏肝和胃散（经验方）

九香虫30g，乳香、没药、吴茱萸、黄连各9g，瓦楞子21g，丹参、金铃炭、制香附、青皮、陈皮各 15g。

制法：上药共研极细末，密封贮藏，或压成片剂更方便。

功效：疏肝和胃，消胀镇呕，制酸。

适应证：胃痛、胸胁痛、呕哕、心烦、呃逆、吐酸水，但不适宜于伤食腹痛。

用法：每服 3 至 6g，白开水送下、每日 3 次。

按：此方系陆千甫医师传出，陆千甫之父为陆仲鹤，仲鹤先生与文老是老友，仲鹤先生之父为成都名医陆景庭先生，诚三代良医。此方屡试有效，文老常以此方治肝胃气痛。若系急性者，以药粉 3g 煎水冲服，立能止痛。

32. 健胃散（经验方）

黄连、吴茱萸各 30g，木香 15g，酒神曲、鸡内金各 120g。

制法：上药共研极细末，备用。

功效：镇痛止呕，调整脾胃机能。

适应证：消化不良、慢性胃炎、胃炎、呕酸、吐哕。

用法：每服 3 ~ 6g，白开水送下，每日 3 次。

按：文老在农村进行巡回医疗时，发现社员因生活劳动的原因，急、慢性胃炎及消化道疾病患者甚多，故以左金丸加味制成此药，疗效显著。岳池一带医生照此方配伍者甚多，且价廉，服用方便，颇适合农村需要，为农村之特效方，又有简、便、验之长处。

33. 蟾酥丸（《外科正宗》）

乳香 3g，枯矾 3g，寒水石 3g，铜绿、没药、胆矾各 3g，生蜗牛 15g，雄黄粉 6g，朱砂粉 9g，麝香 1.5g，蟾酥 6g（酒化），轻粉 3g。

制法：上药除蟾酥、蜗牛外，各药先分别研为极细末，然后将蜗牛捣烂，再与蟾酥同研，研至黏稠后，再入各药粉，共捣极匀，水泛为丸，如绿豆大，朱砂穿衣，阴干备用。

功效：清热解毒，消肿止痛。

适应证：一切疔疮，无名肿痛。

用法：每服丸药前，先饮水一口，将药丸 1 粒放舌上，以口微麻为度，再以葱白汤或白开水送下，服药后盖被取汗。

按：此药力量较猛，气血虚弱之人慎用，孕妇忌服。此药可磨醋水外搽疔疮和无名肿毒、毒虫咬伤，疗效增加；皮肤破口处勿搽。

34. 加味七厘散（经验方）

当归 90g，乳香 30g，没药 15g，雄黄 15g，红花、血竭、儿茶各 30g，朱砂 15g，冰片 9g，姜黄 90g，马钱子 6g，牛膝、延胡索各 15g。

制法：上药共为细末，备用。

功效：活血祛瘀，通络镇痛。

适应证：外伤性气血瘀肿及脱疽病瘀滞疼痛、红肿或紫暗疼痛，外敷内服有效。

按：凡瘀肿未破皮者，可以用白酒或童便调敷，但外伤瘀肿，切忌揉搽。若新伤出血，可用酒精消毒后，干捻药粉，纱布覆盖，切勿上油膏之类，否则易化脓，特再嘱咐。

35. 加味当归四逆汤（《伤寒论》方加减）

当归、桂枝、赤芍、细辛、红花、木通、水蛭、虻虫、䗪虫、地龙、牛膝、土茯苓、甘草。

功效：温经散寒，养血通脉，化瘀止痛。

适应证：四肢厥冷，手足冻疮，脉管炎及四肢风湿痹痛。

用法：水煎，分 3 次服，日 1 剂。

按：此方治脉管炎及冻疮效果明显，其药渣可煎，熏洗患处以增加疗效。

36. 四妙勇安汤（清代《验方新编》）

金银花、玄参、当归、甘草。

功效：养阴清热，调和营卫。

适应证：脱疽，阴虚夹湿热型。

用法：水煎，分 3 次服，日 1 剂。

按：此方可合顾步汤，治疗阴虚夹湿热的脱疽患者，但对其他型的脱疽无效，应以辨证施治为当。

37. 顾步汤（《仙人冰鉴方》）

牛膝、石斛、黄芪、当归、党参、金银花。

功效：通气活血，清热解毒。

适应证：脱疽，湿热夹阴虚型。

用法：水煎，分 3 次服，日 1 剂。

按： 此方常与四妙勇安汤合用。

38. 四君子汤（《和剂局方》）

党参、甘草、茯苓、白术。

功效：甘温益气，健脾养胃。

适应证：脾胃虚弱及久病体虚者，溃疡久不愈合者。

用法：水煎，分 3 次服，日 1 剂。

39. 平胃散（《和剂局方》）

陈皮、厚朴、苍术、甘草。

功效：燥湿健脾。

适应证：脾胃不和，脘腹胀满，大便溏薄，舌苔白腻而厚者。

用法：水煎，分 3 次服，日 1 剂。

40. 疏肝通络饮（经验方）

全瓜蒌、丝瓜络、鹿角霜、浙贝母、青木香、青皮、制香附、连翘、毛金银花、夏枯草、蒲公英。

功效：疏肝气，通乳络，清胎热。

适应证：内吹乳痈（乳痈轻证）。

用法：水煎，分 3 次服，日 1 剂。

按： 此方适于内吹乳痈之患者，孕妇患乳痈系肝气郁结伴胎热重而成，轻证初起乳痈此方亦适宜。

41. 瓜蒲通络汤（经验方）

全瓜蒌、丝瓜络、鹿角霜、浙贝母、柴胡、青皮、乳香、没药、制香附、青木香、炒穿山甲、大木通、夏枯草、蒲公英。

功效：疏通乳络，调和营卫，消肿散结。

适应证：外吹乳痈。

用法：水煎，分 3 次服，日 1 剂。

按： 此方适于产后乳痈来势较大者，多系发生于初产妇，以乳汁过多过浓，宿乳阻塞乳络者发生较多；婴儿咬破乳头染毒发者次之；以婴儿含乳而睡、吹乳而发者最少。

42. 复元通气汤（《医宗金鉴》）

青皮、陈皮、瓜蒌、穿山甲、金银花、连翘、甘草。

功效：通气散结。

适应证：乳痈未溃，肿势已减，唯有硬块不消者。

用法：水煎，分3次服，日1剂。

按：文老用此方时常加全蝎3g，蜈蚣1条，蜂房12g，入药内服，外用陈香散敷熨，多奏奇效。

43. 回乳汤（《外科大成》）

炒麦芽60g，当归、赤芍、红花、牛膝各6g。

功效：回乳。

适应证：乳房胀痛，无儿食乳及乳痈期间，需要回乳者。

用法：水煎，分3次服，日1剂。

按：常于方中加泽兰6g，川芎3g尤效，在临床上常用于通经回乳，是因为乳汁、经血同源，故上方加入泽兰、川芎后尤效。

44. 下乳汤（《外科大成》）

当归、川芎、穿山甲、王不留行、鲜虾各等分。

功效：疏通乳络，增加乳汁。

适应证：产后无乳汁者。

用法：水煎，分3次服，日1剂。

按：文老用此方多奏效，如服药后仍无乳汁者，乃是气血枯竭，可用八珍汤倍党参、白术，少佐肉桂可奏效。

一般乳汁少者或缺乳者，以通花根120g，扁豆、怀山药各120g，生花生米250g（去衣），炖猪蹄服用，屡用效佳。

45. 逍遥散（《和剂局方》）

柴胡、当归、白芍、白术、茯苓、甘草。

功效：疏肝解郁，健脾和营。

适应证：肝郁血虚，乳房作胀，往来寒热，头痛目眩者。

用法：水煎，分3次服，日1剂。

46. 归脾汤（《济生方》）

白术、茯神、黄芪、龙眼肉、酸枣仁、潞党参、木香、甘草、当归、远志、生姜、大枣。

功效：健脾养心，补益气血。

适应证：心脾两虚，失眠盗汗，食少体倦及疮疡后期心脾两虚者。

用法：水煎，分 3 次服，日 1 剂。

47. 黄芪丸（经验方）

生黄芪、制川乌、金铃子、地龙、乌药、赤小豆、小茴香、刺蒺藜、防风、丹参、萆薢。

制法：上药共研极细末，糊丸如梧桐子大，阴干备用。

功效：调和营卫，除湿止痒。

适应证：初期臁疮。

用法：每服 20 ~ 30 粒，开水送下，每日 3 次。

按：此方适于初期臁疮、伤口溃烂，边缘色乌，黄水淋漓者，可合三妙散同用，其效更增，但必须结合外用药。

48. 加味三妙丸（经验方）

苍术、黄柏、牛膝、黄芪、当归、茯苓、怀山药、五加皮、海桐皮、蒲公英、忍冬藤。

制法：上药除忍冬藤外，余药共研极细末，炼蜜为丸，如梧桐子大，贮藏备用。

功效：和营益气，除湿通络。

适应证：日久不愈之臁疮。

用法：忍冬藤煎水，服 30 丸，每日 3 次。

按：臁疮日久不愈，可 10 年或更长时间不愈，服此方时，可将药渣煎水洗臁疮患部后，将外用药敷上，以缩短疗程。

49. 虎潜丸（《丹溪心法》）

黄柏、龟甲、知母、熟地黄、陈皮、白芍、锁阳、虎骨、干姜。

制法：上药共为细末，炼蜜为丸，每丸重 9g，备用。

功效：滋补肝肾，强壮筋骨。

适应证：肝肾不足，筋骨痿软，下肢无力及年久之臁疮。

用法：每次1丸，每日3次，淡盐汤或白开水送下。

按：此方可治慢性骨髓炎、骨结核以及日久不愈的臁疮，对下肢痿软无力者亦效佳。

50. 生津解毒汤（经验方）

金银花、连翘、生地黄、牡丹皮、赤芍、知母、水牛角、玄参、石斛、郁金、夏枯草、黄芩、黄连、黄柏、怀山药、鸡内金。

功效：清热解毒，养阴生津，调和营卫。

适应证：烧伤初期。

用法：水煎，分3次服，日1剂，重证者每日可服2剂。

按：此方适于烧伤初期，因为初期烧伤后失去大量水分，伤阴耗气，热毒传心，故易出现休克。治疗及时，可减少患者的痛苦，防止邪毒传变，缩短疗程。

51. 安宫牛黄丸（《温病条辨》）

牛黄、郁金、犀角、黄芩、黄连、雄黄、栀子、朱砂各30g，梅片、麝香各7.5g，珍珠15g。

制法：上药共研极细末，炼老蜜为丸，每丸重3g，金箔为衣，蜡护备用。

功效：清热解毒，化浊开窍，镇心安神。

适应证：温邪内陷，热入心包，或烧伤火毒攻心，或小儿流脑高热惊厥者，用此药抢救甚效。

用法：虚证用人参汤下，实证用金银花，薄荷汤下，每服1丸。病轻者每日1～2次，病重者每日3次。小儿用量减半，每日1次，重证每日2次。

按：此方治温病逆传心包者效好，对烧伤烫伤火毒攻心者亦效佳。此方还对肾病尿毒症的高热、中毒症状改善甚速，故为抢救常备药物。

52. 首乌地黄汤（经验方）

制首乌、刺蒺藜、熟地黄、怀山药、大枣、牡丹皮、泽泻、茯苓、丹参、紫草、地骨皮、夏枯草、白鲜皮、炒酸枣仁、钩藤、豨莶草。

功效：养阴解毒，宁心安神，健脾保肺。

适应证：各型红斑性狼疮内服基础方。

用法：水煎，分 3 次服，日 1 剂。

按：此方为各型红斑性狼疮内服的基础方，在临床上应加减化裁，如急性期已控制，善后可常服二参地黄汤。

53. 定经汤（《傅青主女科》）

当归、白芍、菟丝子、熟地黄、山药、炒芥穗、茯苓、少佐银柴胡。

功效：滋养肝肾，解郁调经。

适应证：经水错乱属肝肾郁滞者。

用法：水煎，分 3 次服，日 1 剂。或作为丸药，每服 10g，每日 3 次。

按：此方疏肝肾之气，补肝肾之精，肝肾之气疏而精通，肝肾之精旺而水利，故用于肝肾郁结，月经先后无定期者，或因郁而停闭，非通非补，或系统性红斑狼疮，可用原方或随症加减。

54. 至宝丹（《和剂局方》）

生乌犀屑、生玳瑁屑、琥珀、朱砂、雄黄各 30g，金箔 50 片（一半为衣），银箔 50 片（研），龙脑 1 分（研），麝香 1 分（研），牛黄 15g（研），安息香 45g，为末，以无灰酒飞过，滤过砂石，约得净数 30g，慢火熬成膏。

制法：将生犀角、生玳瑁研为细末，入余药研匀，将安息香膏重汤煮烊，凝成后入诸药中，和搜成剂。如干，即入少许老蜜，盛于不津器中，做丸如桐子大，密封备用。

功效：开窍安神，清热解毒。

适应证：中暑、中恶、中风，温病痰热内闭，神昏谵语，身热烦躁，痰盛气粗，舌赤苔黄，以及小儿诸痫，急惊心热，卒中客忤，不得睡眠，烦躁，风涎抽搐等症。

用法：用人参汤化下 3 ~ 5 丸。小儿每两岁服 1 丸，人参汤化下。近代用法：成人每服 1 丸（重 3g），研碎，开水和服。

55. 阳和汤（《外科证治全生集》）

熟地黄、白芥子、鹿角胶、肉桂、炮姜炭、麻黄、生甘草。

功效：温阳补虚，散寒通滞。

适应证：一切阴寒之证尤效。

用法：水煎服，日 1 剂。

按：此方阳证不可用，用之必坏证。阴虚内热者勿用。马培之曾说“此方治阴证，无出其右，乳岩万不可用。阴虚有热及破溃日久者，不可沾唇”。

56. 当归四逆汤（《伤寒论》）

当归、桂枝、芍药、细辛、通草、甘草、大枣。

功效：温经散寒，活血通脉。

适应证：四肢厥冷，手足不温，冻疮及血栓性脉管炎等病症。

用法：水煎服，日 1 剂。

按：本方是治疗脱疽寒湿型的基础方，常与《金匮要略》一书中“大黄䗪虫丸”化裁而用之，取其方中三虫（水蛭、虻虫、䗪虫）而用，化瘀通络之力更强，疗效增强，在临床上分别其临证情况分型而加减化裁治之，疗效甚佳。

57. 托里消毒散（《医宗金鉴》）

党参、川芎、当归、白芍、白术、茯苓、金银花、白芷、皂角刺、桔梗、黄芪。

功效：补益气血，托里消毒。

适应证：气血虚弱，疮势已成脓难溃者；溃后气血虚弱，腐肉难脱者。

用法：水煎服，日 1 剂。

按：气血虚，疮势已成脓不聚者，无物以化脓矣，补益气血，可防毒邪内陷，使毒邪化脓，邪毒随脓而泄。溃后气血虚弱，脓腐难脱者，用此方助气血，脓腐易脱，新肉易生。本方是外科临证时常用之方，不可忽视其功。

58. 消瘰丸（《医学心悟》）

玄参、牡蛎、贝母。

功效：清热化痰，软坚散结。

适应证：瘰疬及一切良性肿块。

用法：共为末，炼蜜为丸，每服 9g，开水送下，日 3 次。

按：本方加入郁金、夏枯草、淡昆布、淡海藻、丹参、黄药子等软坚散结之药，治疗良性肿块（如乳腺小叶增生、男性乳腺增生症、淋巴结核、甲状腺肿瘤等）尤效。

59. 加味四妙散（经验方）

苍术、黄柏、薏苡仁、牛膝、木通、苦参、蒲公英、当归、土茯苓。

功效：清热除湿。

适应证：湿热下注所致的疮疡及痒疹。

用法：水煎服，日 1 剂。

按：风湿热下注之疮疡，以及湿热下注之痒疹均有效。

60. 金银花红藤败酱散（经验方）

毛金银花、茶叶、槐花、地榆、木香、枳壳、乌药、厚朴、冬瓜仁、薏苡仁、山药、红藤、败酱草。

功效：清热除湿，理气排脓。

适应证：直肠溃疡、慢性肠炎及痔疮。

用法：水煎服，日 1 剂，分 3 次服。

按：本方是用芩连汤、红藤煎、薏苡附子败酱散等方化裁而来，对慢性肠炎、直肠溃疡及痔疮均有良好效果，临证病情有变化时可随症加减化裁。

二、外用药方

（一）滋膏类

61. 五妙膏（经验方）

大黄 90g，黄柏 150g，羌活 120g，红花 120g，苍术 150g。

制法：上药共为细末，凡士林熔后共搅匀，备用。

功效：清热燥湿，消肿止痒。

适应证：适用于半阴半阳之疮疡及多发性疖疮，或瘢痕疙瘩之瘙痒。

按：此膏搽疖疮及多发性疖疮，不宜盖纱布，以免郁壅反致难愈。对烧伤愈后的疤痕，或其他原因所致的瘢痕疙瘩，具有消肿止痒的作用。

62. 黄连膏（经验方）

黄连 1 份，生绿豆粉或黄豆粉 2 份。

制法：将上两药的粉末共混匀，凡士林熔后共搅拌均匀，备用。

功效：清热解毒，消肿止痛。

适应证：适于阳证肿疡及溃疡。

用法：摊纱布上，敷贴患处。

按：此药膏对轻度的烫火伤有效，将患处洗净，将此膏薄涂一层于患处，即可消肿止痛而致愈合。

63. 红油膏（即玉红膏，经验方）

当归 60g，白芷 30g，紫草 30g，轻粉 12g，血竭 30g，无名异 30g，甘草 30g，白蜡 30g，清油 500g。

制法：将当归、白芷、紫草、无名异、甘草入油内浸 3 日，放铁锅内，文火慢慢熬枯，滤去药渣，复将油入锅内熬滚，入血竭化尽，后下白蜡微化，倾入盅内，搅匀备用。轻粉可不用，若要用轻粉，可将紫草后下，否则红油膏变成黑色，会影响效力。

功效：生肌敛口。

适应证：一切疮疡溃烂均可使用，跌打损伤后化脓、肌肉不生，用此膏生肌较佳。

用法：创口洗净，疮面撒布红丹药，将药膏摊纱布盖贴。

按：本方生肌效果良好，久不愈合之溃疡尤佳。方中加入无名异 30g 合煎，镇痛止痒生肌，其力更强。无名异又名龙虱子，产于南海，属象贝科，因其近年药源很少，故使用较少，因本品在外科中是生肌镇痛之良药，故特录之。

64. 千捶膏（经验方）

因药物、功效之不同，本方分甲、乙两方。本书中所用的千捶膏是甲方，特说明之。甲方最常用，效果好，药物简单，应重视。

甲方：蓖麻子 30g（去硬壳），桑树根白皮 60g（去外层粗皮），生猪油 60g（生肥肉）。

制法：上药共捣干，捶为泥，外贴患处。

功效：消肿定痛，祛腐。

适应证：一切大痈已成脓（如对口疮、乳痈等）而未溃，或已溃，或创口大而肿势不退者，均可用之。

用法：摊纸上或纱布上，贴患处。

乙方：土木鳖 5 个（去壳），白嫩松香净者 120g，铜绿 3g（碎细），乳香、没药各 6g，蓖麻子 21g（去壳），巴豆肉 3 粒（去油），杏仁 3g（去皮）。

制法：上药共捣如泥，冷水漂过，摊贴患处。

功效：和阳化腐。

适应证：一切疮疡、瘰疬、臁疮、慢性溃疡，属阴证者。

按：①甲方治脑疽背搭，初期未溃及将溃腐皮未去有效，但必须临时备药，尤以夏天更要注意，药物腐臭则不能用，用后反致疮毒内陷，所以要鲜制，勤于更换。本方之妙，妙在可以防止内陷，更能祛腐肉，凡不宜刀针者，或疮疖均可以贴用。②乙方对深部脓肿有效，并对瘀痛、瘀肿及阴证等有效。因此，用以上两方时必须分清阳证、阴证，方能收到良好效果。不可颠倒乱用，否则必酿坏证。

65. 癣油膏（《医学心悟》）

百部、白鲜皮、蓖麻子、鹤虱、当归、生贯众各30g，黄蜡60g，明雄黄30g，麻油1000g。

制法：先将上药前6味入麻油，熬枯去渣，再将油熬至滴水成珠，再入黄蜡，待蜡化开即端起锅离火，再将明雄黄末入药后和匀，冷后入瓷罐中收贮，放至冷水中去火毒，备用。

功效：杀虫息风，除湿止痒。

适应证：一切癣证、痔疮。

用法：将油膏涂搽患处，每日数次均可。

按：本方系《医学心悟》方，对癣证有效，但不适用于牛皮癣。对于牛皮癣，中西医是同名异症，西医所谓之牛皮癣是指银屑病，类似中医的“铜钱癣”；中医所称的牛皮癣，指局部皮厚如牛革，如牛领之皮，类似西医的“神经性皮炎”，此证中医用触肤灸效果较好，药物治疗易复发，中西医目前尚无根治之法，需进一步研究。

66. 沃雪膏（经验方）

麻油2500g（或清油），黄蜡120g，松香90g。

制法：先将麻油或清油熬开，去油沫，待油炼老后，入松香化开，离火加黄蜡搅匀，冷后装盒，备用。

功效：温经活血，润燥防裂。

适应证：手足冻疮，皮肤皲裂及脉管炎患者之肢趾冷者。

按：此膏冬季搽皮肤，可防冰冻，可保护皮肤温度，对冻疮、皲裂效佳；对脱疽手足厥冷者，搽后可增加温度，减轻疼痛，但只宜轻擦，不可将皮搽破。

67. 烫伤膏（经验方）

煅石膏、煅寒水石、生黄柏各120g，冰片3g。

制法：上药共研极细末，备用，另用生地黄榆120g（去骨）研细末，用清油500g浸泡，待油浓时，加药末调匀，备用。

功效：清热解毒定痛。

适应证：烫火伤、犬咬伤、虫伤，均可外用。

按：文老常用此方加入油葱汁（占全部用量的1/5），和匀，治烫火伤其效果更佳。若患者有水疱，可用消毒针在低位将水疱中的水吸尽，切勿剪皮，否则易感染而难以治愈。

在临床上，常常合用清凉膏或烧伤膏，治疗烫火伤，其效大增。

68. 烧伤膏（经验方）

地榆60g，当归30g，紫草60g，清油（芝麻油更好）500g，油葱汁120g，血竭末9g，黄蜡30g。

制法：将地榆、当归、紫草三药入清油内，浸泡1周，滤渣取尽油，再入油葱汁、血竭末、黄蜡，用文火熬化，搅匀，冷后退火毒即成油膏，装贮备用。

功效：清热解毒，止痛生肌敛口。

适应证：烧伤的各期均可。

用法：用生理盐水将伤口冲洗干净，然后将此膏直接涂于伤口，或将消毒纱布浸泡后，用此纱布覆盖于创面亦可。

按：此方可治烧伤各期，烫伤亦效。

69. 消核膏（经验方）

甘遂、大戟各90g，白芥子24g，大黄12g，生南星48g，半夏54g，僵蚕、藤黄、芒硝各48g，清油1000g。

制法：用清油1000g，先将甘遂、生南星、半夏熬枯去渣，再下僵蚕，三下大戟，四下白芥子，五下大黄，逐次熬枯，先后捞出，六下芒硝，熬至不曝，将油以棕叶滤净，然后将油徐徐熬滚，缓缓加入炒黄丹粉（黄丹用量以膏药老嫩为度，夏宜稍老，冬宜稍嫩），熬成，倾入冷水拔扯数十次以退火性。

功效：散结软坚。

适应证：一切痰核，皮肤不红，不肿不痛，核结成块，或软绵块，及一切结核性包块。

用法：摊膏贴患处。

按：本方为硬膏，对治疗癥块有效，治瘰疬效果不明显。文老治瘰疬常用白玉膏（即生石灰水加生桐油调敷），效果显著。

70. 金黄膏（《外科正宗》方加味）

南星、半夏、黄柏、黄连、黄芩、生大黄、天花粉、厚朴、苍术、陈皮、木香、甘草、杜仲各 30g，姜黄 60g，白及 60g，芙蓉花叶 90g。

制法：上药共研极细末，凡士林熔后调匀备用。

功效：清热解毒，消肿定痛。

适应证：一切阳证疮疡及外伤感染等证。

用法：摊纱布贴患处，有疡面者可围敷伤口四周。

按：此方治一切阳证疮疡及无名肿毒，或外伤后感染之症疗效很好，远较鱼石脂油膏效果优良。对金黄散外敷过敏者，可用此膏外敷，亦可达到同样的治疗效果。此膏较薄贴使用方便，而且效果甚佳。

71. 蛇黄膏（经验方）

蛇床子 3g，黄柏 6g，赤石脂 6g，铅丹 6g，寒水石 3g。

制法：上药共研极细末，凡士林油调匀备用。

功效：除湿止痒。

适应证：黄水疮及湿疹发痒者。

用法：将此膏薄涂患处即可。

按：此膏可治湿疹发痒、黄水疮及湿热痧子；若黄水浸淫者，可用干粉撒患处。此膏用治多种皮肤病瘙痒者有效。

72. 三妙膏（经验方）

紫荆皮、大黄、黄芩、黄连、黄柏、肉桂、苏木、荆芥、防风、麻黄、细辛、生半夏、牙皂、乌药、浙贝母、黄芪、大力子、天花粉、金银花、僵蚕、生穿山甲、柴胡、苦参、青皮、白附子、生鳖甲、全蝎、巴豆、草乌、大戟、明天麻、高良姜、蓖麻子、牛膝、白蔹、生甘草、海风藤、白及、连翘、血余炭、羌活、独活、白芷、千金子、当归、桃仁、红花、赤芍、石菖蒲各 15g，蛇蜕 30g，大蜈蚣1条，桃枝、柏枝、桑枝、槐树枝各1寸，真麻油6000g（或清油）。

制法：将上药入油内浸7日后，放锅内熬至药枯，去渣，将锅拭净，再以棕叶滤去药渣，文火煎油至滴水成珠，大约得净油3000g为佳，离火入黄丹2400g，杨木搅之，老嫩适宜，再入后药：乳香、没药各24g，血竭、雄黄、木香、沉香、檀香、降香、白胶香、丁香、藿香各15g，麝香、珠粉、大梅片各3g，再入樟脑15g，收膏，将膏入清水内浸之，退其火性以去其副作用。

功效：清热解毒，消肿止痛，除湿通络，软坚散结。

适应证：一切痈疽已溃未溃，风寒湿痹疼痛及包块均治，故称之为“三妙膏”。

用法：隔水烊化，摊为薄贴，贴患处。

按：此方为硬膏，临床上外贴治一切痈疽，初起贴之易消，已溃贴之易愈，同时又治风寒湿痹痛，对不明原因的包块，贴之可消散。此方对以上三种疾患贴之效佳，故称此膏为“三妙膏”。

73. 清凉膏（经验方）

石灰水、清油各等分。

制法：石灰500g，清洁水1500g，加入搅匀，澄清，去水上浮衣，取清水500g，生清油500g，搅拌均匀（均匀后则色白如膏，故称为清凉膏），备用。

功效：清热解毒，止痛润肤。

适应证：烧伤Ⅰ度、Ⅱ度，未破皮者。

用法：搅匀后，将此膏涂于洗净的烧伤处，可迅速止痛。

按：此方对烧伤Ⅰ度、Ⅱ度未破皮者，用之可迅速止痛，但皮肤破损者不能用，用之疼痛会增加。

（二）丹药类

74. 三仙丹（经验方）

水银、白矾、硝石各30g。

制法：①将硝石、白矾乳细（即把药末放在乳钵内研极细），取3/4入锅内筑紧，中心为一小窝，将水银倒入窝内，再将剩余的硝石、白矾覆盖于窝上，弄平，使药在锅底正中，然后再覆盖一大青花瓷碗，碗与锅间裂缝处用桑皮纸条蘸盐水封闭，再盖熟石膏粉或盐泥，或河沙，勿令泄气。②先用文火烧约 1 小时，继用武火烧约 1 小时（用棉花或生饭米放在碗底上，压一块石头，火候至时，以米或棉花焦黄为度）。③离火冷却片刻，去河沙及封固泥，或煅石膏后，将锅内灰尘扫净，将碗轻轻揭起，满碗俱是朱红色，如火星状（即红如赤朱，明如丹霞则为上品，若为黄色则为黄升丹，是火候不至，过浅之故，其效也薄；若为黑色或绛紫色，则为下品，不能入药，是火候太过之故）。待冷却后，将碗内所附之丹药用铁铲刮下，乳细，用油纸包，放阴冷的土上约 1 周后即可用，但必须瓶装，密封保存。放置于锅底（余药名丹底），取出磨醋，搽各种痒证有效，即俗称为“瓦片药”。

功效：提脓拔毒生肌。

适应证：一切疮疡溃后及其他慢性溃疡均可使用，效佳。

用法：用药粉少许撒布疡面，外贴软膏或薄贴均可。

化裁：本方为一切丹药的基础方，原方加皂矾 15g，名四水丹，具有化腐作用；再加食盐 15g，名五虎丹，化腐之力更强；原方加珍珠、车渠、玛瑙、珊瑚、琥珀，名八宝丹，有提脓生肌之功。

禁忌：凡疮疡初溃或开刀一二日内及未成脓者均不宜用。

按：①根据《医宗金鉴》方，加朱砂、雄黄各 15g，皂矾 18g，为红升丹，但收量不足。如三仙丹、硝石、白矾、水银各 30g，收丹可净取 30g，若照《医宗金鉴》合方红升丹，只能取 18g 左右。据文老亲手升制，于三仙丹中加皂矾 18g，仍可得净药 30g，再于方中加银珠、雄黄各 15g，合乳细可得净药 60g，化腐之力更强。凡骨结核、骨髓炎、有瘘管者，用本丹加米饭少许，或做条形、插入疮口化瘘管，若有死骨或绵管，可于 3g 丹药内加地牯牛 5 个，晒干为末，合药，可化绵管以退死骨。②三仙丹内服可以治梅毒或顽疮，每用一分合米饭为丸，做成 10 粒，每服 1 粒，每日 2 次，连服 5 天，不愈休息 5 天，再如上法服一分，但不可多服，丸药做成即服，不可久放。③原方加珍珠等成八宝丹，但珍珠等多为昂贵药品，不仅破财耗物，且不增效，故不用为上。④本丹药及其他一切丹药，切不可上脉管炎患者之溃疡，否则溃疡不能愈合。

75. 红升丹（经验方）

硝石、白矾、水银各 30g，朱砂 1.5g，皂矾 18g，硼砂 15g。

制法：同三仙丹制法一样，故从略。

功效：提脓拔毒，化腐生肌。

适应证：一切疮疡溃后及慢性溃疡均可。

用法：将药粉少许撒布疡面，或做捻条，上于管道内均可。

禁忌：同三仙丹。

按：此方较三仙丹效佳，化腐生肌力更强，所以用途很广泛。对脉管炎患者的溃疡（指趾端的溃疡）不可用，否则伤口久不愈合。

76. 白降丹（经验方）

白矾、皂矾、硝石、水银各 30g，食盐、硼砂各 15g，朱砂、雄黄各 9g。

制法：将上药共乳细，放入瓦罐内，文火煨化，用竹筷慢慢搅动，和匀，待白烟尽，青烟起时，即将罐离火，转动罐待药冷，文火微烤，罐中药物已硬，是名“坐胎”（若胎嫩则药液下流，胎过老则胎全部落下）。待胎冷却后，以另一瓦罐埋土中，暴露罐口于外，将药罐覆其上，两罐口要紧密吻合，以盐水浸桑皮纸条，密封，勿令泄气，盐泥封固，以碎瓦片堆于罐周，以至罐顶为限，于罐顶堆积木炭，发燃煽红，炭化复加，每加一次去一层瓦片，以瓦片去尽为止。待冷却后，将两罐同时取出，揭开复罐，在土内空罐内壁则见银针状粉末，取出乳细备用，所余丹底取下备用。

功效：化腐力最强，兼有提脓之功。

适应证：治一切痈疽疔毒及瘘管均有效。

用法：用药末少许，上腐肉及瘘管，不可上无病变区域，用药末水点疔疮头有特效。本方只用水银、硝石、白矾、食盐、皂矾 5 种中药，亦名白降丹，但化腐力弱，效力与升丹同。

禁忌：疮毒无腐者不宜用，胬肉少者亦应酌情使用。

附注：①凡属丹药类，收入瓷瓶，埋入地下，越久越好，陈久者没有导致伤口疼痛的副作用。若系新丹，以油纸包固，露缸脚，置阴凉处 3 日，退去火性方可用。或兑石膏粉（极细），亦可减去火性，以加石膏量不同，命名为对醒丹、三一丹、九一丹，效果不及升丹好，但生肌之力较强。②凡升丹、降丹，在升降后，如不急于观察，最好在 24 小时后揭开为好。降丹最好置于地下，以防震动及过早揭开碗罐，否则不易降。③好丹每料可净取丹药 30g 左右，通常为

24～27g，21g 以下为不足，皆由药不足量，或有杂质，或有泄气，或过早揭开所致。

按：①丹降制成之后，可泡清凉水中一昼夜，然后取出，阴干，乳细，上诸疮口，化腐力不减，且可免于疼痛。若未经冷水泡者，上于疮口则疼痛较剧。②本丹化腐力强，盛药之器及取药器材不可用金属之品，最好以瓷瓶密封，用竹、角器材取药。更不宜用铝制品装盛，否则全部锈蚀。

77. 红汞丹（经验方）

硝酸、水银各 30g。

制法：上药和匀，盛于瓷器内，文火熬干，则成红粉状，取出碾细，退尽火气。

功效：化腐，其力较降丹弱。

适应证：适于一般疮面腐秽较多之证。

用法：药粉撒布疡面或上瘘管内即可。

按：本品又名金鸡丹，熬丹要密封，最好用有盖的阳城罐，贮药后用桑皮纸、盐泥固定，在清油灯上煨熬两小时，必须待冷凉后方可揭盖，否则气味冲入人体，可以引起炎症。成都黄某常用此方治痔瘘，效果甚佳，此方出自民间久矣，流传甚广，各地均有采用。

78. 九一丹（经验方）

熟石膏 9 份，升丹 1 份。

制法：上药共极细末，即成备用。

功效：提脓生肌。

适应证：治一切溃疡流脓少者。

用法：将药粉掺布于疡面，或将药粉做捻条，插入疮口即可，外贴膏药，每日 1 换。

按：此药为兑丹之一，根据临床需要，可兑成五五丹、七三丹、八二丹等，主要是以熟石膏与升丹之比例来命名的。

79. 三品一条枪（《外科正宗》）

白砒 45g，明矾 60g，雄黄 7.2g，乳香 3.6g。

制法：将上药的白砒、明矾两药研成细末，入阳城罐内，煅至青烟尽白烟起、上下通红时，关火，放置一宿，取出研末，可得净末约30g，再加雄黄、乳香两药，共研极细末，用厚糊调稠，搓条如线，阴干备用，或将药粉瓶装密封备用。

功效：腐蚀死肌瘘管。

适应证：瘰疬溃后、瘘管等疾。

用法：将药条插入疮口或瘘管内，或将药粉撒布患处。

按：此药上伤口疼痛剧，患者不易接受，其效比白降丹差而痛苦大，故在临床上已很少采用。近人用以治子宫颈癌，报道有效。

（三）散药类

80. 消肿散（经验方）

夏枯草、商路、透骨草各等分。

制法：上药共研细末备用。

功效：活血逐瘀，消肿止痛。

适应证：治一切扭伤、挫闪伤局部瘀肿者。

用法：用蜜水、童便、酒类调敷患处均可。

按：①本方可兼治风湿瘀肿及腱鞘炎，用温水或酒、童便、葱泥等调敷均可。②本方治外伤及骨折肿不消退者，上此药有特效，但每次上药前必须以火葱煎汤洗净患部以先通气行血，若皮肤过敏者改用童便调敷。

81. 皮黏散（秘方）

炉甘石60g，朱砂6g，琥珀3g，硼砂4.5g，黄连15g，熊胆1.2g，冰片0.6g，麝香9g。

制法：炉甘石60g，火上烧红，用黄连15g煎水淬7次，阴干后碾细水飞，余药共研极细末，与炉甘石细末研匀，装瓷瓶备用。

功效：消炎止痛，生肌敛口。

适应证：凡皮肤、黏膜处溃疡，如口腔、眼结膜、肛门、外阴均可撒布或油调外敷。

用法：将药粉撒布于疡面，膏药敷贴。若口腔或下阴处应先用凉茶洗净，然后撒布药粉，不盖药膏。

按：本方药制成后上皮肤，黏膜溃疡均无刺激性及疼痛感觉。本方的炉甘石要在火中烧红，置黄连水中淬 7 次，碾细水飞，否则上伤口有疼痛的感觉，更不能直接撒布皮肤，黏膜处的溃疡。又本方合海浮散撒布治疗慢性溃疡（如臁疮之类），上复红油膏有特效。临床上文老常用治臁疮，数十年不愈者均已痊愈，病例不少。

82. 暖痹散（经验方）

松香 60g，干姜 30g，广皮 30g，樟片 1.5g，红花 30g，苏木 60g，松节 30g，白及 60g。

制法：上药共为极细末，热酒调敷，或葱头共捣成泥敷患处。

功效：祛寒除湿，活血定痛。

适应证：固定之关节疼痛（着痹），及腱鞘炎。

用法：将药末调热酒，或葱头捣泥调敷患处。

按：本方治固定之关节风湿痛，比贴膏药有效。治腱鞘炎及腱鞘囊肿，用葱白连须捣泥，合药加水及蜜，烤热敷，每日一换。换药时患处用热水洗净，浸泡、稍加揉按，数次则散，散后再如法敷 2～3 次，以免复发。

83. 如意金黄散（经验方）

南星、半夏、黄柏、黄连、黄芩、生大黄、白芷、天花粉、厚朴、苍术、陈皮、木香、甘草、杜仲各 30g，姜黄、白及各 60g，芙蓉花叶 250g。

制法：上药共研极细末，用蜜水调敷患处，若已溃后敷周围。

功效：清热解毒，消肿定痛。

适应证：疮疡之阳证实证，无名肿毒之红肿灼痛均效。

用法：将药末调蜂蜜水敷患处，若溃后者可围敷疮周围，亦可调软膏应用。

按：本方系据古方加白及以增加黏稠性，使药力集中而敛毒，且敷药不易脱落亦不易散。再加芙蓉花叶，更增加解毒之功效，故我院的金黄散色青而稠黏，与市面上其他医院的金黄散不同，而效力特殊。

84. 药捻粉（经验方）

三仙丹 18g，海浮散 12g，硇砂 1.5g，煅石膏 9g。

制法：上药共研极细末，拌成药捻备用。

功效：提毒化腐，转阴透阳。

适应证：巴骨流痰、附骨疽、皮陷、肉塌、流黄水或流清脓者。

用法：将伤口洗净，以此捻条插入伤口，外撒拔毒散，再贴膏药甚效。

按：一般用三仙丹或红升丹拌捻条亦可，但效力不及药捻粉佳。

85. 拔毒散（经验方）

血竭、阿魏各6g，穿山甲9g，雄黄6g，硫黄9g，蜈蚣1条，僵蚕6g，全蝎3g，斑蝥0.6g，蛇蜕3g，蜂房6g，梅片9g。

制法：上药共研极细末备用。

功效：拔毒外出力强，转阴透阳。

适应证：适于上药捻粉之证均可。

用法：伤口洗净，上药捻粉或药捻条后，外撒拔毒散，再贴膏药甚效。

按：临床上治疗骨结核、骨髓炎，外用药常用金黄散、药捻粉、拔毒散配合应用，并配合内服加味虎潜丸合骨痨散、阳和汤等方剂，治疗有特效。文老在临床上治愈不少骨结核、骨髓炎的患者，均采用上述疗法配合运用。

86. 海浮散（《医学心悟》）

乳香没药各等分。

制法：上药与灯草同炒去净油，共研极细末备用。

功效：提脓化腐，生肌止痛。

适应证：一切疮疡溃后脓少者均可用。

用法：将药粉撒布疡面，外贴膏药即可。

化裁：疮口流黄水者，加雄黄、冰片少许，加月石、乌贼骨以增加生肌效力。

按：程国彭云：敷此药腐肉自化，新肉自生，此系外科回生保命之丹也。文老治外疡常用之，止痛生肌效佳。此方二药均等量，与灯草同炒去油，或将药安箬皮上、火炙干（否则不易去油），为极细末，撒于患处，上覆盖膏药。此散用之毒尽则能收口，毒未尽则提脓外出，其功效难以言喻，真可谓简、便、廉、效也。

87. 疥药粉（秘方）

明雄黄30g，蛇床子75g，大枫子45g，轻粉15g，蛤粉30g，白芷30g，花椒30g。

制法：上药共研极细末备用。

功效：消风杀虫，解毒止痒。

适应证：一切干性痒疹及疥疮，有立能止痒之功。对疥疮更有特效。

用法：生猪油或生肥肉一小块，药粉 6g，用布包固定后，在火上烤热熨搽患部，熨后搽去油渍。若无生猪油或生肥肉，可用油核桃肉捣碎和药粉，用法同前，疗效不减。

按：此药治顽固性脚丫湿烂，干捻有效。若调成油膏治肛门瘙痒及肛门湿疹、鹅掌风等，搽之立能止痒。若肾囊风，可于本方中加 5% 狼毒粉合制成油膏，搽之亦获奇效。

88. 蛇黄散（经验方）

蛇床子 30g，黄柏 60g，赤石脂 30g，寒水石 15g，铅丹 15g。

制法：上药共研极细末备用。

功效：清热、除涩、止痒。

适应证：湿疹发痒、黄水疮等均可。

用法：黄水多者可用药粉干捻，黄水少者可用药调清油搽患处。

按：治浸淫疮有效。黄水多时干捻药粉，黄水少调凡士林为膏。若婴儿湿疹，则不宜此方，可改用参黄散（参考 114 方）。本方无黄水或黄水很少时可将药粉用油调搽，若黄水多者搽之反而沤郁疮面，导致肿痛，更忌水调或蜜调和药。婴儿湿疹多头面部重，故药搽后恐入口腔，宜用参黄散代之，可无流弊。

89. 雄矾散（经验方）

明雄黄、枯矾、松香各等分。

制法：共研极细末、备用。

功效：清热除湿止痒。

适应证：顽固性湿热疮。

用法：将患处洗净，干捻药粉于患处。

按：本方治顽固性浸淫疮有效，若一般浸淫疮，因搽之刺激性强、勿用。小儿皮肤细嫩更忌用。黄水顽固不止者，若干搽立能止痒干水，勿等闲视之。

90. 生肌散（经验方）

天龙骨（城墙上的老石灰）、地龙骨（即龙骨）、水龙骨（船上敷的多年桐油石灰）各等分。

制法：上三药要愈陈久越好，新者有刺激性不宜入药。将上药共研极细末，再加炉甘石（黄连水淬、碾细，水飞后）为龙骨粉的1/5，乌贼骨亦为1/5，共乳细至无声为度（过粗有刺激性），加冰片少许而成。

功效：生肌收口。

适应证：一切溃疡及创伤，伤口脓尽时宜用。

用法：将伤口洗净，撒布药粉少许，覆盖油膏。

按：三龙骨各有所用，若缺一则效减，更要将药制极细方易吸收，此方原名“白龙丹”，为先师灵溪老人秘方。

化裁：本方为生肌之基础方、加珍珠、朱砂为珍珠散；加石膏、轻粉、血竭、儿茶名八宝生肌散，用法同前。

附：象皮生肌散（经验方）

龙骨120g（黄连水淬），象皮60g（炒黄），炉甘石120g（煅，黄连水淬），血竭15g，冰片3g，海螵蛸3g（去壳）。

制法：上药共乳极细末备用。

功效：生肌敛口收湿。

适应证：用于疮疡之久溃湿烂不敛者。

用法：用药粉撒布疡面即可。

按：久不生肌者特效。

91. 银粉散（经验方）

海浮石15g，铅粉9g，轻粉3g，响锡12g，梅片3g，麝香1.5g。

制法：将海浮石醋炒后水飞、铅粉炒黄、水银、响锡同煅即易碾细，将所制各药研细合匀备用。

功效：除湿、解毒、杀虫。

适应证：梅毒及结核性溃疡、下疳等证。

用注：将溃疡洗净、撒布药粉于疡面，再以紫草油纱覆盖。

按：本方治梅毒性溃疡有特效。

92. 脚气散（经验方）

煅石膏30g，煅炉甘石15g，轻粉15g，炒宫粉9g。

制法：上药共研极细末备用。

功效：收敛水湿，杀虫止痒。

适应证：烂脚丫、浸淫疮、湿疹瘙痒。

用法：先用盐水将患处洗净、拭干，再将此药粉捻上。

按：本方撒布脚底搽之可治汗脚、搽手可治手汗。

93. 止痛丹（经验方）

生穿山甲 7 片，大蜘蛛 7 个，僵蚕 7 条，全蝎 7 个，麝香、公丁香、母丁香、冰片、滑石各 3g。

制法：各取净末和匀，再研极细末为度、备用。

功效：逐瘀通络，活血止痛。

适应证：治腱鞘炎、肩关节周围炎，以及扭挫伤后期引起的关节强直、瘀滞硬结等病症。

用法：每次用 0.3g 左右，捻于膏药上，贴患处。

按：此丹只宜外用，不可内服，外贴膏药不拘品种以能固定为标准；若无膏药，可用胶布代之亦收同样效果。

94. 加味冰硼散（经验方）

硼砂 3g，冰片 9g，青黛 15g，人中白 30g，玄明粉 9g。

制法：上药共研极细末备用，勿令泄气。

功效：消肿止痛。

适应证：咽喉肿痛、腐烂，口舌生疮。

用法：将药吹于患处，或口含之，亦可调药粉搽患处。

按：本方除治口腔疾患及咽喉肿痛外，凡口腔炎性包块、如齿龈沿炎起包块者，搽抹患部有效。文老曾以本方配合内服药治愈舌癌 2 例。若用汽水调药粉涂搽热疖疮，亦有特效。若治喉证加入人指甲 9g（焙）、象牙 6g 为极细末，更增效力。

95. 四虎散（《医宗金鉴》）

生南星 30g，生川乌 15g，生草乌 15g，生半夏 30g，狼毒 15g。

制法：上药共研细末备用。

功效：祛寒散邪。

适应证：适用于治顽固阴疽等证。

用法：水调药粉敷患处。

按：本方系《医宗金鉴》方加味而成，本方性烈，非阴证坚硬者不可用，阳证肿疡万不可用，慎之！

96. 二味拔毒散（《医宗金鉴》）

明雄黄、白矾各等分。

制法：上药共研极细末备用。

功效：清热解毒，活血止痛。

适应证：治风湿诸疮、红肿痛痒及缠腰丹（带状疱疹）等。

用法：用清茶水调化，鹅毛、鸭毛或棉签蘸药水搽患处。

按：缠腰丹即带状疱疹，本方有特效，水调亦可，但浓度要大。时时搽涂，每日数次，轻证外用药即可收功，重证需配以内服药物治疗，可迅速痊愈。

97. 加味颠倒散（经验方）

大黄 9g，雄黄、硫黄各 1.5g，紫雪丹 0.3g。

制法：共为细末，备用。

功效：清理湿热，活血解毒。

适应证：外搽酒渣鼻。

用法：凉水调药搽患处。

按：本方为临床常用之有效方，常配合内服方以清理脾胃湿热效果显。常用内服药：石膏、天花粉、葛根、茯苓、桔梗、杏仁、桑白皮、怀山药、红花加减运用，更增其效。

98. 七厘散（《良方集腋》）

血竭 30g，乳香、没药、红花、儿茶、朱砂各 4.5g，麝香、冰片各 0.9g。

制法：上药研极细末，密封装瓶用。

功效：活血通络，理气镇痛。

适应证：跌打损伤、瘀血停滞、遍身疼痛等。

用法：内服每次服 0.3 ~ 0.6g，每日 3 次。外用时，可用酒调敷患处，破皮及溃烂处不能敷。

按：此方是古方七厘散，是伤科特效方，方中药份量略增减，此方通经活络镇痛之力不强，故文老常于本方内加当归、雄黄、姜黄、马钱子、牛膝、玄胡等品，名加味七厘散（已列内服方内），可治脱疽及瘀肿，以及伤经损络、坐骨神经痛、风湿疼痛，均有特效。若再加 10% 三七粉，亦可用于创伤止血，并可防止伤口感染，促进愈合。

99. 顽疡粉（经验方）

炉甘石（刮净）30g，密陀僧 24g，龙骨（刮净）15g，铜绿 15g，煅石膏 9g，上梅片 1.5g，血竭 15g。

制法：上药共研极细末备用。清油 500g 煎沸后下黄蜡 120g，化净后凉冷，下药粉搅匀不使沉淀，或临用时配制亦可。

功效：化腐敛肌。

适应证：慢性、顽固性溃疡，伤口久不收敛、流清水、起白边等用之有效。

用法：溃疡流水多者，将药粉撒布疡面，另以此膏摊纱布贴，若溃疡无水或少者，可贴膏即可。

按：本方是膏而以粉名之，因为须将粉制好备用，并另将膏制好临时拌和，此方治顽固性疮疡有特效。

100. 化腐丹（经验方）

炉甘石、龙骨各 60g，上梅片 3g，血竭 30g，乳香、没药各 60g，硇砂 3g。

制法：上药共研极细末备用。

功效：除湿收水，化腐平胬。

适应证：顽固性溃疡、水湿多而有胬肉者佳，对霉菌性疮症效果显著。

用法：将溃疡用盐水洗净，药粉撒布疡面，外贴膏药。

按：本方既能化腐，又能生肌，即腐净肌生，对毒菌性顽疡、脓水淋漓胬肉如菜花状者，化腐生肌干水有特效。

101. 秃疮散（经验方）

金铃子 270g，明雄黄 30g。

制法：将金铃放入阳城罐内，盐泥封固，勿令泄气，煅炭存性，离火后放阴湿处 1 周以退去火性，加入明雄黄，研为极细末备用。

功效：解毒、杀虫、止痒、避臭、生肌。

适应证：秃疮（即癞头）。黄、白、黑癣均可用。

用法：先将患头用麻柳叶、桉树叶各 120g，花椒 3g，煎水洗净患部，用本方调生清油搽，每日 2 次。

按：本方用时不可厚涂，只宜涂在疮上，否则易生水疱，但如生水疱也无妨、仍可继续使用本方。文老于1965年至1966年在南充地区巡回医疗时，以此药治愈多年不愈的秃疮甚多。因为秃疮在农村为常见疮证，素无效方，近年虽有灰黄霉素可治本病，但药少不易获得而价贵，且本方药物简便验贱，尤适合农村使用。

102. 狐臭粉（经验方）

一方：密陀僧、轻粉各15g，滑石9g，公丁香15g，冰片9g。

二方：三仙丹15g，密陀僧15g，冰片3g。

制法：上两方之药分别研极细末，密封贮藏。

功效：治臭汗、改变分泌。

适应证：腋下狐臭。

用法：洗净患部、搽药（一、二方均可），每日2～3次，用至半月后停药。

按：狐臭虽可治，但有复发之忧，本药两方均有效、止狐臭力强、但不能根治，复发时又可用药物控制，久用则复发的时间相距也越长。

103. 胆矾散（经验方）

白矾、猪苦胆。

制法：将白矾锻枯研为极细末，倾入猪苦胆内装满和匀，两头用线扎紧，挂在当风的地方，阴干透，去胆皮，取矾乳为极细末备用。

功效：止痛痒、干黄水，吸脓液，治臭气。

适应证：治聤耳（即中耳炎）。

用法：将耳内用黄连水洗净（双氧水更好），吹药少许入耳内，每日2～3次。

按：本方治中耳炎效果很好。文老在农村巡回医疗时，曾进行过科研总结，疗效在95%左右。若顽固性者，可用生木鳖子去外壳，磨水滴耳，效果亦佳。若耳膜已穿溃破者，可用磁珠丸内服使听力恢复。湿热重者，佐龙胆泻肝汤内服，随症加减运用，但忌用柴胡，否则致生少阳邪火，易引起耳闭，慎之！慎之！

104. 白癜风散（《医宗金鉴》）

密陀僧120g，硫黄、雄黄各30g，梅花冰片3g，轻粉15g。

制法：上药共研极细末备用。

功效：消斑散痕。

适应证：白癜风、紫癜风、汗斑。

用法：冬春季用红皮的白萝卜切成小片，夏秋季用茄子切成小片，蘸药粉搽患部10分钟左右，一日3～4次。

按：白癜风为世界难治之症。痒者为白驳风，不痒者为白癜风。近人用补骨脂泡酒搽但疗效不显著，本方对此病有效。广汉有一患者经用此方治愈，彼则窃方牟利，经查明后被政府取缔。如果配合内服药物治疗其效更增。

105. 冲和散（《外科正宗》）

紫荆皮120g，独活36g，白芷36g，赤芍60g，石菖蒲24g。

制法：上药共为细末备用。

功效：透阴和阳，祛寒软坚，活血止痛。

适应证：适用于半阴半阳之疮疡及肿块。

用法：用时蜜水或葱泥调敷患处。

按：本方常与如意金黄散合用，治乳痈硬结不散及乳痈红肿疼痛（初期）不甚者，调蜜水敷有软坚散结之功。用本方与活血散各半调敷，治腱鞘囊肿或坐骨结节囊肿有明显效果。

106. 鸡眼粉（经验方）

柳酸75%，磺胺嘧啶5%，冰片1%，朱砂2%，白糖3%，加淀粉配成100%。

制法：上药和匀乳细备用。

功效：溃腐拔根。

适应证：鸡眼及瘊子。

用法：先用胶布量鸡眼或瘊子大小，剪孔贴皮肤上露出患部，将药粉撒于暴露面上，再贴胶布覆盖，5天一换，换时用热水泡洗脚刮去腐肉，再如法上药，至根脱为止。

按：本方腐蚀性强，胶布留孔以露出鸡眼或瘊子为度，不可过大，以免伤及好肉。上药后局部勿沾水，5天一换，换时洗净，轻者1～2次，重者4～5次则根动外露，以剪刀剪去其根部则痊愈。

107. 痒证洗方（经验方）

苦参、千里光各60g，蛇床子、地肤子、苍耳子各30g，白芷9g。

功效：消风清热，解毒止痒。

适应证：一切瘙痒症外洗主方。

用法：煎汤薰洗患处。

按：本方系苦参汤化裁而成，痒甚者加大枫子15g，麻柳叶30g；未破者可加花椒1.5g；头部加皮硝9g冲入；黄水多者加桉树叶数十片（以小而长，叶面有白灰者佳）；脓水多者加蛤粉15g，白芷30g；顽固者加白矾15g；梅毒性者加轻粉7.5g冲入。

108. 痛症外用熨药（经验方）

生川乌、生草乌各15g，木香、陈皮、白芷各15g，蚕沙、食盐各250g。

制法：上药捣粗末拌匀备用。

功效：祛风除湿，温经散寒，通络镇痛。

适应证：痛有定处之痹证及气血凝滞者（如坐骨神经痛、漏肩风、历节风等）。

用法：外药粉炒热，离火加白酒少许拌匀，布包熨患处。

按：本方热熨立能止痛，但痛痹麻木，皮肤知觉不强，故热熨前必须在正常人身上试一下温度，适合者方可用，否则易造成熨伤。

109. 外科接骨方（经验方）

（1）接骨散

乳香、没药、白芷、香附各30g，研细末备用。

（2）消肿散

夏枯草、商路、透骨草各等分，研细末备用。

（3）活血散

香附、白芷、羌活各30g，附子、天麻各15g，生半夏9g，研细末备用。

三方功效：行气活血，消肿止痛，接骨续筋。

三方适应证：各种骨折。

用法：以活螃蟹两个或活小鸡1个，捣绒，和接骨散炒热，包伤处，换二三次后改用消肿散酒调温包，四五次后即用活血散加姜、葱捣烂和酒包。

（4）内服方

当归、生地黄、赤芍、苏木、秦艽、续断、茜草各9g，槟榔6g。

功效：活血化瘀，续筋接骨，消肿止痛。

适应证：骨折及扭挫伤。

用法：水煎，每日 3 次，日 1 剂。

加减：伤在头部加羌活 9g，防风、白芷各 6g；伤在胸部加枳壳、桔梗各 9g；伤在两手加桂枝、桑枝、五加皮；伤在两腿加牛膝、五加皮；伤在胸胁加柴胡、青皮、瓜蒌皮；小便不通加木通、薏苡仁；大便不通加生大黄。

110. 外伤特效方（秘方）

桂圆核 500g（去外壳），无名异、龙骨各 250g，血竭 30g，三七 15g。

制法：上药研极细末备用。

功效：止血镇痛，杀虫生肌。

适应证：外伤流血不止。

用法：撒布伤口，用干纱布包扎固定。

按：凡伤口流血属新伤者，先用酒精局部消毒后，撒布此药，纱布固定，万勿用油膏类，否则可酿成脓；上药后不发炎，不需换药。若发炎作脓，则按一般疮疡处理。

111. 五妙散（经验方）

大黄 90g，黄柏 150g，羌活 120g，红花 120g，苍术 150g。

制法：上药共研极细末备用。

功效：清热燥湿，消肿止痛。

适应证：半阴半阳之肿疡。

用法：调蜜水敷患处。

按：此药可治一般肿疡，疖疮可调膏外敷。

112. 淘花汤（经验方）

淘米水 3 大碗，花椒 3g，白矾 6g，麻柳叶 1 握。

功效：杀虫止痒。

适应证：秃疮。

用法：水煎，滤渣，用药水熏洗头部，每日 1 次。

按：此方洗后，外搽秃疮散。

113. 活血散（经验方）

红花 15g，当归、乳香、没药、血竭、川芎、香附各 9g，姜黄、白芷各 12g，羌活 6g，樟脑、三七各 3g，松节 30g。

制法：上药共研极细末备用。

功效：活血通络，消肿止痛。

适应证：扭挫伤、局部肿痛。

用法：水调或酒调敷患处。

114. 参黄散（经验方）

苦参、生黄柏各等分。

制法：共研极细末备用。

功效：除湿解毒止痒。

适应证：婴儿湿疹。

用法：用蜂蜜水调搽患处，黄水特多者，以少许干粉煎水，冷敷患处。

按：此方治婴儿湿疹，效好而安全；若湿热重者，可加重黄柏用量，其效更佳。

115. 陈香散（经验方）

香附、木香、陈皮、麝香、生地黄、葱白、蒲公英。

制法：将香附、木香、陈皮三药研细末，加麝香少许、生地黄泥 1/3，葱白 1～2 枝捣绒，合蒲公英煎浓汁，乘热调药粉，敷于患处。

功效：疏肝通络，活血散结。

适应证：乳房硬结不散及乳粟等证。

用法：将药调敷于患处，外以纱布 4 层覆盖，再用热水袋外熨，至热气透入为止，每日熨 4～5 次。

按：本方是将《外科正宗》中的“十香饼”（治乳病方）、《万病回春》中“葱熨方”，以及《医学心悟》中“香附饼”等方结合，化裁治疗乳中结核等病证，其效甚捷。

116. 加味苦参汤（《外科正宗》方加味）

苦参、菖蒲、薄荷、威灵仙、土茯苓、鱼腥草、地肤子、蛇床子、大枫子、冰片。

功效：清热解毒，杀虫止痒。

适应证：一切热毒重之痒疹。

用法：煎水洗患处，每日 1 ~ 2 次。

按： 此方是痒疹热毒重之基础方。湿热重者去大枫子、蛇床子，加重苦参剂量，再加入黄柏；顽固性奇痒者加轻粉、雄黄、明矾等，药粉冲入，溶入水中搅匀即可。临床应用时可随症加减。

（四）灸药类

117. 外科灸条方（经验方）

硫黄 24g，乳香、没药、丁香、松香、桂尖、杜仲、枳壳、牙皂、北细辛、川芎、独活、炒穿山甲、明雄黄、白芷、全虫各 12g，艾绒 500g，麝香 3g。

制法：上药研细末，拌艾绒做成灸条，备用。

功效：温化寒湿，化阴和阳。

适应证：一切阴寒之证。风寒湿痹、瘰疬及阴证包块、牛皮癣、冻疮、脱疽等。

用法：燃灸条灸患处。

按： 风寒湿痹、脱疽、冻疮（未破者），宜用灸条悬灸。牛皮癣、瘰疬，宜直接灸，但灸后要禁茶水 2 小时。

（五）酒药类

118. 皮炎酒（经验方）

白及、土百部、槟榔、鹤虱、白芷、红花各 9g，明雄黄、蛇床子、大枫子、白鲜皮各 15g，川乌、草乌各 6g，花椒 3g，地肤子 15g，土槿皮 15g，蛇蜕 1 大张，蜈蚣 2 条，白酒 1000g。

制法：将药打粗末，入白酒内，泡 1 周即成。

功效：消风杀虫止痒。

适应证：神经性皮炎及浅在癣证，已破者勿用。

用法：将药酒擦患处。

按： 神经性皮炎为难治之症，市面上所售之皮炎药酒，因有斑蝥之类药物，故搽之后易发生水疱，会增加患者痛苦。凡神经性皮炎及癣证最忌用刺激性药物，否则病势会愈加蔓延。若神经性皮炎出现局部感染、红肿者，不宜用此药，可用苦参汤外用，待红肿消退后，仍如前搽之。

119. 活血酒（经验方）

红花 15g，当归、乳香、没药、血竭、川芎、香附各 9g，姜黄、白芷各 12g，羌活 6g，樟脑、三七各 3g，松节 30g。

制法：上药捣绒，泡干酒 1000g 即成（或用 75% 酒精亦可）。

功效：活血通络，消肿止痛。

适应证：扭挫伤、局部肿痛。

用法：搽患处或调药敷患处。

按：本方只能外用，不宜内服。一般外伤未破皮者，揉之有活血行气、消肿镇痛之功；已溃者勿用。凡外伤瘀肿扭挫伤时，切忌揉擦扯按，否则易引起瘀滞与蔓肿，反致难愈。

120. 冻疮酒（经验方）

当归 60g，红花、海椒各 30g，细辛、樟片、肉桂各 15g。

制法：上药捣绒，入白酒 1500g 内浸泡 1 周备用。

功效：温经通络。

适应证：冻疮初起未破皮，红肿疼痛。

用法：冬季用此酒，每日涂搽易生冻疮处，每日 3 次，亦可预防冻疮。

按：凡冻疮未破者可用，已破皮者不宜用，破溃后作一般溃疡处理。若内服，以当归四逆汤加红花、木香煎服，足部加牛膝，手部重用桂枝，耳部重用细辛，效果则更佳。如搽本品不适者，用沃雪膏外搽，内服上方效果良好。

121. 消瘰酒（经验方）

藤黄 60g，75% 酒精 500g。

制法：将上药溶于酒精即成。

功效：消瘰散结。

适应证：瘰疬未溃破者。

用法：外搽患处可消散。

按：本方适合阴证，阳证可敷白玉膏（即新石灰水调桐油），已溃者此酒不宜用。藤黄用之外搽，有过敏者不可再用，可以内服为主治疗，佐以白玉膏外敷。

三、秘方

122. 中九丸（古秘方）

白灵药、银翠各 18g，石青、金丹、蟾酥、麝香、珍珠、熊胆、朱砂各 9g，大枣 1000g（有的方中尚加牛黄 9g）。

制法：中九丸的制法是极为关键的，现分步骤介绍于下。

（1）白灵药

又称三打灵药，实际上即降丹处方以升法而得之升丹。

处方：水银、白矾、食盐、硝石、皂矾各 30g，朱砂 9g，各药研细（以不见水银星为度），然后放入锅内，以升法处理 3 次，每次加热 3 小时。

第一次：将药物放入升丹，装置完善，以文火加热 90 分钟，文火阶段，锅底中心距炭面中心约 66cm（用砖瓦支持升高），炭面用细炭粒铺盖，最下层以大炭粒垫底，逐层将粒度缩小，最上以细粒炭面不见火焰、不见灼红为准，烧 90 分钟。武火阶段，在文火后去掉细炭粒，锅底降低，锅中心距炭面 33cm，火焰已全部包围锅底，加热 90 分钟后，离火稍冷，拆去装置，取下升起物。第二次：将锅内第一次丹底除去，将第一次的升起物平铺于锅底，仍按升法装置完善，按第一次的文火办法加热 60 分钟后，拆除装置，取下所生物。第三次：按第二次进行即可。

在制备灵药过程中，有可能产生下述问题：①反应物为黄色（火力不足之兆），应立即覆盖，用盐泥涂抹缝口密封，再以武火加热 15 ~ 20 分钟，即得白色反应物。②由于火力太大，反应物呈淡红色，或红色微黑，出现水银上碗等现象，可将反应物刮下，按第二次方法重新处理。③由于火力过猛（武火时间长），将处方材料烧成黑色，或成还原铁（黑色硬块，铁状物，紧贴锅底），则不能再用。④在制灵药过程中，如遇某一次有类似上述现象产生，则按上述办法处理，补足三次，方能入药配方。⑤火力适中，反应物多呈粒状，毒性适中，火力偏大，多为针状结晶及粉末状结晶，毒性较大，应当掺和后再行配方（即粗粒、细粒混合均匀后再取用）。

本方之丹底称为锅烈，可以与灵药掺和使用，每两份灵药加一份锅烈，混合匀后，作灵药参加配方。

（2）石青

处方：白砒、硫黄各 60g。

制法：将上两药研细，放入罐内，罐口以铁板盖定，用铁丝缚紧，加热烧至无烟时，拆去缚盖物，将罐内熔融物倾于铁（石）板上冷却后，取下研细备用，名石青。铁（石）板上少许之升华物称为烟硫，不作中九丸之用，可用于治疗癣疥。

（3）银翠（脆）

处方：白银（银块、手饰物即可）60g。

制法：以铁瓢盛好白银，武火上加热半小时，缓缓加入石青粉末，至银块松解为止，将松解之白银倾入研槽内，冷却后研为细末即得。

（4）金丹

处方：黑铅 60g，黄丹 120g。

制法：将黄丹倾入锅内，埋入黑铅块（以淹没为度），武火加热 2 小时，至黄丹呈成黑色为止，取出铅块不用，黄丹冷却后变为红黄色，用以配方。

其他麝香等物碾为细末，按处方量把灵药等粉末放入，混合均匀，大枣 1000g，以冷水（冷水适量，以大枣煮透水干为度）煮胀，撕去皮，去核，将肉捣烂，加入混合均匀之粉末，揉为丸块，再搓为丸粒，以稍小于绿豆大为度，每 100 粒为 30g，阴干，再用适量朱砂为衣，用磁（玻）瓶装，密闭备用。

功效：软坚散结，消肿止痛，解毒。

适应证：梅毒、瘰疬、骨髓炎、恶性肿瘤初期或术后，及久治不愈之顽疮、骨结核等。

用法：每日 1 次，服 5 ~ 10 粒，重症日 2 次，温开水送下。

注意事项：本品在服药期间，偶有头晕、头痛、耳心痛、牙痛及口干等现象，一般停药后 3 ~ 5 天即可缓解；如反应严重者，以金银花 30g 及土茯苓 60g 煎水代饮料，可迅速消失。

按：本方为文老老友张觉人先生校订，成都中医药大学炮制教研组徐楚江教授编撰，再加订正。

123. 大乘丹（又称大丹，古秘方）

硼砂 30g，水银 45g，硝石 45g，食盐 60g，白矾 45g，皂矾 15g，寒水石 15g，硇砂 7.5g（原方有白砒，今删去）。

制法：将上药分别入乳钵，研为极细，以不见水银星为度，用降法处理。

降法说明：降丹操作较难，先将制作过程中出现的问题进行几点说明。

（1）坐胎与收丹

将处方内药物研细，放入阳城罐内，文火加热，以竹筷缓慢搅动（切勿重搅），促使药物均匀熔化，至水分消失快尽时（即白烟刚完，青黄烟刚起）取出离火，将熔化之药放于罐底上，烤干，冷却，然后复于盘上以皮纸蘸浓盐水封口，以盐泥涂封密闭，放于水盆内，水以淹没盘底部为度，周围以瓦片支撑，露出半罐为度，再以瓦片铺成花瓣形，以炭不能掉于水内为度，加燃炭，炭由周围平放到遍围罐身，到完全封顶（以罐身完全遮盖为准），至炭化完结，全部加热约 3 小时，将余炭除去，冷却开罐，即得白色结晶物，丹底除去不用。

（2）坐胎中水银析出之处理

在坐胎中，由于水银研时粒度大，或搅动时过于用力，以致药物熔化时不能充分，所以水银析出（水银析出后影响比例，自然影响反应物，同时也必然影响药物的效力），可将析出的水银收集，加倍量胆矾共熔，成糊状时，立即倾入罐内，黏附后即可生效。

（3）掉胎与流胎之处理

胎坐太老，加热时即落于盘内；胎坐太嫩，加热时即熔融流于盘内。此两种情况，均无反应物生成，遇到以上情况，可将掉落之物收集，研细末，另外再配一料，按常法坐胎，待药熔化时，将所研药粉加入，即可挽救。

（4）火候之掌握

坐胎火候宜小，以能熔药为度，药物融化，白烟起时即开始溜胎，将罐体倾斜，以罐底边缘为底，慢慢转动，使熔化物黏附面扩大，以水分将蒸发完、青烟刚起时（反应开始）为准，离火，进行降丹装置。

在加热过程中，应当一气呵成，凡加炭，必须燃炽才加，不用冷炭，开始半小时火宜小，中间 2 小时火宜大，最后半小时火宜小。

取出以降丹法处理之大丹，研细后，放于锅内，再用升法处理。

升法说明：把研细之药物放于锅内，用磁碗覆盖，以皮纸贴住缝口，熟石膏封缝口，再加河沙填封，以碗底完全暴露为度。

加热：宜先文火，文火之标准，以火面完全无火焰为准，可将锅底升降调整，锅底中心距炭面中心约66cm为度。如火稍大，则水银析出过碗；或气压过大，冲裂缝口，水银蒸气跑出，均会影响质量。

文火后即转武火，武火标准以火焰全部铺锅（即火焰包围锅底）为度，加热40～50分钟，至碗底米粒焦黄，改用小火加热10分钟。

在加热过程中，一般不能加炭，预算用炭量，一炉加足。

以升丹法处理后的大丹，取出后，露于湿地上，去其火毒，待干后收贮备用。

大乘丹之特点，具有红升丹、白降丹两药共同之效，故称为丹药之王。

功效：化腐生新、拔脓化管、收口之效。

适应证：痈疽疮疡顽固，危急之证均可使用。如瘰疬、背搭、腰漏、疔疮疖子、巴骨流痰等证。

用法：阳证用水调敷（或干掺），阴证以酒调敷。

本品疗效卓著，用量应严格控制在极低量内，慎勿过量。

按：大乘丹是清末以来中医外科秘方之一，流传于四川西南各县，疗效卓著。近几十年来，几乎失传，经辗转收集，方将原方求得，经在临床上的使用，效果良好，值得介绍与同道分享。

在发掘、试制、生产及临床使用的过程中，文老有几点体会，介绍于下，供大家参考。

此方流传之所谓“真方”，不下数十种，究竟以什么标准来衡量其真假？我们收集到的秘方中，附有俚歌一首，可以此作为筛选的依据，俚歌内容为：“甲，一人圭，千人降，非也。乙，大丹古，八七五。”

（1）根据群众研究，了解其歌意为：一人合为大字；千人与圭合为乘字；非为8画，即是指由8味药物组成本方，八七五是指药物的总量。后经过选方、试制、临床应用，证明了这个推断是合理的。

（2）一部分大丹的组成，在临床上效果虽好，但患者多感到很痛苦，后来发现，这类方中皂矾比例过大，有的尚有白砒，有的尚有黑铅在内。经过临床证明，发现这类药物是致痛之源，这是与原方的显著区别所在。

（3）按一般降法处理之后的大丹，经过使用，痛苦虽减，但仍有痛感，而且效果不是很理想，因此准备改革制作工艺，想到升丹比降丹疼痛较轻，是否可以把大乘丹的药物，用升丹法的工艺制取？由实践到认识，再由认识到实践，这样多次反复才能完成，我们最终通过增加一个升法的处理环节，便使一切问题都迎刃而解。从此，大丹疗效比较理想了，痛苦也消除了，所以，实践是检验真理的唯一标准。

（4）临床证明，大乘丹对久不愈合之上肢溃疡、疔疮、背搭、骨结核等一般丹药所不能解决之疑难疾患，有较好疗效。具有临床推广价值，必须抢救出来，使之为广大人民服务。

按：本方之剂量及炮制方法经徐楚江老师订正。

124. 肤灵膏

方剂来源：河北石家庄雷国庆老大夫经验秘方。

水银（煅灰）、硫黄粉各 30g，枯矾 12g，樟脑 15g，枪药 500g（水湿研细），黄凡士林 360g。

制法：先用铅 21g，放砂锅内化开，再投入水银，化匀后倾入，候冷则凝成块，研为极细末，下枯矾、硫黄、樟脑细末，和匀碾细，再入枪药细粉拌匀，以凡士林调膏即成。

功效：除湿解毒，杀虫止痒。

适应证：秃疮、顽疮、黄水疮、遍身发痒、痱子、湿疹及蚊虫螫咬。

用法：先将花椒（一小撮）、白矾（一小块）投入盆内，开水泡化后，以此水洗患部，擦干，再以少许药膏擦在疮面，或在痒处搽抹，揉至不见黑色为度，每日 1 次。

按：凡有破口者，此药膏用后黄水淋漓；无破口者，立能止痒；轻者 10 天左右即愈，重者 2～3 个月；40 年的患者，需要 7～8 个月或 1 年左右。

125. 消核片Ⅰ号（秘方）

玄参、牡蛎粉、夏枯草、漏芦根、白花蛇舌草、半枝莲、淡昆布、淡海藻、郁金、木香、陈皮、乌药、甘草、浙贝母、白芥子、丹参等。

制法：从略。

功效：软坚散结，行气活血，豁痰解郁。

适应证：一切结聚包块。不攻不峻下，全方组合平正，凡男性乳腺增生症、乳房小叶增生、甲状腺肿瘤、瘰疬、脂肪瘤、神经纤维瘤及良性包块、恶性肿瘤初期，均可使用。

用法：每次服 3 ~ 5 片，每日 3 次。

按：本方为《医学心悟》的消瘰丸加味而成，全方药品不多，药性平正，法度谨严，为文老临床特效验方之一，疗效确切。本方对瘰疬、乳房纤维瘤、乳腺小叶增生、脂肪瘤、神经纤维瘤、腱鞘囊肿、坐骨结节囊肿、甲状腺肿瘤、甲状腺囊肿、男性乳腺增生症、恶性肿瘤初期及手术后、良性包块等，均有良好效果。其中。尤以男性乳腺增生症、乳房小叶增生、瘰疬、甲状腺肿瘤等疾病，疗效尤佳。在服药期间，可增加剂量，如效果不显，可增加为每次 7 片，每日 3 次。服药后可增进食欲，且对肝肾无副作用。

方中昆布、海藻必须同甘草合用，可增加全方疗效，古人认为是反药，殊不知，甘草合用后，可使疗效增加数倍，所以文老结合临床，大胆运用，收到了良好的效果。因此，方中甘草万不可减少。如果服用汤药，甘草一般用 3g，身体壮实者可用 6 ~ 9g，则疗效更加明显。

126. 消核片Ⅱ号（秘方）

在消核片Ⅰ号方的基础上，加黄药子、刺猬皮、地榆、槐花等。

制法：从略。

功效：软坚散结，行气活血，止血镇痛。

适应证：痔疮及痔疮出血、直肠息肉、直肠癌等病症。

用法：每次服 3 ~ 5 片，每日 3 次。

按：此方是在Ⅰ号方的基础上加味而成，除对上述所列疾患有效外，对肛门直肠部位疾患亦有特效，对痔疮出血、直肠息肉、直肠癌初期或术后的治疗，也有良好疗效。

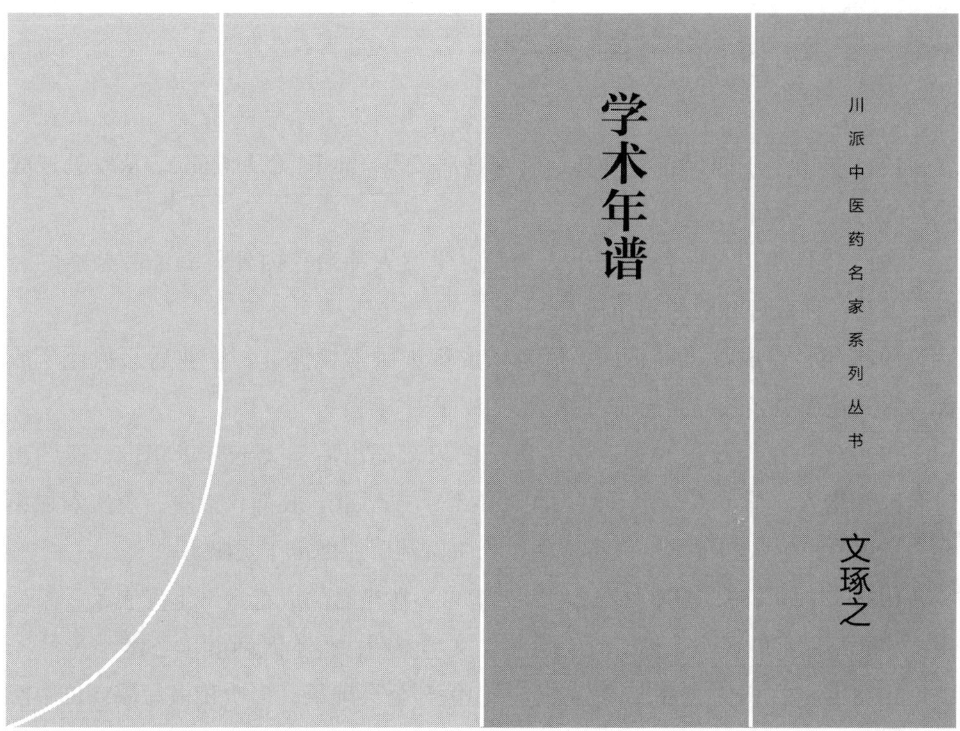
学术年谱
川派中医药名家系列丛书
文琢之

1905年出生于四川省射洪县，后来迁居安县（时间无从考证）。从安县迁居成都的时间，大概在1915年。

1915年拜四川名医释灵溪上人为师，学习大师治疗内外科病证和杂症的经验，以及各种膏丹丸散的制作技术。

1925年，在成都悬壶行医，后考入成都中医学校深造，毕业后又执业于成都。后又随蜀中名医冯尚忠研习脉学3年，医术渐精。

1929年，在伪政权时期取消中医药的议案提出后，文老奔走相告，邀约当时名医张觉人、李重人、张赞臣、沈仲圭等，在南京、成都、上海、重庆参加集会，抗议取消中医药提案，取得成功，为中医药事业做出了贡献。

1935年前后，文老以“老成都”为笔名，在当时的成都报纸上发表了一系列短文，介绍成都的风土人情、社会风貌，文笔流利，善于讽刺市政之弊。

1938年起，担任成都市国医公会、中医师公会理事，多次积极写稿宣传中医药知识及治疗疾病的经验。

1939年起，在益中医学讲习所、国医学校伤科训练班担任中医内科、外伤科的教学工作。

1945年，参加全国中医师联合会成立大会，并担任理事。

1947年，出版《医林人物剪影》。

1949年前后，先后出版《中医脉诊》《霍乱集粹》《戒烟宝筏》《实用胎产必备》等书籍。

1957年，调入成都中医学院任教。

1963年，调成都中医学院附属医院，创建中医外科，从事外科临床工作。

1965年，在香港出版《医学心悟阐注》一书。

1977年，与艾儒棣在成都中医学院人事处正式签订老中医跟师学习协议，确立了老中医学术继承人的关系。

1979年，担任四川省中医药学会理事。

1981年，由文老口述并指导，艾儒棣编写的《文琢之中医外科经验论集》，由科技文献出版社出版，并获成都中医学院科研成果一等奖。

1983 年，任成都市政协委员、常委。

1983 年，担任硕士研究生导师。

1986 年，开始招收硕士研究生。

1991 年圆寂，享年 86 岁。安葬于成都市龙泉区大面村，与其百岁老母坟墓相邻为伴。